Ein Wissenschaftler
erlebt Gott

Bernhard Philberth

Erinnerungen und Gedanken

Herausgegeben **von**
Waltraud Uhlenbruch

mit Beiträgen von Prof. Dr. Karl Philberth

CHRISTIANA

Impressum
4. Auflage 2016
© CHRISTIANA-VERLAG
im Fe-Medienverlag, Hauptstraße 22, D-88353 Kisslegg
www.fe-medien.de

ISBN: 978-3-7171-1215-0
Druck: orth-druk, Bialystok (Polen)
Printed in EU
Umschlagbild und Gestaltung der Fotos: Helga Ivanyi

Dieses Buch ist in englischer Sprache als E-Book erschienen.
Erhältlich bei Amazon und im iTunes Store.

Der Inhalt dieses Buches darf benutzt werden, vorausgesetzt, dass eine Quellenangabe erfolgt.

Inhaltsverzeichnis

Einleitung

Über einen längeren Zeitraum (03.05.2003–08.08.2010) hatte ich viele Gespräche mit Pater Bernhard Philberth (Jahrgang 1927), in denen er mir von seinem ungewöhnlichen Leben erzählte. Er erlaubte mir, Notizen zu machen und ein Tonbandgerät zu benutzen, um das Gehörte niederzuschreiben. Danach sah er die Notizen durch, berichtigte sie und fügte noch manches hinzu. Vieles ist wortgetreu wiedergegeben. Es ging ihm aber nicht nur darum, ungewöhnliche und interessante Erlebnisse zu erzählen, sondern auch um die Gelegenheit, seine Gedanken zu gewissen Themen niederzulegen. Ich merkte schnell, dass sich mein Anliegen, ein durchweg leicht lesbares Buch über sein interessantes Leben zu schreiben, nicht verwirklichen ließ. So sind rein persönliche Erinnerungen mit hochwissenschaftlichen Kommentaren vermischt. Ich möchte mich bei Prof. Dr. Karl Philberth für seine Unterstützung und Beiträge bedanken und bei meinem Mann für seine unerschöpfliche Geduld und selbstlose Hilfe bei der Veröffentlichung dieses Buches.

Die Aufzeichnungen sind nicht chronologisch, sondern thematisch geordnet, und die Kapitel sind unabhängig voneinander. Manche Erlebnisse werden deshalb mehrmals erwähnt.

Bernhard Philberth lebte und arbeitete während der deutschen Vorkriegszeit, des Zweiten Weltkriegs und des Kalten Krieges zwischen dem kommunistischen Osten und kapitalistischen Westen. Sein Leben war geprägt von den Entbehrungen, Unruhen und politischen Gefahren jener Zeit.

Sein hochkreatives Schaffen schlug sich nieder in Entdeckungen, Erfindungen, wissenschaftlichen Abhandlungen und mehreren Büchern. Sein lang gehegter Wunsch, katholischer Priester zu werden, erfüllte sich völlig unerwartet durch ein Sonderprivileg von Papst Paul VI. Ohne Theologiestudium hatte er theologisch so profiliert gewirkt, dass er am 3. Juli 1972 im Alter von 45 Jahren als papst-unmittelbarer Priester geweiht wurde. Sein Bruder Karl wurde gemeinsam mit ihm geweiht. Diese Berufung und die damit verbundene pastorale Arbeit wurde für beide zur eigentlichen Erfüllung ihres Lebens. Auf Grund der ungewöhnlich engen Zusammenarbeit der beiden Brüder enthält dieses Buch auch einige Beiträge von Karl Philberth.

Immer wieder wurde Bernhard Philberth zu Vorträgen und Gesprächen eingeladen, sei es in akademischen, kirchlichen, geschäftlichen oder politischen Kreisen. Die Menschen wollten von seinem enormen Wissen profitieren und Antworten finden auf vielerlei Fragen. In seinen Büchern geht es um Wissenschaft und Glauben, Physik und Metaphysik, Menschheit und Gott. Viele Menschen wurden von seinem Werk inspiriert und zum Glauben geführt oder in ihrem Glauben gefestigt.

Im August 1998 erlitt er einen schweren Herzanfall und war nicht mehr in der Lage, zwischen Deutschland und Australien hin und her zu reisen. Seitdem ist Australien seine zweite geliebte Heimat gewesen.

Leider war es für ihn und mich zeitlich und gesundheitlich nicht möglich, eine ausführliche Biografie zu schreiben. Die folgenden Kapitel erlauben nur einen kleinen Einblick in das erstaunliche, abenteuerliche und immer gottesnahe Leben dieses ungewöhnlichen und genialen Menschen.

Um die Leser etwas vertrauter mit der Person Bernhard Philberths zu machen, bevor er zu Wort kommt, beginnen die Aufzeichnungen mit einem Beitrag von Prof. Dr. Karl Philberth über seinen Bruder Bernhard. Karl Philberth wohnt und wirkt in Thanning/Bayern, wo er als Priester und Wissenschaftler arbeitet. Er ist bekannt geworden durch Fernseh- und Radioreferate, Schriften und Vorträge sowie sein Buch „Geschaffen zur Freiheit". Gestützt auf Gedanken seines Bruders Bernhard, möchte er dessen Anliegen weiterführen und eine Brücke bauen zwischen Glaube und Wissenschaft.

Waltraud Uhlenbruch

Karl Philberth über seinen Bruder Bernhard

Es ist schwer für mich, meines Bruders Qualitäten, Leistungen und Verdienste angemessen herauszustellen. Das ist angesichts der einmaligen Verbundenheit mit meinem Bruder wohl verständlich, denn als Bruder ist man einfach zu nahe an dem Geschehen und man kommt aus der Froschperspektive nicht heraus. Es ist so, wie wenn man neben einem Wolkenkratzer stehend an diesem hinaufschaut, dann sieht man freilich, dass er sehr hoch ist, jedoch kann man seine wahre Größe und seine wahre Gestalt nicht wirklich ergreifen.

Um so dankbarer bin ich Frau Waltraud Uhlenbruch für ihre sich über viele Jahre erstreckenden Bemühungen, durch Gespräche mit meinem Bruder und Aufzeichnungen seiner Berichte, ihm all das zu entlocken, was sich nachfolgend in diesem Buch findet. Sie war geradezu prädestiniert für diese selbstlose Arbeit, da sie einige unserer Bücher ins Englische übersetzt hat. Bei seinen vielen Übernachtungsbesuchen bei der ebenfalls in Melbourne (Australien) wohnenden Familie Uhlenbruch durfte er dort ein Zuhause haben und wurde fürsorglich verwöhnt. Besonders schätzte mein Bruder die abendlichen Gespräche mit dem seine Zigarre genießenden Dr. Uhlenbruch, einem erfolgreichen und in vielen geschäftlichen und öffentlichen Gremien engagierten ehemaligen Leiter eines deutschen Unternehmens in Australien, mit Verantwortung für den asiatisch-pazifischen Raum. Der Gesprächsstoff ging dabei nie aus und umfasste die breite Palette von entspannender Unterhaltung über Bernhards Erfindungen, über wichtige Tagesfragen bis zu tiefschürfenden philosophischen und theologischen Themen. Das war für meinen Bruder unerhört bereichernd.

Mein Dank für Familie Uhlenbruch lässt sich nicht in Worte fassen. Ihr opferbereiter Einsatz hat sich nach meines Bruders Tod sogar noch intensiviert. Darin sehe ich eine Fügung Gottes; denn ohne ihren Einsatz für alle Abwicklungen und für die Weiterführung unserer Ph-Stiftung auf den Philippinen wäre ich hoffnungslos verloren. Möge der Herr ihnen alles Gute vergelten.

Das Gleiche wünsche ich all den anderen guten Freunden, die ihm geholfen und dazu beigetragen haben, dass er sich in Autralien zu Hause gefühlt hat. Es waren so viele, dass ich sie nicht aufzählen könnte, ohne so manchen von ihnen zu übersehen. Dennoch drängt es mich, drei Familien hervorzuheben, die sich in den letzten Jahren seines Lebens besonders um ihn gekümmert haben: Familie Volker und Brigitte Ankenbrand, Familie Leo und Friederun Pelekies und Herrn Jens Kutschera mit Familie: Herzlichen Dank und Bitte um Gebetsverbundenheit!

Mein besonderer Dank gilt der Künstlerin Helga Ivanyi, mit der mein Bruder lange Zeit menschlich und geistig verbunden war. Sie fertige je ein eindrucksvolles Portrait in Öl von ihm und mir, gestaltete die Umschlagseiten unserer bei Walter Bachmann (BAC) erschienenen Bücher und war bei seinen zahlreichen Krankenhausaufenthalten immer für ihn da. Sie hatte es dankenswerterweise auf sich genommen, sich für solche Fälle als zuständige Kontaktperson eintragen zu lassen.

Als Spitzenwissenschaftler und einmalig begnadeter katholischer Priester ragte mein Bruder haushoch aus der Menge heraus und war dabei doch einer von uns allen, ein liebenswerter Mitmensch in Fleisch und Blut, mit Stärken und Schwächen. Er liebte Gott und liebte die Menschen. Er half im Kleinen und im Großen. Die von ihm gegründete und zusammen mit mir betriebene Ph-Stiftung auf den Philippinen verhilft Tausenden von jungen Menschen zu Ausbildung und Beruf.

Wir hatten eine wunderbare Kindheit und durften die Liebe und Geborgenheit in einem geradezu idealen Elternhaus erleben. Unsere Eltern hatten eine ungewöhnlich harmonische Ehe. Niemals habe ich einen Streit zwischen ihnen erlebt.

In diese Oase der liebevollen Geborgenheit brach dann 1939 der Krieg ein. Mein Bruder war bei dessen Ausbruch 12 und ich 10 Jahre alt. Schleichend fing das Übel an, um dann 1945 in der furchtbaren Katastrophe zu enden. Zunächst waren es immer einschneidender werdende Rationierungen der Lebensmittel und immer häufiger und heftiger werdende Luftangriffe. Mein Bruder wurde dann zur so genannten Heimatflak eingezogen. Da wurden Schüler zusammen mit ihren Lehrern in Baracken am Stadtrand verlegt, mussten tagsüber ihren Schulstoff lernen und nachts versuchen, die angreifenden feindlichen Flugzeuge abzuwehren. Junge Menschen mit oft erst 15 Jahren waren voll der Brutalität des Krieges ausgesetzt: Töten und getötet werden.

Die originelle Denkweise entwickelte sich bei meinem Bruder schon in den ersten Schuljahren. Während seiner Flakzeit entdeckte er zusammen mit einem Schulfreund bei der Abtastung des Himmels mit dem Funkmessgerät eine aus der Richtung einiger Sternbilder stammende Radiostrahlung. Die beiden jungen Leute waren sich der Bedeutung dieser Tatsache einigermaßen bewusst. Hätten sie diese Entdeckung in Astronomenkreise gebracht, wären sie die Väter der Radio-Astronomie geworden.

Die Produktivität meines Bruders war fast unerschöpflich. Eine Erfindung folgte der anderen. Zumeist hatte er die Konzeptionen, während ich die Berechnungen durchführte. Insgesamt wurden uns im In- und Ausland über 100 Patente erteilt. Erfinderschicksale enden sehr oft auf tragische Weise. Uns blieb das erspart, weil Gott Seine segnende Hand über uns hielt.

Die Sehnsucht nach der letzten Wahrheit und nach dem ewigen Heil hat meinen Bruder schon von Kindheit an bewegt. Sie war für ihn an erster Stelle und all sein anderes Schaffen war für ihn letztlich nur Mittel zum Zweck. All seine zum Teil sehr bedeutenden physikalischen Entdeckungen sollten nicht Selbstzweck sein, sondern hinführen zum Herrn alles Seins, zu

Gott selbst. Das gilt insbesondere auch für die von ihm geschaffene Existenz-Physik, für die Entdeckung des Zeitgradienten und der Zeitkontraktion und seine ganzen kosmologischen Arbeiten. Seine physikalischen Arbeiten sind von einer unglaublichen Fülle und Vielseitigkeit. Bezeichnend ist auch hier seine riesige Dynamik, die unermessliche Spannweite seines Wirkens: von der Physik der kleinsten Elementarteilchen bis zur Physik des Universums als Ganzem.

Die Physik des Universums und der Sterne hat meinen Bruder in besonderer Weise beschäftigt und zu fruchtbaren Einsichten geführt. Für ihn war Astrophysik nie eine Sammlung theoretischer Konstruktionen, sondern lebendiges Erleben. Seine Konzeptionen entsprangen geisterfüllter Anschauung, die er so oft bei der Beobachtung des Sternhimmels mit einem eigenen Fernrohr erfahren durfte. Einmalige Gelegenheit hierzu verdankten er und ich der großzügigen Gastfreundschaft unseres Freundes Walter Bachmann, der als ausgewanderter Schweizer in Sydney einen florierenden metallverarbeitenden Betrieb aufgebaut hat. Er lud meinen Bruder und mich immer wieder zu monatelangen Besuchen in seiner bei Condobolin gelegenen Farm im australischen „Outback" ein. Der nächtliche Sternhimmel und die jeden Morgen sich eröffnende Weite des Landes sind dort von unbeschreiblicher Faszination. Mein Bruder und ich verdanken Herrn Bachmann zudem die großzügige Herausgabe einiger unserer Bücher, deren gestochen scharfe Farbaufnahmen von Astroobjekten den Leser die Majestät des südlichen Sternhimmels ahnen lassen. Treffend passen dazu die Eingangsworte des dritten Hochgebets der heiligen Messe: *„Ja, Du bist heilig, großer Gott, und alle Deine Werke verkünden Dein Lob."*

Dank der Gastfreundschaft von Herrn Bachmann durfte auch eine seit Jahrzehnten mit unserer Familie befreundete Ärztin, Frau Dr. Ilse Nast, mit auf der Farm in Millawa und dann in Bolo wohnen. Das war für meinen Bruder nicht nur menschlich und haushaltlich eine wertvolle Hilfe, sondern ihr ärztlicher Beistand wurde von Jahr zu Jahr wichtiger. In den letzten Jahren wollte der Herzspezialist meinen Bruder Bernhard ohne ihre ärztliche Betreuung gar nicht mehr auf Herrn Walter Bachmanns entlegene Farm lassen. So gebührt mein herzlicher Dank nicht nur Herrn Walter, sondern auch der lieben Ilse, die meinen Bruder und mich ärztlich und menschlich bestens unterstützte, sowohl in Australien als auch in Deutschland. Ihre ärztlichen Ratschläge habe ich fast immer befolgt – außer wenn sie mich zu einem Spezialisten schicken wollte.

Das sehnsüchtige Suchen meines Bruders nach einer absoluten Wahrheit wurde damals durch die Zeitumstände begünstigt. Die ganze Luft war sozusagen geschwängert mit Verlogenheit. Es waren nicht nur die Lügen der braunen Machthaber, sondern auch die Lügen auf der anderen Seite. So machte sich mein Bruder – mit mir an der Seite – auf die große Suche nach der Wahrheit: in den Zweigen der modernen Naturwissenschaft und in anderen Weltreligionen. Und diese große Suche hat wertvolle Frucht gebracht: auf der einen Seite die gerade angedeuteten naturwissenschaftlichen Erkenntnisse, auf der anderen Seite die klare Einsicht: Das Christsein ist nicht eine Wahrheit unter anderen, sondern es ist die eine und einzige volle Wahrheit. Wenn Leute manchmal staunten, dass wir trotz unserer intensiven Beschäftigung, vor allem mit dem Buddhismus, so überzeugte Christen und katholische Priester geworden sind, dann konnten wir nur antworten: „Nicht trotzdem, sondern deshalb." Den Buddhismus halb kennen heißt, von ihm fasziniert zu sein; den Buddhismus gründlich kennen heißt, seine furchtbare Leerheit zu durchschauen. Kein Mensch kann sich selbst aus dem Sumpf ziehen, kein Wesen kann der Einbindung in diese Welt aus eigener Kraft entrinnen. Gott selbst ist es, der aus Liebe zu Seinen Kindern uns durch den Erlösungstod Seines Sohnes aus der Sklaverei der Sünde befreit.

Die Bücher meines Bruders sind so mitreißend, weil sie eine unerhörte Weite eröffnen. Wir können heute die technische und wissenschaftliche Intelligenz für Christus gewinnen, wenn wir nicht in die Enge fliehen, sondern ihr die Weite öffnen, die sich durch die Zusammenschau von Naturwissenschaft und christlichem Glauben eröffnet. Glaube und Wissenschaft harmonieren heute miteinander, viele Phänomene in der sichtbaren, materiellen Welt sind Gleichnisse für geistiges Geschehen, also letztlich für Gottes Wirken. Diese Zusammenschau ist das große Anliegen von meinem Bruder und mir.

Geradezu abenteuerlich ist die Geschichte seines ersten Buches: *Christliche Prophtie und Nuklearenergie*, von dem über 100.000 Exemplare verkauft worden sind. Es hat Geschichte gemacht: Es hat die Potenzialität der apokalyptischen Aussagen aufgezeigt und es hat die Instabilität der nuklearen Abschreckung entlarvt. Papst Paul VI. hat vor seiner Reise zur UN-Vollversammlung darin gelesen.

Was Bernhard in seinem Buch *Der Dreieine* über China schreibt, das hat er einfach so niedergeschrieben; ohne Fachkenntnisse, ohne Fachliteratur. In einem Innsbrucker Krankenhaus hat er den dortigen Seelsorger, einen Bischof mit 25-jährigem Chinaaufenthalt, um Begutachtung dieses Kapitels gebeten. Dieser kommt zwei Tage danach aufgeregt ins Zimmer und sagt: „Jetzt weiß ich, dass es Inspiration gibt. Alles, was Sie schreiben, ist richtig, einiges habe ich jetzt dazugelernt." Auch ich kann von mir durch das Zusammensein mit meinem Bruder Bernhard sagen: „Wenn ich es nicht auch anderweitig wüsste, wüsste ich es durch ihn: Es gibt Inspiration durch Gottes Geist.

Ich verdanke den Weg zur Priesterschaft, zu vielen Vorträgen, zur Promotion und zur Professur für philosophische Gegenwartsfragen der lieben den Fürsorge und Gebetsfürsprache meines Bruders und bin Gott zutiefst dankbar, dass ich diesen Bruder haben durfte.

Mein Bruder gehörte zu den wenigen Menschen, zu denen Gott spricht; nicht in irgendeiner Sprache, sondern durch Seine Gegenwart. Wie er versicherte, habe er insgesamt in seinem Leben die persönliche Präsenz des Herrn fünfmal erlebt.

Karl Philberth

Mystische Erlebnisse

Bernhard Philberth hatte mehrere mystische Erlebnisse, in denen er – in seinen Worten – „die Präsenz Gottes erfuhr" und die sein Leben stark beeinflussten. Er begann diese Aufzeichnungen mit der Schilderung von Charakteristika, die diesen Gotteserlebnissen zu eigen waren:

1. Charakteristikum: Beim Erleben der Präsenz des Herrn wusste ich genau, was Sein Wille ist, dennoch war ich völlig frei, „Ja" oder „Nein" zu Seiner Forderung zu sagen. Dies ist insofern so erstaunlich, als der Herr mit Seiner ganzen Schöpfungsmacht und Ewigkeit gegenwärtig ist und man meinen sollte, dass man keine Entrinnungsmöglichkeit von Seinem Willen hat. Es ist doch schon bei einem irdischen Chef kaum möglich, sich dessen Wünschen zu widersetzen. Diese Freiheit der Entscheidung ist ein fundamentales Charakteristikum einer Begegnung mit Gott, was auch die Heiligen bezeugt haben.

2. Charakteristikum: In der Gegenwart des Herrn konnte ich Ihn weder sehen noch hören. Der Herr spricht in keiner Sprache. Die Kommunikation ist Erlebnis der unmittelbaren Präsenz. Deshalb gibt es keine Missverständnise. Gott ist in Seiner ganzen Macht und Ewigkeit gegenwärtig. Seine Gegenwart ist von derartiger Fülle, dass sie nicht in Worte gefasst werden kann.

3. Charakteristikum: Man erlebt kein Kommen und Gehen Gottes. Gott steht über Raum und Zeit und ist nicht zeitlich festlegbar. Diese überzeitliche Gegenwart ist ausgedrückt in den Worten des Propheten: „Fest steht Dein Thron seit je, von Ewigkeit her bist Du" (Ps 93.2). Als ich nach den Begegnungen wieder im normalen Bewusstsein war, erschien es mir, als wäre Gott nicht dagewesen, aber ich wusste genau, was der Herr wollte.

4. Charakteristikum: Nach dem Erleben der Präsenz Gottes war jedes Mal ein totaler Realitätsverlust, der einmal tagelang und ein andermal sehr kurz war. Das ganz andere Sein Gottes, das ungeschaffene Sein ist derart dominierend, dass alles Geschaffene danach wie leer erscheint. Soziale, politische oder ökonomische Probleme treten völlig zurück. Wegen dieser alles übertreffenden Mächtigkeit ist die Heilige Schrift befähigt, die absolute Wahrheit zu übermitteln trotz aller Zutaten und Umschreibungen, die solchen Schriften anhängen.

5. Charakteristikum: Ein weiteres Phänomen, das ich nach jeder Präsenz Gottes erlebte, ist eine fremdartige Identifizierung mit anderen Menschen, die manchmal nur kurz anhielt, wie in Metten, oder ganz ausgeprägt war, wie im Hydepark. Zum Beispiel ging ein Mann vorbei, und ich konnte ihn nicht von mir selbst unterscheiden. Ich konnte sehen, wie ein Mensch vor Gott steht. Ich sah Verkommenheit in Menschen, aber auch geistige Schönheit und Wohlgefälligkeit. Auch wenn ich totale Verkommenheit sah, erlebte ich: Das bin auch ich in Abwendung vom Herrn, und alle meine Verdienste schwanden dahin. Andererseits, wenn ich etwas Ihm Wohlgefälliges begegnete, erfuhr ich ebenfalls: Das bin auch ich, als Beschenkter vom Herrn. Diese Identifikation wird durch die Worte „Bruder und Schwester in Christus" gut ausgedrückt. Es ist zwar eine Unterscheidung da: „der" und „ich", aber auch eine Verbundenheit. Die Menschen spüren die Identifikation, aber nicht alle reagieren darauf.

Pater Bernhard äußerte in diesem Zusammenhang auch seine Gedanken zum Thema Bewusstsein:

Es gibt sehr verschieden hohes Bewusstsein. Haben Tiere oder gar Pflanzen Bewusstsein? Haben mächtige, gewaltige Engel ein höheres Bewusstsein? Zur Hilfe des Verstehens ist es vielleicht sinnreich, das Bewusstsein in drei Ebenen einzuteilen: als Träumen, als Wachen und als Schauen; bezeichenbar etwa als Erleben in einem Unterbewusstsein, in einem Normalbewusstsein, in einem Überbewusstsein.

Essenziell kann die niedere Ebene die höhere nicht umfassen und erkennen. Jedoch erfasst und erkennt die höhere Ebene mit Sicherheit die niederere. Eben diese Erkenntnisrelation macht sie doch zum Niederen bzw. Höheren.

Das Träumen und Wachen ist dem Menschen allgemein eigen. Die dritte Ebene ist sehr selten erreichbar. Sie ist kaum beschreibbar. „Schauen" ist nur eine unbefriedigende Andeutung, welche die Mächtigkeit dieser Ebene nicht fasst.

Die drei Bewusstseinsebenen sind jeweils ein Erleben, doch von grundlegend verschiedener Art und Mächtigkeit. Vielleicht kann man die dritte Ebene in einer Analogie näherbringen: Das Schauen verhält sich zum Wachen wie das Wachen zum Träumen.

Das Traumerleben ist dem Träumenden die Realität. Im Träumen weiß man nicht sicher, dass das Erlebte nur Traum ist, dass es nicht harte Existenz ist. Der Träumende hält das Erlebte für Wach-Erleben. Die Beschränktheit seines Erlebens auf subjektive Vorstellungen ist ihm grundsätzlich nicht erkennbar. Diese Beschränktheit des Erkennens ist überhaupt das Wesen des Träumens.

Das Wach-Erleben ist dem Wachenden die Realität. Im Wachen weiß man ganz sicher, dass das Erlebte nicht nur Traum ist, sondern hartes Wach-Erleben. Die Fähigkeit dieses Erkennens der Erlebnisrealität ist Wesen des Wachens. Jedoch das Unerkennen, dass das Wach-Bewusstsein kein Über-Bewusstsein, dass das Wach-Erleben kein Schau-Erleben ist, bestimmt essentiell das Wachen. Der „nur" Wachende hat deshalb grundsätzlich keine Sicherheit dagegen, dass das von ihm als Schau-Erleben Betrachtete doch nur normales Wach-Erleben ist, dass sein Vermeinen des Schau-Erlebens nur Wahn ist, gegebenenfalls schweren Irrtum zeugend.

Das Schau-Erleben ist dem Erlebenden höchste Realität. Er weiß völlig sicher, dass sein Erleben nicht normales Wachen und schon gar nicht Träumen ist. Er ist in voller Erkenntnis, was ist und was nicht ist. Und dies bleibt erinnernd. Hatte ein Mensch einmal das Schau-Erleben, so ist er, in wieder normalem Wachen, nicht sicher, dass das Erlebte ein Schau-Erleben war. Er erinnert sich zwar, dass er damals das Erlebte mit Sicherheit als Schau-Erleben erkannte. Nur ist aber diese Wach-Erinnerung auch wieder der allem Wachen zukommenden Unsicherheit ausgeliefert.

Diese Relationen haben die gesamte Geistesgeschichte entscheidend bestimmt; insbesondere die Religionen, Kircheninstitutionen und Kirchenlehren.

Kloster Metten (Deutschland), 1956

(Erstes mystisches Erlebnis)

Die erste Begegnung mit Gott hatte ich 1956 im Alter von 29 Jahren am Fronleichnamssonntag im Kloster von Metten, Deutschland. In Metten war es bis zu jener Zeit Brauch, am Donnerstag – dem eigentlichen Hochfest – und am darauffolgenden Sonntag je eine Fronleichnamsprozession zu halten: am Donnerstag vom Abt geführt, am Sonntag vom Prior. Ich hatte am Donnerstag teilgenommen und wollte am Sonntag in der Abteikirche allein im Gebet verweilen.

Als ich nun dasaß, war auf einmal der Herr gegenwärtig. Er fragte mich ohne Worte, nur durch Seine Gegenwart, ob ich bereit wäre, wenn Er es wolle, als Mönch in den Benediktinerorden einzutreten. Ich war seit Ostern l950 jedes Jahr dort zu Gast und betrachtete den Orden als meine geistige Heimat. Jedoch war ich bis dahin immer total unabhängig gewesen, und der Gedanke, in Abhängigkeit zu geraten, war mir unerträglich. Ich hatte einen furchtbaren inneren Kampf und konnte mich nicht entschließen, aber die Frage stand stahlhart im Raum. Auf einmal dachte ich mir, wenn es der Herr will, dann ist es doch für mich das Beste und ich sagte Ja. Zu meinem Erstaunen aber wollte Gott das nicht. Jetzt fragte mich der Herr, ob ich glaube, dass Er mir die Gesundheit der Weltbevölkerung anvertrauen könne. Da hatte ich weniger Schwierigkeiten, Ja zu sagen, weil ich den Herrn ja in Seiner Machtfülle erlebte. Das sagte Er mir zu. Zugleich kündigte Er für später an, dass Er mir die Fülle der Menschheitsgeschichte enthüllen werde, was ich zu publizieren hätte, ohne dass ich irgendeine Vorstellung hatte, wie das sein würde.

Auf einmal sah ich das Universum entstehen und wie sich die Galaxien bilden und strukturieren. (Zu der Zeit war ich zwar nicht in das Thema eingearbeitet, spürte aber, dass das Geschaute abwich von dem, was gängige wissenschaftliche Fachmeinung war.) Der Herr kündigte für noch später an, dass Er mir auch die Fülle der Universumsgeschichte enthüllen werde.

Dann drängte mich der Herr aufzustehen, durch eine Seitentür der Kirche in den Kreuzgang, dann durch einen Innenhof und dann weiter durch eine Tür in das Innere des Klostergartens zum Gemüsegarten zu gehen. Das innere Klostergelände ist von einer jahrhundertealten, 4 m hohen und 3/4 m dicken Granitmauer umgeben. Ich kam an diejenige Ecke der Kirchenaußenwand, an der diese Mauer anschloss. Ich hörte die Prozession mit dem Klingeln der Ministranten vor dem Allerheiligsten auf der anderen Seite der Mauer vorbeigehen. Plötzlich sah ich den Leib Christi wie Feuer durch die Mauer. Dann sah ich Grönland vor meinen Augen ausgebreitet. Es wurde mir der Bereich gezeigt, wo die radioaktiven Abfälle der Kernreaktoren der Welt gelagert werden sollten. Ich schaute eine sichere Einschlusszeit von 30.000 Jahren und sah die Zahl 3.200 für die Eisdicke. Da ich nichts damit anfangen konnte, fragte ich zurück und bekam die gleiche Zahl.

Ich weiß nicht, wie lange die Präsenz des Herrn andauerte, und kann es nur an der Dauer der Prozession abschätzen, vielleicht eine Stunde.

Grönlandforschung und Atomabfallbeseitigung waren für mich noch unbekannte Arbeitsgebiete. Die Zahl 3.200 machte für mich keinen Sinn. Waren das Zentimeter? Ich ging in den Physikraum der angrenzenden Klosterschule und traf den Benediktinerpater, der dort Physikprofessor war. Er fand einen Atlas, in dem Grönlands Eisdicke mit 3.000 m angegeben war. Erst Jahre später wurde gemessen, dass die Eisdicke tatsächlich 3.200 m ist, weil die gigantische Eisschicht die Landmasse 200 m unter das Meeresniveau drückt.

Ich war so unter dem Eindruck des Erlebten, dass ich gleich am nächsten Tag heimfuhr.

Ich machte die erforderlichen Berechnungen für die Atommüllbeseitigung, was nicht so schwierig war, weil ich ja schon das Ergebnis wusste. Ich legte diese Berechnungen in einem Artikel nieder, den ich an die Münchner Fachzeitschrift *Atomkernenergie* sandte, die ihn schon in der nächsten Ausgabe veröffentlichte.

Ich dachte, dass ich dringend eine profilierte Karte von Grönland brauche. Auf einem Spaziergang kam ich an dem großen Gebäude des Kartenverlags Wenschow vorbei und ging hinein. Ein älterer Herr kam mir entgegen und fragte, was ich wolle. Ich sagte, dass ich über ein Projekt nachdächte, den Atommüll in den Eiskappen von Grönland zu lagern. Er sagte, dass er Herr Wenschow selber sei, und zeigte mir einige Grönlandkarten. Dann fragte er mich, ob ich in der Gletscherforschung tätig sei. Ich verneinte das. Er schlug vor, dass ich mich mit dem weltberühmten Glaziologen, Professor Finsterwalder, an der Münchener Technischen Hochschule in Verbindung setzen solle.

Sobald ich heimkam, meldete ich mich bei Prof. Finsterwalder an. Als ich ihm am Nachmittag gegenüberstand, fragte er mich: „Woher kenne ich Sie denn? Sie sprachen am Telefon so forsch, dass ich dachte, ich hätte Sie schon irgendwo kennengelernt." Er fragte mich, ob ich in der Gletscherphysik arbeite. Ich sagte ihm, dass ich bis heute Vormittag überhaupt nicht gewusst habe, dass es eine Gletscherphysik gebe und dass er dafür Professor sei. Daraufhin sagte er, dass meine gletscherphysikalische Publikation, die er schon kannte, mit den fachwissenschaftlichen Vorstellungen übereinstimme, und kopierte mir eine detaillierte Grönlandkarte. Er sagte, die Atomabfälle seien das Grausigste vom Grausigen. Dann erwähnte er, dass ein Fachsymposium für Gletscherphysik in Chamonix (Schweiz) geplant sei, auf dem er Präsident und Prof. Bauer (Straßburg) Vizepräsident sei. Später wurde ich auf dieses eingeladen. Es kamen dort Gletscherphysiker aus aller Welt zusammen mit großen Delegationen – je etwa 10 bis 20 Wissenschaftler – aus Europa, Amerika, Russland, China usw. Ich bat darum, meinen Bruder mitbringen zu dürfen, was auch gewährt wurde, als man erfuhr, dass er Diplom-Physiker ist.

Ich dachte, man hätte mich eingeladen, um zu lernen. Ich nahm einen Stoß Kopien meines Artikels mit und legte ihn aus. Bis zu dieser Zeit war ich wegen eines Kindheitserlebnisses nicht in der Lage, öffentlich zu sprechen. Die erste Woche verstrich mit Vorträgen, u. a. von einem der zwei weltführenden Gletscherforscher, Prof. Renault aus Lausanne. Ich verstand kein Französisch. Mein Bruder stieß mich mehrmals an, weil Prof. Renault mich als ersten Berechner der grönländischen Eiskappe zitierte. In der zweiten Woche wurde mir am Mittwoch vom Vizepräsidenten, Prof. Bauer aus Straßburg, gesagt, dass mein Vortrag mit 1 ½ Stunden für Freitag um 10 Uhr angesetzt worden sei, und zwar in Englisch. Es sei der einzige Vortrag, über den der Kongress abstimmen werde, mit Vorlage bei der UNESO. Da ich überhaupt nicht vorbereitet war, verließ ich sofort die Versammlung, um mich an die Ausarbeitung des Vortrags zu machen. Der berühmte Prof. Glenn, Herausgeber des *Journal of Glaciology* in England, setzte sich die zwei Tage im Hotel neben mich und schrieb laufend meine Vortragsausarbeitungen in gutes Englisch. Der Zeitdruck ließ keine Entwicklung einer Neurose aufkommen. Der Abschluss der Ausarbeitung am Freitagmorgen ließ mich sieben Minuten zu spät zu meinem Vortrag erscheinen, sodass Prof. Finsterwalder schon begonnen hatte, mich einzuführen, und mich vorwurfsvoll anschaute, als ich hereinstürzte. Als ich „Ladies and Gentlemen" gesagt hatte, war jede Redelähmung verschwunden. Ich erlebte elementar, wie Gott für Seine Aufträge Barrieren beseitigt.

Prof. Matthias Matschinski (früherer Chef der russischen Raketenforschung, später erster Chef der deutschen Raketenforschung) sprach mich an und schlug vor, dass ich ihm zwei Sonderdrucke aus der *Atomkernenergie* mitgeben solle, einen davon mit Widmung an Louis de Broglie, dem Generalsekretär der *Academie des Sciences* in Paris. Daraufhin wurde ich aufgefordert, für die *Academie* einen Artikel über die Atomabfallbeseitigung vorzulegen. Die sehr schwierige Mathematik dazu konnte mein Bruder bewältigen.

Seine Übersetzung ins Französische befriedigte ihn so wenig, dass er mir riet, damit ins „Französische Kulturhaus" zu gehen, wo er in Abendkursen Französisch lernte. Ich bat den Leiter, Herrn Perrin, mir eine Übersetzung zur Veröffentlichung in der *Academie Francaise* zu vermitteln. Ich scheine das Wort so verunstaltet ausgesprochen zu haben, dass es ihn schüttelte. Als er auf seine Frage nach dem Thema erfuhr, dass es Atomkerntechnik sei, sagte er, dass dafür doch nicht die Sprachenakademie, sondern die *Academie des Sciences* zuständig sei. Auf meine Antwort: „Dann ist es eben diese", hielt er mich wohl für einen armen Irren. Professor Verdier verlangte dann für seine perfekte Übersetzung nur 15 DM mit der Bemerkung, dass der Artikel wohl doch nicht angenommen werde.

Wochen später wurde ich in der Ludwigstraße von einer Gruppe französischer Touristen mit einem Wortschwall angegangen. Ich verstand immer nur: „Monsieur Philberth, … Monsieur Perrin … Monsieur Perrin". Ich dachte, sie meinten den Leiter des Französischen Kulturhauses, und sagte nur immer: „Oui, oui". Heimgekommen traf ich dort einen französischen Studenten, der bei uns Familienanschluss hatte und mit dem mein Bruder sein Französisch aufpeppelte. Fast erstorben vor Ehrfurcht sagte er, die französischen Tageszeitungen hätten am Vortag mit Schlagzeilen und Bildern von mir von der Präsentation durch den Französischen Hochkommissar für Kernenergie, Francis Perrin, berichtet. Er hatte – wie mein Bruder viel später auf dem Kernenergie-Kongress in Monaco hörte – die Arbeit von 12 Spitzenwissenschaftlern Frankreichs unabhängig begutachten lassen. Als ich ins Französische Kulturhaus kam, wusste der Leiter, Monsieur Perrin, schon alles. Voller Freude fragte er, ob er die Ausführung der Übersetzung in seinem Jahresbericht hervorheben könne.

Für mich und mein Atomabfallprojekt wurde ein Kolloquium an der ETH (Eidgenössische Technische Hochschule) in Zürich angesetzt, zu dem die Schweizer Regierung 400 Experten aus aller Welt eingeladen hatte: mit Presse und Radioreportagen, Festessen und allem Drum und Dran.

Bald darauf kam die große internationale Grönland-Expedition EGIG *(Expédition Glaciologique Internationale au Grönland)* mit 6 Gruppen für verschiedene Messprojekte. In die EGIG wurde eine spezielle weitere Gruppe für „thermische Tiefbohrung" zur Messung der Temperaturen der Eiskappe für mein „Atommüllprojekt" eingefügt, wofür die US-Airforce alles Material kostenlos einflog. Leider konnte ich selbst nicht an der Expedition teilnehmen, da ich an Hepatitis B litt und mir der Arzt, Prof. A. Störmer, die Teilnahme verbot. Die Verantwortung wurde meinem Bruder übertragen.

Die Atomabfallbeseitigung scheiterte bis jetzt an dem Veto der Amerikaner, weil Grönland in der Haupteinschussrichtung von Russland in die Vereinigten Staaten liegt und durch russische Einflüge die strategische Sicherheit Amerikas gefährdet würde.

Geschichte-gestaltende Ereignisse stellen die Menschen vor die fundamentale Frage, was von Gott kommt und – falls doch alles von Gott komme – was dies für ein Gott und eine Welt sei. Wie ist das etwa mit der Inquisition, der Hexenjagd, der China- und Japanmission im Mittelalter, wie mit den drei letzten Dogmen, wie mit dem Start des Irakkrieges. Und wie ist das eben auch mit der Reaktor-Abfallbeseitigung im Grönland-Eisschild, angesichts der heutigen Drohung (2006) von dessen Abschmelzung? Diese Fragen rühren an unsere spirituelle Existenz.

Konkret zur Praktizierbarkeit der Reaktor-Abfallbeseitigung: Diese wurde von großen Kommissionen und kompetenten Wissenschaftlern der Kernenergie und Eisforschung ausgiebig untersucht. Das Konzept kam vor einem halben Jahrhundert zur Welt. Schon damals wurde die Gefahr erwogen, dass der Eisschild von Grönland schmelzen könnte. Ein Eisschild von etwa vierfacher Größe des grönländischen verschwand innerhalb einiger Jahrtausende und hinterließ die heutige Ostsee. Früher hielt man ein Abschmelzen des grönländischen Eisschildes in weniger als einigen Jahrtausenden für unmöglich. Heute ist man vorsichtiger geworden. Denn einerseits treibt ein maßloser Konsum fossiler Energieträger den Kohlendioxid-Ausstoß und damit den Treibhauseffekt unerwartet hoch, andererseits öffnen immer komplexere Klimamodelle einen zunehmend breiten Spielraum der Möglichkeiten.

Dennoch kann die Atommüllbeseitigung in den Rieseneisschilden auch heute zu den sichersten Projekten gerechnet werden – falls sie mit moderner Technologie realisiert wird. Radioaktive Abfälle können und sollen in mindestens drei Kategorien separiert werden. Die kurzlebigen Kerne mit wenigen Jahren Halbwertzeit kann man unter menschlicher Aufsicht verwahren, bis sie zerfallen sind. Die langlebigen Kerne (etwa Transurane) mit Halbwertzeiten von vielen Jahrtausenden entwickeln wenig thermische Leistung und können daher in Bohrlöchern in künstliches Gestein eingebunden werden.

Die kritischen mittellebigen Nuklide, Strontium 90 und Cäsium 137, haben Halbwertzeiten von rund 30 Jahren. In 300 Jahren sind sie auf rund ein Tausendstel, in 600 Jahren auf rund ein Millionstel zerfallen. Deshalb sind sie gut geeignet, um etwa in Zentralgrönland beseitigt zu werden; und zwar in Behältern, die durch ihre anfängliche radioaktive Wärmeentwicklung etwa bis in die halbe Tiefe des über 2000 m mächtigen Eisschildes schmelzen. Selbst wenn im allerungünstigsten Fall der Eisschild in 500 bis 600 Jahren ganz abgeschmolzen sein sollte, dann lägen diese Behälter mit nur noch einem Millionstel ihrer ursprünglichen Radioaktivität am Boden der dann eisfreien Felsenwanne. Die restlichen aktiven Kerne könnten dennoch nicht entkommen, wenn sie in eine über Jahrhunderte korrosionsbeständige Matrix-Substanz eingebunden sind. Nach heutigem Wissen ist der antarktische Eisschild viel zuverlässiger als der grönländische und sollte deshalb vorzugsweise in Betracht gezogen werden.

Niemals gibt der Geist Gottes etwas Falsches ein. Doch lässt Er zu, dass die von ihm Angesprochenen Seine Eingebungen gemäß ihrer gegenwärtigen Einsicht interpretieren und erst viel später das Geoffenbarte richtig einordnen können. Im Alten Testament gibt es viele solcher Fälle. Auch bezüglich der Atommüllbeseitigung könnte das so sein. Nach dem damaligen Stand dachte ich selbstredend an die vorangehend besprochene Beseitigung der Abfälle aus der Kernspaltung. Heute frage ich mich zunehmend, ob das eingegebene Projekt vielleicht zur Beseitigung von Abfällen aus der Kernfusion gemeint war. Nach heutigem Stand kommt für die Nutzung der Kernfusion praktisch nur Verschmelzung von schwerem Wasserstoff (Deuterium) mit überschwerem Wasserstoff (Tritium) in Frage. Der dabei anfallende Atommüll wird Tritium enthalten. Dieses zerfällt mit weicher Betastrahlung mit einer Halbwertzeit von 12,3 Jahren. Daher ist es schon nach 370 Jahren auf ein Milliardstel zerfallen. Weil seine Betastrahlung selbst dünne Behälterwände nicht durchdringt und weil seine Halbwertszeit einen ausreichend raschen Zerfall gewährleistet, ist solcher Abfall geradezu ideal geeignet zur Beseitigung im Zentrum des grönländischen Zentraleises. Es wird noch Jahrzehnte dauern, bis die Kernfusion technisch nutzbar sein wird und bis große Mengen von mit Tritium verseuchtem Abfall anfallen werden. Diese Zeit muss zu eingehenden Studien genutzt werden. Denn in der Atommüllfrage ist Sicherheit das oberste Gebot.

Das dahinterstehende spirituelle Problem ist damit nicht entschärft, nicht nur, weil man doch Zweifel an der Praktizierbarkeit haben könnte. Es ist ein den Fortbestand allen höheren Lebens auf der Erde katastrophal bedrohender Temperaturanstieg eingetreten. Sehr wahrscheinlich ist dieser zumeist durch einen CO_2-Ausstoß aufgrund unserer Zivilisation bewirkt. Über lange Zeit war ein fast konstanter Wert von 270 ppm CO_2 in der Atmosphäre. Vor einem halben Jahrhundert war dieser Wert schon beträchtlich angestiegen, hätte aber noch in tragbaren Grenzen gehalten werden können. Aber rücksichtslose Ausbeutung und Aufbrauchung der fossilen Kohlenstoffträger führte zu einem heutigen Spiegel von über 400 ppm, der schon seit Jahrzehnten als existenzbedrohend für alles Leben extrapoliert wurde.

Der Herr sagte durch den Propheten: „So hoch der Himmel über der Erde ist, so hoch erhaben sind meine Wege über eure Wege und meine Gedanken über eure Gedanken" (Jes 55,9). Es ist unheimlich richtig, dass Gott die Freiheit und Selbstständigkeit der von Ihm geschaffenen Menschen so hoch schätzt, dass der Missbrauch dieser Freiheit und die Hybris der Selbstständigkeit zur Vernichtung führen kann. Es ist aber auch trostreich richtig, dass Gott uns oft durch falsch oder unverständlich Erscheinendes schließlich zu Heil und Rettung führt.

In der Einsiedelei in Lombardina, Westaustralien, 1972

Kurz nach meiner Priesterweihe am 3.7.1972 kam ich aufgrund einer Initiative des „Department of Supply" der australischen Regierung, das in Melbourne ansässig war, zum ersten Mal nach Australien. Man hatte mich als Berater für thermische Tiefbohrungen in Eisschilden gerufen. Aus verschiedenen Gründen wurde aber aus dem Besuch in Melbourne nichts, und ich blieb mehrere Monate lang in Perth. Seit jener Zeit verbrachte ich fast jedes Jahr ein paar Monate in Australien, wo ich Kontakt mit religiösen, politischen, akademischen und astronomischen Kreisen bekam. Wenn ich in Perth war, wohnte ich meistens in dem Redemptoristenkloster.

Bei meinem ersten Besuch im Jahr 1972 wurde ich von dem Bischof für Broome, Johannes Jobst, eingeladen, mit ihm und dem Apostolischen Delegat, Erzbischof Gino Paro, eine Visitation in den nördlichen Missionen von West Australien zu machen.

Am Ende dieser Reise kamen wir nach Daly River, wo ich ein fürchterliches Erlebnis hatte. Bischof Jobst saß am Krankenbett eines Franziskanermönchs. Der Grund für dessen Krankheit, die sich in völliger Lethargie ausdrückte, war der totale Zusammenbruch der über viele Jahre aufgebauten Mission durch die Zahlung von Arbeitslosengeld an die Eingeborenen. Ich wurde von einem alten Eingeborenen angesprochen. Er gab mir ein Zeichen, ihm zu folgen. Wir gingen eine Weile durch den tropischen Busch und kamen dann an eine Lichtung, wo 8 bis 10 aus Stein gebaute Häuschen standen. Wir schauten durch die Tür des ersten Hauses und sahen die Leute völlig betrunken auf der Erde liegen. Dasselbe Bild bot sich noch in zwei anderen Häusern. Der Eingeborene führte mich zurück und verabschiedete sich, indem er sich in einer flehentlichen Geste mit gefalteten Händen verbeugte.

Am nächsten Tag kamen drei alte Eingeborene – die „Drei Ältesten" – zu mir. Sie ersuchten mich, „offiziell" bei der Regierung vorzusprechen mit der Bitte, das Arbeitslosengeld einzustellen, weil das ihre Vernichtung sei. Ich sprach dann mit dem zuständigen Beamten. Obwohl ich ihm gesagt hatte, dass ich im „offiziellen" Auftrag der Eingeborenen deren Bitte ausspreche, wurde er unangenehm aggresiv und bezeichnete mich als deutschen Rassisten. Er sagte, dass die Eingeborenen die gleichen Rechte haben wie alle anderen. Ich schlug daraufhin den Eingeborenen vor, ein Konto bei der National Bank einzurichten und durch einen Vertrauensmann alles Geld dort einzahlen zu lassen. Zu der Zeit zahlte die Bank einen sehr hohen Zinssatz, und wenn alle Eingeborenen ihr Geld dort eingezahlt hätten, hätten sie genug Geld gehabt, große Anteile an der australischen Industrie zu kaufen. Am nächsten Tag kamen die drei Alten wieder und sagten, dass ich zu dieser Vertrauensperson gewählt worden sei. Der Bischof war entschieden gegen ein solches Vorgehen, weil ich mir damit alle Seiten zum Feind gemacht hätte. Solches Denken sei den Eingeborenen völlig fremd. So hielt ich es für weiser, den Antrag nicht anzunehmen.

Danach kamen wir nach Balgo Hills im Norden von Zentralaustralien. Das ist eine Missionsstation mit einigen hundert Bewohnern plus Stammesangehörigen, die im weiteren Umfeld leben. Es ist eine grandiose Gegend, und ich sprach den Wunsch aus, eine Weile als Einsiedler dort zu leben. Der Bischof sagte, dass das nicht gehe wegen der Boa, einer Riesenschlange, die dort lebe. Die Aborigines verlagern deshalb alle paar Wochen ihre Aufenthaltsorte. Sie haben ein Gespür dafür, ob Schlangen da sind oder sich nähern.

Nach unserer Rückkehr nach Broome sagte Bischof Jobst mir, dass sich vor einiger Zeit ein Mönch eine Einsiedelei in der Nähe der Missionsstation Lombardina eingerichtet habe und kurz vorher verstorben sei. Die Einsiedelei liege ungefähr 2 Stunden zu Fuß von der Station entfernt, nahe des Indischen Ozeans. Ich entschloss mich, dort einige Wochen zu leben. In der Missionsstation wurde ein geländegängiger Kleintransporter bepackt mit zwei Bettgestellen und Proviant. Der Missionar, Pater Alfons Bleischwitz, ersuchte die drei mit dem Unternehmen beauftragten Eingeborenen, einen Besen mitzunehmen für die „red back spiders", die tödlich giftigen Spinnen. Ich bekam einen Schrecken. Aber der Ratschlag stellte sich als unnötig heraus, weil es in der Einsiedelei ein Gecko-Paar (kleine Eidechsen) gab, das die Spinnen fraß. Die beiden Geckos hielten sich am liebsten in meiner Umhängetasche auf und wollten wohl darin nisten. Einmal, als ich die Tasche umstülpte, lief das Weibchen schnell weg, aber das Männchen schaute mich vorwurfsvoll an.

Die Hütte bestand aus in den Boden gerammten Mangrovenstämmen, mit Baumrinde umwickelt und einem Wellblechdach, unter dem wiederum Baumrinde befestigt war als Isolierung gegen die Hitze, die nachmittags auf 47 Grad im Schatten anstieg, bei einer Luftfeuchtigkeit von 97 %. Die Hütte hatte drei winzige Räume nebeneinander mit eigenem offenen Eingang. Der Schlafraum war nur 30 cm länger und breiter als das Bett. Das Bett hatte Eisenbeine, die von Skorpionen, Spinnen und giftigen Tausendfüßlern gemieden werden. Es durfte kein Teil des Bettzeugs auf den Boden hängen, damit kein Getier hochkrabbeln konnte. Wegen der glühenden Hitze in dem Raum hatte ich noch ein zweites Bett draußen auf der Düne aufgestellt, wo ich bis nach Mitternacht schlief. Bis dahin bildeten sich durch Kontaktkondensation richtige Pfützen auf der Decke. Sobald die Sonne wegging, fing das Dach an zu tropfen. Die Eingeborenen müssen von Kondensationswasser leben. Der Mittelraum für die heilige Messe hatte eine tischartige Natursteinplatte als Altar. Der Boden war einfach nur Dünensand. Die Stühle sanken darin ein.

Ich verbrachte dort knapp drei Wochen. Es war das aufregendste Erlebnis meines Lebens und noch Jahre später hatte ich während der Messe Bilder der grandiosen Landschaft vor meinen Augen. Unter Einsamkeit litt ich nicht, weil ich gewöhnt war, allein zu sein. Bischof Jobst hatte gesagt, dass er mich nur dorthin lassen könne, weil ich an die Existenz des Teufels glaube, denn in solch extremen Verhältnissen sei man dämonischen Mächten ausgeliefert. Ab dem zweiten Tag erlebte ich die Gegenwart der Dämonie elementar als Realität. Aber es focht mich nicht an, weil ich mich völlig beschützt fühlte, wie von einer Hochspannungsisolierschicht umgeben. Später hörte ich einmal, dass einen der Schutzengel einhülle. Das habe ich dort so empfunden.

Mein Proviant bestand aus Büchsen, aber ich hatte überhaupt keinen Hunger und aß kaum etwas, außer zwei Dosen Birnen in der ganzen Zeit. Am dritten Tag wehte ein glühendheißer Wind aus Südwesten. Ich bekam Herzjagen und dachte: „Dies ist mein Tod." Der Wind ergriff die Bettdecke und wehte sie aus dem Haus aufs Meer zu, aber dann blieb sie im Gebüsch hängen. Der Sand war glühend heiss und ich konnte nicht hinterherlaufen, aber nachts holte ich sie dann wieder. Ich schrieb mein Vermächtnis nieder, weil ich das Ende meines Lebens vermutete. Da wurde mir auf einmal gesagt: „Du gehst wieder nach Europa zurück, um fruchtbare Arbeit zu leisten." Da war alle Angst weg. Dieser Vorfall hat nicht den Rang einer Gottesbegegnung, aber die Mitteilung war sehr überzeugend.

Ich brauchte acht Tage, um mich zu akklimatisieren. Eigentümliche Empfindungen überkamen mich, als sei das Bewusstsein vom Körper gelöst. Ich wusste nicht, ob ich noch lebte oder schon tot war. Ich erlebte eine eigentümliche Offenheit für die Geisterwelt. Des Nachts musste ich ans Meer gehen, um mich abzukühlen. Das Meer war knapp einen Kilometer entfernt. Einmal kam ich dorthin, da war Meeresleuchten, das von Leuchtbakterien hervorgerufen wird. Der Ozean brandete schwarz herein. Doch bei jeder Störung des regulären Meeresganges leuchtete das Meer auf. Wenn ich den Fuß bewegte, leuchtete der Meeresboden grünlich-gelb auf. Ein vorbeischießender Fisch wirkte wie ein Kometenschweif im schwarzen Wasser. Diese Erlebnisse hinterließen einen tiefen Eindruck bei mir und eine große Bewunderung für die Schönheit der Schöpfung.

Meine Uhr blieb ziemlich bald wegen Sand im Uhrwerk stehen. Ich konnte mich nur nach den Sternen orientieren. Eines Nachts, es muss nach Mitternacht gewesen sein, ging ich runter ans Meer. Es war tiefe Ebbe und das Meer brandete weit draußen. Der Gezeitenhub dort ist einer der größten der Erde, bis zu 12 m im Oktober und Februar (16° südlicher Breite) bei Neu- und Vollmond. Ich musste mich dringend abkühlen. So orientierte ich mich nach dem wunderbaren Sternenhimmel, ließ die Magellanschen Wolken links liegen und ging auf das ferne Meer zu, eine viertel Stunde, eine halbe Stunde, eine dreiviertel Stunde. Über eine Stunde lief ich über den weichen Sand, bis ich endlich an das Wasser kam. Ich kühlte mich ab und beeilte mich, wieder zurück zum Land zu gehen. Die Flut begann zu steigen und ich durfte mich nicht von der Flut einholen lassen. Es war kein Land zu sehen. Das Bewusstsein war grandios auf das Unendliche hingerichtet. Noch immer sah ich kein Land und orientierte mich nur an den Magellanschen Wolken. Da schoss plötzlich das Wasser von der Seite heran und schnitt mich ab. Es reichte mir bis an die Knie, dann bis an die Oberschenkel, dann nur bis zu den Füßen und ich stand an Land, nur 30 m entfernt von der Stelle, wo ich losgegangen war.

Einmal in der Woche kam der Bruder Bob mit einem Wüstenfahrzeug, um mir 25 l Wasser zu bringen. Nach knapp drei Wochen Aufenthalt war ich sehr geschwächt und wollte wieder nach Broome zurück.

Perth, Hydepark, 1972

(Zweites mystisches Erlebnis)

Zurück in Perth, nach den drei Wochen in der Einsiedelei, hatte ich ununterbrochen diese eigenartige „Durchsicht", das was die Zenanhänger in Japan „Satori" und die Inder „Samadhi" nennen. Es ist ein ganz eigentümliches Bewusstsein, in dem man wie durch die Dinge hindurchsehen kann. Ich hatte damals ziemliche Heilerfolge mit Patienten, die mir Ärzte geschickt hatten. Ich wusste schon, als sie auf mich zukamen, was ihnen fehlte. Es war ein Zustand wie im Trance. Man kann es gar nicht logisch analysieren.

Ich wohnte in dem Redemptoristenkloster in der Vincentstraße und ging des Öfteren spazieren. Damals konnte man noch unbesorgt des Abends in den Hydepark gehen, der in der Nähe des Klosters ist. Eines Abends ging ich in den Park. Es war schon dunkel und die Sterne funkelten am Himmel. Auf einmal war der Herr präsent.

Er zeigte mir wieder das Universum, so wie damals in Metten. Ich sah die gigantische Größe dieses Universums in seiner ganzen Großartigkeit, sah aber auch, dass es endlich ist. Ich sagte zum Herrn: „Was Du da geschaffen hast, ist unfassbar groß und gewaltig, aber es ist endlich, bist Du auch endlich?" Die existenzbedrohende Furcht, die mich überfiel, zeigte, dass ich nicht hätte wagen dürfen, dies zu fragen. Doch der Herr zeigte mir eine unendliche Zahl von Universen. Er zeigte, was die Kosmophysik viel später aufzeigte: die Quasi-Extrapolation des Bezugs in das unerreichbar hohe „Absolute Nullpotential". Eine Real-Extrapolation ist jedoch gar nicht möglich, weil auch eine noch so nahe an das Absolute Nullpotential herangeführte Extrapolation doch immer noch unendlich darunter bleibt.

Niemandem fasslich, hatte mich der Herr wie von Seinem Thron her sehen lassen. Es tauchte eine unendliche Menge von Kosmen auf, von denen jeder vor Gott ein verschwindender Punkt ist. Jeder Kosmos ist intern – in

Relation zu jedem darin Existierenden – eine gigantische Weltmasse in je eigenem Raum-Zeit-Kontinuum, das expansiv weitet und altert. Doch ist jeder dieser Kosmen vor dem Absoluten Souverän eine zu null verschwindende Weltmasse, mit zu null verschwindendem Weltraum während einer zu null verschwindenden Weltzeit. Jeder Kosmos ist vor dem im Absoluten Nullpotential des Nichts thronendem Absoluten Souverän wie ein Ereignisblitz, der Ihn aber in der Überzeitlichkeit als Ihm ewig gegenwärtig begleitet. Kosmophysikalisch drückt dies der *Zeitgradient* aus, den ich einige Jahre zuvor entdeckt hatte. Jeder Kosmos ist in Relation zum Herrn in der Tiefe des existentiellen Potentials „-c ^{2}". Dies ist eine quasi-unendliche, aber doch endliche Tiefe, womit dem im Nichts Thronenden, dem Ewig Seienden, jedes Existierende immer und überall in jedem Kosmos erreichbar ist; als Allgegenwart Gottes. In Relation zu jedem weltinternen Bezug ist aber der Thron Gottes in der unendlichen, wesenhaft unerreichbaren Höhe des Absoluten Nullpotentials. Ein Entrinnen aus irgendeinem Kosmos ist somit wesenhaft unmöglich; ist nur möglich in der „Erlösung" durch den uns aufsuchenden Absoluten Souverän selbst.

Das Erlebnis war von einer überwältigenden Ungeheuerlichkeit. Auf Grund dieses Erlebnisses schrieb ich alsbald das Kapitel „*Allmacht und Ewigkeit*", das dann ab der 3. Auflage in dem Buch „*Der Dreieine*" veröffentlicht wurde. Dies Kapitel scheint auch die Verbundenheit mit Papst Johannes Paul ll. geschaffen zu haben. Vermutlich ermöglichte es mir nur diese Schau, später folgende Relationen darzustellen: Jegliche Existenz ist im Gegenüber zur „kosmischen Singularität", die selbst der Existenz nicht zugehört, die aber als Meta-Existenz alle Existenz begründet.

Ich sah also diese unendliche Zahl von Kosmen. Ich erlebte, dass diese Kosmen sehr verschieden sind, also nicht alle von ein und demselbe Typus. Ich fragte den Herrn: „Welcher Art sind diese Kosmen? Wieso bist Du unendlich und allmächtig?" Da wurde mir die Nichtigkeit aller Grenzen gezeigt: Jedes der zahllosen Universen ist vor Gott wie ein verschwindender Punkt: Alle Längen dieses Kosmos sind zu null kontrahiert; alle Zeiten zum Ereignisblitz, der aber den Herrn immerfort begleitet; alle Energien, Massen und Ladungen sind verschwindend klein. Alles Sein in den Tiefen ist vor Gott ein „Hauch", wie es in den Psalmen heißt. In Gott sind alle Grenzen nichtig. Wenn man sagt: „Es gibt nur einen Kosmos", setzt man eine Grenze, nämlich die Zahl eins, und die ist nichtig. Wenn man sagt: „Es gibt tausend Kosmen", setzt man eine Grenze. Wenn man sagt „million Kosmen", setzt man eine Grenze. Wenn man sagt „million mal million Kosmen", setzt man eine Grenze. Wenn man sagt „million hoch million Kosmen" setzt man eine Grenze. Doch diese Grenzen sind nichtig. Damit bekam ich Antwort auf meine Frage, was die Ewigkeit und Allmacht Gottes ist. Zuerst hatte ich ja nur unser Universum gesehen, und zwar von innen heraus mit all den Galaxien: zwar unfasslich groß, aber doch endlich. Doch dann tauchte in der Schau der Nichtigkeit der Setzbarkeit einer Zahl die Unendlichkeit zermalmend auf.

Vor dem Herrn ist alles nichtig, auch jede Grenze der Eigenarten. Wenn man z. B. sagt: „Noch Furchtbareres als das und das kann es nicht geben", setzt man eine Grenze, die nichtig ist. Es gibt immer noch Grauenhafteres. Wenn man sagt: „Das ist so großartig, dass es nichts Großartigeres geben kann", setzt man eine Grenze, die nichtig ist. Es gibt immer noch Großartigeres. Das ist die unheimliche Nichtigkeit der Grenze aller Eigenarten.

Dann schaute ich noch etwas kurz aufblitzen: unendlich viele Kosmen, die sich dem Herrn in ewigem Sein für immer verbunden haben; und existenziell unüberbrückbar davon getrennt: unendlich viele Kosmen, die sich vom Herrn gesondert haben und in die Nichtigkeit driften. Diese Einsicht war nur ganz kurz. Ich habe das, was ich schaute, später niederlegen können in dem, was ich über die himmlischen und höllischen Welten in dem Buch *Offenbarung* schrieb.

Ein Studiendirektor, der das Buch als einer der Ersten gelesen hatte, schrieb an meinen Bruder: „Jawohl, so ist es, so ist es!" Dagegen von der Mutter eines anderen Bekannten erfuhr ich, dass sie nach dem Lesen des Buchs eine große Angst vor der Hölle bekam, obwohl sie schon immer daran geglaubt hatte. Jetzt, wo die Hölle als mögliche Realität präsentiert worden sei, könne sie es auf einmal nicht mehr bewältigen. Ich sprach dann mit der Frau und sagte: „Freilich ist das real, aber so sind auch die himmlischen Welten real, und weil wir ja die Freiheit haben, uns für das eine oder andere zu entscheiden, haben wir die große Hoffnung und Freude.

Dieser unbewältigbare Kontrast begründet die „Furcht Gottes", die „der Anfang der Weisheit" ist. Die Furcht Gottes habe ich auch im Hydepark erlebt. In der Verbundenheit und Liebe zum Herrn ist diese Furcht nicht nur nicht abgeschwächt, sondern besonders groß. Das Wunderbare ist, dass die Furcht aus der Erkenntnis Seiner Macht und Herrlichkeit herrührt und aus dem Begreifen, dass es kein Sein gibt außer Ihm. Er ist der ewig Seiende und umfasst alles Sein. Er ist der Einzige, der im Nichts thront. Er ist der All-Eine, der IST, weil er IST. Und aus diesem ganz anderen Sein ist Gott der „Herr über das Sein und das Nichts". Er allein kann Sein aus dem Nichts hervorbringen und kann Seiendes in das Nichts zurückwerfen, dies, ohne dass man mit Ihm rechten könnte, ohne dass man Ihn hindern könnte. Dies zu erahnen, ist Gott fürchten. In der Erkenntnis Seiner Liebe, Seiner Barmherzigkeit, Seines Geschenks der totalen Freiheit verbindet sich mit der Furcht Gottes eine überirdische Freude.

Dieses Geschenk der Freiheit können wir missbrauchen, um uns Macht, Reichtum, Genuss zu verschaffen. Große Gaben werden uns zu der großen Versuchung, die Gabe unserem Ich zuzuschreiben und uns damit im Stolz heilsgefährdend zu überheben. Darum sollen wir beten: „Führe uns nicht in Versuchung." Wir sollen Sorge und Obacht haben, dass wir diese große Gabe nicht gegen den Willen des Herrn einsetzen. Dadurch, dass man sich dem Herrn ganz und gar überschreibt, dass man ein „Sklave" des Herrn ist, überlässt Er einem die völlige Entscheidungsfreiheit. Dagegen in den höllischen Welten ist man frei von Gott, aber unterliegt dann dem gegenseitigen Terror der jeweiligen Fürsten und derer, die in jener Welt sind. Das heißt, die Freiheit von Gott ist die wahre, unüberkommbare Sklaverei, und die Sklaverei in Gott ist die unbegrenzte Freiheit.

Das erinnert mich ein wenig an das Ideal der Ehe, wie ich es auch bei meinen Eltern erlebte. Es war irgendwie eine wundervolle Sache. Die Autorität meines Vaters war außer Frage gestellt. Sie war für meine Mutter und uns Kinder ganz selbstverständlich. Weil sie nicht in Frage gestellt wurde, konnte mein Vater meiner Mutter die totale Freiheit der Entscheidung überlassen, wobei die Mutter aber im Bewusstsein dessen, und der Freude darüber, sich doch immer gern leiten ließ von dem, was der Vater gern hätte. Der Feminismus hat diese Art der Harmonie in den Ehen verstört und zerstört. Im Feminismus wird die Frau zum Kampf um ihre Rechte gegenüber dem Mann gedrängt und verliert damit die Möglichkeit, dass ihr alle Rechte aus Liebe, aus Vertrauen und aus Zuneigung gegeben werden. Und, umgekehrt, muss der Mann gegen die Frau die Achtung erkämpfen und verliert damit die Möglichkeit der liebenden und beschenkenden Zuneigung seiner Frau.

Nach der Präsenz des Herrn erlebte ich jedes Mal ein unheimliches Verblassen der Realität aller Umwelt. Dies ist vergleichbar dem Entschwinden eines Traumerlebnisses in Irrealität nach dem Erwachen. Die Existenz der natürlichen Gegenstände bleibt unverändert in sich als harte Realität. Doch in Relation zum absoluten Sein Gottes, das ich in der Präsenz erlebt hatte, verflüchtigt sie sich wie ein Hauch. Man erlebt Häuser und Landschaften, Tiere und Menschen, sogar sich selber, wie eine Illusion, wie eine Nichtigkeit. Das ist verbunden mit einer fremdartigen Identifikation mit begegnenden Menschen. Der andere mir gegenüber bleibt in seiner unvertauschbaren Andersartigkeit, was offenbar ein Prinzip aller Existenz ist. Doch vor Gott, dem Alleinen, dem Endlosen und Ewigen, entschwinden die Unterscheidungen.

Die Identifikationen sind immer wieder ganz anders: Manche sind grauenhaft und abstoßend, viele sind schattenhaft oder unangenehm und manche sind herrlich und wohltuend. Aber alle Menschen existieren in der Potentialität des Guten und Bösen mit der Möglichkeit zur Heiligkeit oder Verdammnis. Es ist wie ein Schauen vom Throne Gottes in die quasi-unendlichen Tiefen unseres Seins. Man schaut im anderen das eigene Ich: „Das bin auch ich." Der natürliche Drang zu verurteilen entschwindet vor dem elementaren Erlebnis: „Wenn ich den anderen verurteile, verurteile ich mich selbst." Vor Gott sind wir alle gleich in der geerbten Gebundenheit in diese Welt; sind wir alle gleich in unserer Bedürftigkeit, daraus von Ihm erlöst zu werden.

Das Erleben der Nichtigkeit aller irdischen Existenz und die Identifikation mit anderen Menschen ist wie eine Etappe in einer notwendigen Renormalisierung herunter in unser banales Leben. Das erlebte ich jedes Mal. Machmal dauerte es Stunden, manchmal Tage, oder, nach dem Erlebnis im Hydepark, Wochen. Noch auf dem Heimflug nach Deutschland erlebte ich die Identifikation mit einer Stewardess und dem Kapitän, über Nacht in Singapur mit einem Hotelkoch, einem trompetenblasenden Schwarzen, einer chinesischen Sängerin, den Spielern in der Hotelkegelbahn, und zuletzt in Zürich, mit einem Gast des Hotels, in dem ich übernachtete: Ich saß im Frühstückszimmer und sah einen Mann hereinkommen und zur Theke gehen. Ich empfand, dass er über Leichen geht und andere Menschen wie Ungeziefer behandelt und dass solch eine potentielle Veranlagung irgendwie in jedem Bewohner dieser gefallenen Welt, in dieser Welt der Erbsünde, ist. Wenn der Herr uns nicht daraus erlöst, sind wir rettungslos verloren. Die

Identifikation mit diesem Mann war so scheußlich, dass ich nichts mehr essen konnte. Ich bat den Herrn, damit Schluss zu machen, und danach war
die Schau weg.

Jetzt, da ich dies zu Protokoll gebe, weiß ich zwar sicher, dass es so war,
kann es aber selber nicht mehr erfassen. Es ist wie aus einem anderen Sein.

Lombardina, Westaustralien, 1989

(Begegnung mit einer Rieseneidechse)

Viele Jahre später, als mich Bischof Jobst wieder einmal mit seiner kleinen Cessna auf eine Visitation mitnahm, kamen wir auch nach Lombardina. Nach dem Besuch wollte Bischof Jobst zur nächsten Station weiterfliegen. Die kümmerliche Piste lag ziemlich in der Nähe von der Einsiedelei, wo ich vor vielen Jahren 2 1/2 Wochen verbracht hatte, und ich sagte, ich würde sie gern einmal wiedersehen. Zu dem Zeitpunkt war dort gerade ein Zisterziensermönch, angeblich, weil er mich einmal in New Norcia sprechen gehört hatte und daraufhin den Entschluss fasste, einmal dort hinaufzugehen. Ich eilte voraus, da Bischof Jobst sich wegen einer Kriegsverletzung nur langsam fortbewegen konnte. Der Mönch trat aus der Hütte und sagte bei der Begrüßung: „Ach, Pater Bernhard, ich hab mir schon immer gewünscht, Sie einmal zu treffen. Ich lerne ja Deutsch, um Ihr Buch *Der Dreieine* zu lesen." Und wirklich – in der Hütte sah ich mein Buch liegen.

Inzwischen war auch Bischof Jobst eingetroffen und ich sagte zu ihm: „Exzellenz, fliegen Sie doch allein weiter. Ich würde gern ein paar Tage hierbleiben." Er lachte und sagte: „Das habe ich mir schon gedacht. Deshalb habe ich Ihnen eine Luftmatratze mitgebracht." Dem Mönch war es recht, dass ich dablieb, aber er selbst konnte nicht bleiben. Es war der 24. Dezember 1989, einem der wenigen Jahre, wo der 4. Advent auf den Heiligabend fällt. Er musste einige Messen lesen und machte sich zwei Stunden später auf den Weg zu der Stelle, wo er abgeholt werden würde. Ich entschloss mich, allein zurückzubleiben.

Es sind so ganz eigentümliche Gefühle, wenn man total allein in der Wüste ist, bloss in so einer armseligen Hütte. Man sieht den anderen fortgehen, hört ihn auch noch, und in dem Moment, wo man ihn nicht mehr sieht und hört und sich bewusst wird, dass auch keinerlei Kommunikationsmittel da sind oder eine Waffe – außer einem Messer –, ist man auf einmal total allein; ein ganz merkwürdiges und großartiges Gefühl.

Später am Tag betete ich mein Brevier, und zwar eng an die Hütte gedrückt, damit ich Schatten hatte. Da war auf einmal der Herr präsent. Ich sagte zu Ihm: „Es ist ja eigentlich eine Schande. Jetzt komme ich schon so oft herauf (in den Norden Westaustraliens) und habe noch nie eine Goanna (Rieseneidechse) gesehen. Du hast doch die Macht und kannst dort links eine rauskommen lassen, da vorbeimarschieren und rechts drüben wieder verschwinden lassen." Und da sagte der Herr zu mir, dass Er mir, bevor Weihnachten zu Ende sein wird, eine vorführen wird. Dann war Er wieder weg. Der Bischof fragte später ärgerlich, ob mir nichts Besseres eingefallen wäre, und ich sagte: „Nein, es war einfach so." Am nächsten Tag, den 25. Dezember, hielt ich bei Sonnenaufgang die erste Messe, die zweite Messe ungefähr um 10 Uhr vormittags und die dritte um halb zwei nachmittags. Nach der dritten Messe betete ich noch die so genannte zweite Vesper von Weihnachten, die mit den Worten „heilig, heilig, heilig …" endet, und damit ist Weihnachten liturgisch zu Ende. Ich musste aufpassen, dass die Sonne mich nicht traf, um einen Hitzschlag zu vermeiden. Da die Hütte keine Tür hatte, sondern nur eine Öffnung, musste ich mich ganz nah unter den hölzernen Tabernakel setzen, wo noch etwas Schatten war. Von dort schaute ich durch die Öffnung auf das Meer zu. Ich beeilte mich, mit dem Brevier fertig zu werden. Als ich an die Stelle kam, wo es heißt: „heilig, heilig, heilig …", sah ich plötzlich eine Bewegung an der linken Seite der Türöffnung. Ich dachte: „Was ist das denn für eine Riesenente?" Dann wurde mir plötzlich bewusst: „Das ist ja die Rieseneidechse, die mir der Herr zeigen wollte." Die Goanna, die vielleicht 2 1/2 m lang war, ging langsam an der Türöffnung vorbei, reckte den Hals und fauchte, aber nicht in meine Richtung, und verschwand dann plötzlich nach rechts ins Gebüsch.

Karl Philberth dazu:

Vor vielen Jahren nahm ich teil an einer Fachkonferenz an der Australian National University. Die Universität lag direkt am australischen Busch. An einem schönen Nachmittag nutzte ich eine Vortragslücke, um auf einem schmalen Pfad wenige hundert Meter in den Busch zu spazieren. Ich setzte mich auf einen umgestürzten Baumstamm und genoss voll Dankbarkeit die Schönheit der Natur. Auf einmal kam mir der Gedanke, es könnte doch sein, dass Gott auch mir – so wie damals meinem Bruder Bernhard – ein besonderes Tier zeigen möchte. Welches Tier würde ich dann wählen? Doch bevor ich anfing, über ein solches „Wunschtier" nachzudenken, überkam es mich plötzlich: Gott überschüttet dich mit einer Fülle von Naturerlebnissen. Da wäre es doch unverschämt, zusätzlich noch ein Extratier „zu bestellen". Dann schloss ich die Augen zu stiller Betrachtung.

Als ich wieder aufblickte, sah ich knapp einen Meter vor meinen Füßen eine Art Eidechse liegen. Zusammen mit dem langen peitschenartigen Schwanz dürfte sie 60 bis 70 cm lang gewesen sein. Sie lag wie leblos da. Aber sie konnte ja gar nicht tot sein, denn sonst hätte ich vorhin beim Herkommen geradezu darüber stolpern müssen. Sie musste also während meiner kurzen Stille unbemerkt herbeigekommen sein. Beim genauen Hinsehen bemerkte ich Lebenszeichen.

Nun brachte ich das Ende eines kräftigen Grashalms in die Nähe des Rachens. Mit einem unerwarteten Ruck öffnete sich der Rachen und eine kolbenförmige lilafarbige Zunge trat hervor. Ich bewegte das Grashalmende langsam nach links und nach rechts: Immer folgte der Kopf mit dem aufgerissenen Rachen und den aufmerksamen Augen der Bewegung. Plötzlich plusterte sich das Tier mit einem markanten Schlag zu einem kleinen Ungetüm auf. Das war geradezu erschreckend. Bei genauerem Hinsehen war zu erkennen, dass sich in der Nähe des Halses befindliche Hauttaschen blitzschnell mit Luft gefüllt hatten. – Da es kühl wurde, ging ich zurück, um einen Pullover zu holen. Bei meiner Rückkehr nach etwa zehn Minuten war das Tier spurlos verschwunden.

Während meines Rückfluges saß ich neben einem Geophysiker, dem ich dieses Erlebnis erzählte. Er ließ sich alles genau beschreiben. Dann erklärte er mir, das sei ein „Frillnecked Lizard" gewesen; eine Art Kragenechse. Er war von meinem Bericht merkwürdig berührt und sagte dann: „Ich bin in dieser Gegend aufgewachsen und habe eine derartige Echse noch nie gesehen. Sie dagegen kommen einige Tage hierher, sind weniger als eine Stunde im Busch, und schon kommt sie zu ihnen gelaufen."

Ich wusste, was es mit diesem „Zufall" auf sich hatte: Gott hatte mir dieses Tier geschickt – sowie Er damals meinem Bruder, sozusagen als Weihnachtsgeschenk, eine große Echse geschickt hatte.

Porongurup Ranges, Westaustralien, 1978
Das Buch *Offenbarung*
(Drittes mystisches Erlebnis)

Im Jahr 1978 wohnte ich wieder einmal im Redemptoristenkloster in Perth. Es gab im November einige Wochen lang eine Hitzewelle mit Tagestemperaturen bis zu 45 Grad. Ich war mit der Familie Wemper befreundet. Richard (Dick) Wemper sagte, dass sein Freund Stan, ein Grundstücksmakler, ein Grundstück von 170 ha auf der Südseite der Porongurup-Bergkette gekauft habe. Alle folgenden Höhen- und Entfernungsangaben sind rein aus der Erinnerung und grobe Schätzungen, die eventuell stark von der Realität abweichen. Die Porongurup-Berggruppe liegt 50 km nördlich von Albany und 30 km südlich der Stirling Ranges. Sie hat 5 gleich hohe felsige Gipfel von 650 m absoluter Höhe. In der Mitte sind – enger beieinanderstehend – die beiden Twin Peaks. Der östliche Twin Peak ist ein Kegel. Der westliche Twin Peak ist ein oben mit 8 m fast flacher Gipfel mit östlich davon einer 20 m tieferen Schulter. Sein nackter Felsen hebt sich 100 m aus dem zum Felsen hin steil ansteigenden, dicht bewaldeten Berghang. Stans Haus liegt auf dem Berghang 50 m über der Ebene von Albany und liegt 200 m südlich des Felsens. Wegen der hohen Eukalyptusbäume ist vom Haus aus keiner der Felsen sichtbar.

Stan, seine Frau und zwei Söhne; Dick, seine Frau und zwei Töchter, und ich entschlossen uns, dorthin zu fahren. Die Fahrt dauerte 4 Stunden. Wir kamen am Samstag vor dem 2. Advent dort an. Ich erinnere mich noch, dass ein starker Südwestwind wehte und abends Wolkenfetzen über den Himmel jagten. Ich hatte ein ungeheuerliches Empfinden, als wenn sich etwas Großes ankündigte.

Wir übernachteten in dem Haus. Ich stehe ja immer früher auf als andere und wollte, noch im Nachthemd, mit einer dünnen Turnhose darüber und leichten Cordschuhen an den Füßen nur einmal ums Haus gehen. Ich ging um das Haus herum und dachte mir, dass ich vielleicht einmal den Bergrücken hochgehen solle und dass ich, wenn ich immer in Richtung der maximalen Steigung ginge, an einen der Felsen gelangen müsste.

Ich nahm mir einen langen Stock und schlug dauernd auf die Büsche, um die Netze und Fangfäden der großen Baumspinnen zu zerschlagen und die Schlangen zu verscheuchen. Wegen der vielen Giftschlangen traute sich niemand, durch den Busch zu gehen. Irgendetwas trieb mich immer weiter. Gegen 7 Uhr war ich schon auf dem Weg nach oben. Ich kam an einen kleinen Vorfelsen mit einer vielleicht zimmerhohen spaltenartigen Aushöhlung, in der ich eigenartige große Salamander sah, aber den eigentlichen Felsen sah ich immer noch nicht. Ich arbeitete mich weiter vor. Auf einmal, ganz unvermittelt, stand ich vor der glatten Felswand. Sie war glatt poliert aus einem ganz großkristallischen Granit. Vor mir sah ich einen Strauch mit wunderschönen Blüten. Ich schob den Strauch auseinander und sah dahinter eine senkrechte Felsspalte.

An alles kann ich mich glasklar und in allen Details erinnern, nur nicht, wie ich von dem Blütenbusch zu der schrägen Platte direkt zur Schulter hochkam; ebenso auch nicht, wie ich von der schrägen Platte später wieder runterkam. Erstaunlicherweise ist dazu jegliche Erinnerung erloschen. Ich hatte nie geklettert und schon als Schüler jeden Versuch aufgegeben; zumal ich von meinen Mitschülern damit verspottet wurde. Vermutlich habe ich mich in dieser senkrechten Felsspalte hochgezwängt, aber dies 60 m?! Vermutlich war der Abstieg nicht durch diese senkrechte Felsspalte, die ich – glaube ich – nicht mehr fand.

Der Aufstieg, vermutlich durch diese senkrechte Felsspalte, dauerte 1 Stunde, nach der ich auf die schräge Platte direkt zur Schulter kam. Diese Platte war in den Jahrmillionen vom staubführenden Wind glatt poliert, mit einer Steilheit an der Rutschgrenze. Auch die anderen Porongurup-Felsen haben solche glatt polierten Flächen; deswegen heißt z. B. der Gipfel ganz im Westen „Devil's Slide Summit" (d. h. „Teufels Rutsch-bahn-Gipfel").

Erst ab kurz vor der Schulter, setzt meine Erinnerung wieder ein. Oben von der Schulter des Felsens hatte ich einen grandiosen Ausblick und über-legte, ob ich noch bis auf die Spitze des Felsens steigen sollte. Ich sah eine wenig ansteigende Felsspalte, die zum Gipfel heraufführte, voller stacheli-gem Gestrüpp. In dem Gestrüpp arbeitete ich mich hoch. Ich war wie im Trance. Irgendetwas trieb mich immer weiter.

Auf einmal war ich oben. Es muss so 10 Uhr morgens gewesen sein. Ich stand dort oben und bekam eine fürchterliche Angst und schrie aus Leibes-kräften um Hilfe, weil ich dachte, dass ich nicht lebend wieder hinunterkä-me; dass man vielleicht einen Hubschrauber schicken müsse. Dann hörte ich eine Antwort, stellte aber zu meinem Entsetzen fest, dass das nur der Widerhall war. Nun sah ich im Norden die Stirling Ranges. Dazwischen ist eine Ebene voller niedrigem Ur-Busch und weißem Gras auf ziegelrotem Boden. Später habe ich festgestellt, dass das eine ähnliche Bodenbeschaf-fenheit ist, wie auf dem Mars.

Oben auf dem Gipfel waren vier „Windschliffe", Formationen, wie ich sie noch nie selbst oder auf Bildern gesehen hatte. Auf solchen Gipfeln ent-stehen horizontale, oft schmale Luftwirbel. Durch mitgeführten Granitstaub schleift – allerdings nur über Jahrmilliarden – der Wind der Hauptwind-richtung den Granit aus. Die dortigen Windschliffe waren von ungewöhn-licher Gestalt. Sie gingen von Südwesten nach Nordosten, tropfenförmige Vertiefungen, eine hinter der anderen. Sie fingen dünn an, wurden dann immer breiter und waren unten rund geschlossen, in der Form ähnlich einer durchgeschnittenen, länglichen Birne. Eine dieser Formationen war immer etwas tiefer als die vorhergehende. Am Ende der zweiten Vertiefung war etwas trockenes Gras. Ich setzte mich ganz erschöpft hinein.

Von den Porongurups und den Stirling Ranges hatte ich noch nie gehört. Doch auf einmal erlebte ich diese in der Erdgeschichte; als vergleichbar alt dem Erdball. Die Stirling Ranges erlebte ich als viel älter als etwa den Himalaya oder den Ural und als rund 50-mal so alt wie die Alpen. Viel später erfuhr ich, dass dies recht gut mit der geologischen Fachmeinung übereinstimmt. Jedoch im Alter der Porongurups fand ich eine stark abweichende Fachmeinung, was ich nicht zusammenreimen kann: Ich erlebte die Porongurups als rund dreimal so alt wie die Stirling Ranges. Die Entstehung der Porongurups erlebte ich – in einer unheimlich anderen Urlandschaft – als relativ bald nach der Formierung des Erdballs. Das Alter der Porongurups empfand ich als knapp ein Viertel des Alters des gesamten Weltalls.

Es ist kaum analysierbar, wieweit solche Erlebnisse von der Fachmeinung mitgeprägt sind. Jedoch bei diesen starken Abweichungen ist bestimmt keine solche Mitprägung. Zudem wusste ich konkret von diesen Bergen gar nichts. In der Regel liefert ein Erlebnis dieser Art keine konkreten Zahlen bezüglich Abmessungen und Alter. Wie beim Anblick einer Landschaft von einem hohen Berg sieht man ganz klar die Gegebenheiten und Verhältnisse, kann aber schwer die Zahlenwerte schätzen. Um doch irgendwie Zahlenwerte anzugeben, erst einmal die derzeitigen Fachangaben:

Der Ursprung des Weltalls ab der Singularität war vor 13.700 Millionen Jahren; die Ballung der Sonne war vor rund 6.000 Millionen Jahren; die Ballung der Erde vor rund 5.000 Millionen Jahren (als kalte Kondensation aus Kometenstaub). Die Entstehung der kanadischen Lorenzo-Höhen und eines isländischen Vulkanstocks war vor 4.000 Millionen Jahren. Die Stirling Ranges entstanden vor 1.500 Millionen Jahren, die Alpen vor 30 Millionen Jahren. Die Fachmeinung hält die Porongurups für „ähnlich alt wie die Stirling Ranges", also auch für 1.500 Millionen Jahre alt.

Doch ich erlebte die Porongurups als ¼ des Weltalters, als die ältesten Berge der Erde, mit ca. 4.500 Millionen Jahren ähnlich alt wie die Lorenzo-

Höhen und der Island-Vulkanstock. Erstaunlich ist die gleiche Höhe aller 5 Fels-Gipfel der Porongurups, wofür ich keine Erklärung habe und auch nichts erlebte. Möglicherweise war das die Hochpressung einer langen Platte aus großer Tiefe, auf was mir auch der großkristalline, rote Granit hinzuweisen scheint. Als ich später – immer noch ohne tiefere geologische und mineralogische Kenntnisse – auf einen Berg der Stirling Ranges kam, hatte ich den Eindruck verschiedenartigen Gesteins und von einigen der Berge den Eindruck von uralten Vulkankegeln oder Hochquellungen. Ich empfand in Bezug auf die Ebene zwischen den beiden Bergzügen irgendetwas Besonderes mit der Sedimentation. Viel später erfuhr ich von der einzigartigen Sedimentierung dieser Ebene. Die Porongurups und Stirling Ranges sind steinerne Repräsentanten der Schöpfung von Erde und All. Sie sind ganz ungewöhnliche Bergformationen. Als meine Mutter ein Bild der Stirling Ranges sah, sagte sie: „Die sind aber unheimlich.“ Diese Berge heißen auch allgemein „Mountains of Mystery“.

Die ganze Zeit jagten weiße Wolken über den Himmel, immer noch in der gleichen Windrichtung aus Südwest wie am Vorabend. Der Himmel war davon im Durchschnitt halb bedeckt und zwischen den Wolken azurblau. Da sang ich das Lied „Großer Gott, wir loben Dich“. Am Ende der zweiten Strophe heißt es: „… alle Engel, die Dir dienen, rufen Dir in ewger Ruh: Heilig, heilig heilig! zu.“ Als ich das dritte „heilig“ sang, war auf einmal der Himmel wolkenfrei und um die Sonne herum ein gigantischer Eishalo. Dieser Halo leuchtete wunderbar opal und die Sonne funkelte großartig.

Da war auf einmal der Herr gegenwärtig. Er sagte mir, dass Er mir das Geheimnis Seiner Allmacht und Ewigkeit öffnen werde und dass ich das veröffentlichen müsse. Er hatte mir schon einmal im Hydepark, Perth, Seine Grenzenlosigkeit gezeigt. Deshalb hatte ich dann in der dritten Auflage meines Buches „Der Dreieine“ ein zusätzliches Kapitel: „Allmacht und Ewigkeit“ geschrieben. Er verhieß mir diesmal, dass Er mir die letzten Zusammenhänge zeigen werde. Dann bekam der Halo an einer Stelle ein Loch und löste sich innerhalb von einigen Sekunden auf, die Sonne bekam wieder ihren normalen Schein, und es jagten wieder die Wolken – wie vorher – über den Himmel.

Jetzt hatte ich jede Angst vor dem Abstieg verloren. Ich weiß nicht, wie ich den Berg wieder hinunterkam. Die Felsspalte, in der ich mich vermutlich hochgezwängt hatte, fand ich nicht wieder. Ich suchte einen anderen Weg. Auf einmal stand ich wieder unten. Ich war völlig unverletzt, hatte nicht einmal eine Abschürfung. Auch die Hose war nicht zerrissen, nur der rechte Cordschuh hatte innen einen Riss, den ich später mit Uhu wieder flicken konnte.

Völlig beeindruckt von diesem gigantischen Erlebnis, kam ich mittags gegen 12.30 Uhr nach Haus, wo man schon voll Sorge auf mich wartete. Hier muss ich noch einfügen, dass ich, als ich auf dem Gipfel war, auf einem Stück Papier eine Skizze von den eigentümlichen Windschliffen machte und mir ihre Länge, Tiefe, Anzahl und den Richtungsverlauf notierte.

Als meine Freunde fragten, wo ich war, sagte ich, dass ich auf dem Gipfel war. Stan schaute mich so seltsam an. Ich wies auch noch darauf hin, dass an diesem Tag eine Disposition für einen Eishalo war. Meine Freunde schauten danach den ganzen Tag nach so einem Halo aus, jedoch vergeblich.

Da war noch etwas Merkwürdiges. Ich war traurig, dass ich am Adventssonntag keine heilige Messe haben sollte, und bat den Herrn zu helfen. Wir fuhren am Nachmittag ab, und ich kam nach elf Uhr nachts im Kloster in Perth an. Da konnte ich noch vor Mitternacht am Hochaltar ganz allein in der dunklen Kirche, nur bei Kerzenschein, die Messe halten. Den Patres sagte ich nichts von dem Erlebnis. Man verliert leicht den Kredit mit solchen Berichten: Um auszudrücken, dass etwa ein neuer Bischof ein vernünftig denkender Mensch sei, sagt man: „Er kippt nicht aus den Latschen, wenn Damen zu ihm kommen, die Erscheinungen haben."

Zwei Wochen später kam ich wieder zu Familie Wemper. Dick sagte mir, dass sie meiner Erzählung entnommen hätten, dass ich von dem „Western Twin Peaks" gesprochen habe. Stan habe zu Dick gesagt: „Wir glauben ja sonst schon, was dein Freund sagt. Aber der Gipfel gilt als unbesteigbar. Wir kaufen Seil und Eisen und versuchen auch hinaufzukommen." Stan, seine Söhne und Dick wagten dann den Aufstieg am dazwischenliegenden Wochenende. Sie gelangten auch auf den Gipfel. Sie erzählten, dass sie es nicht fassen konnten, denn sie fanden alles so vor, wie ich es beschrieben hatte. Sie mussten allein eine Dreiviertelstunde nach einer Einstiegsmöglichkeit suchen und sich mühsam mit Eisen und Seilen den Berg hocharbeiten.

Bald darauf, im Januar oder Februar, hatte ich ein weiteres merkwürdiges Erlebnis. Ich hielt im Redemptoristenkloster die Frühmesse, weil kein Pater anwesend war. In dem Kloster gibt es einen Gang vom Klosterinneren in die Sakristei, parallel zu dem ziemlich langen Kirchenschiff. Wie ich diesen Gang entlangging sagte ich zum Herrn: „Was hat denn dieser Eishalo zu bedeuten, den du mir gezeigt hast?" Da wurde mir gesagt, die Antwort würde ich in der Messe erhalten. Ich dachte mir: „Warum kann ich die Antwort nicht gleich bekommen?" Man neigt so leicht zum Zweifeln. Zufällig war an diesem Tag kein Ministrant da und auch kein Leser für die Lesungen. Ich begann also die Messe ganz allein mit vielleicht 20 Teilnehmern und musste die Lesungen selber halten. Es war die Lesung von Noah, mit dem Regenbogen als Bundeszeichen Gottes mit Noah *(Gen/1 Mose 9,8-17)*. Wie ein Regenbogen als virtuelles Bild durch Wassertropfen entsteht, so der Eishalo durch Eiskristalle. Wenn ein anderer die Lesung gemacht hätte, hätte ich vielleicht gar nicht zugehört.

Etwa fünfzehn Jahre später bekam ich Kontakt mit ziemlich vielen Studenten von der Universität Westaustraliens. Zehn von ihnen sagten mir, sie wollten aufgrund meiner Erzählung gern einen Ferienaufenthalt mit mir an den Porongurups verbringen. Wir mieteten dort zwei Chalets. Am ersten oder zweiten Tag war ein wunderbarer Sternenhimmel, und ich zeigte und erklärte den Studenten die Sterne und Sternwolken. In der Nacht kam ein starker Sturm auf. Eine asphaltierte Straße führte nahe der Chalets eine Anhöhe hinauf (diese gehörte nicht zu den Porongurups, sondern war Teil einer Hügelkette zwischen dem Porongurup und Stirling Range).

Ich stand sehr früh auf. Die Sterne waren noch am Himmel, und ich ging ganz allein die Anhöhe hinauf. Große Bäume waren in der Nacht umgestürzt und lagen auf der Straße. Da traf ich auf den Ranger für das ganze Gebiet, einschließlich der Porongurups, die man in ziemlicher Ferne sehen konnte. Ich sagte zu dem Ranger: „Sie sind der berühmteste Ranger in der Welt." Er schaute mich etwas überrascht an und ich fügte hinzu: „weil diese Bergkette die älteste in der Welt ist", und nannte ihm die Zahlen. Der Ranger sagte, dass er das schon einmal gehört habe, dass er aber noch nie konkrete Zahlen gehört habe. Er wollte mehr wissen. Ich zeigte auf den westlichen Twin Peak, den man in der Ferne sehen konnte, und sagte, dass ich den gern einmal besteigen möchte. Er sagte, dass das nicht ginge. Der Berg sei unbesteigbar und so gefährlich, dass die Behörden keinen Weg dorthin angelegt hätten; es sei noch niemand droben gewesen. Ich sagte nichts von meinem Erlebnis, weil er mich für einen Aufschneider gehalten hätte. Ich bin mir allerdings nicht sicher, ob ich wirklich als Erster oben war. Auf der Schulter des Felsen hatte ich damals drei Granitsteine etwas schräg aufeinanderliegen gesehen und mich gefragt, ob das von Natur aus so sein könnte oder ob jemand sie so gelegt hätte, um zu zeigen, dass er oben war.

Am dritten oder vierten Tag sagten zwei der Studenten, dass sie einmal versuchen würden, zum westlichen Twin Peak hinzukommen. Wir fuhren dort hin und kamen an die alte, fast zerfallene Hütte, in deren Nähe ich damals den Berg hinaufging. Wir fanden dort ein verwittertes Gästebuch und darin meinen und meiner Freunde Eintrag vom zweiten Adventssonntag vor vielen Jahren. Aus der Eintragung weiß ich, dass es im Jahr 1978 war. Wir versuchten gegen den undurchdringlichen Busch anzukämpfen. Ich gab nach 1/4 Stunde, die Studentin nach 3/4 Stunden und der Student nach einer guten Stunde auf. Wir konnten nicht einmal den Felsen durch die Bäume zu Gesicht bekommen. Bei Nachforschungen der Studenten stellte sich heraus, dass zwei oder drei Jahre vor 1978 ein Waldbrand in der Gegend gewütet hatte und dass dabei das Unterholz und Gestrüpp zum großen Teil weggebrannt war. Das erleichterte mir damals den Zugang zu dem Felsen.

In den Jahren nach dem Erlebnis in den Porongurups von 1978 kam ich in schwere Konflikte, weil keine Erkenntnisse kamen, die ich nicht schon in dem Buch *Der Dreieine* niedergelegt hatte. Ich sagte immer wieder zum Herrn, auch in der heiligen Messe: „Du hast doch das angekündigt und warum kommt nichts?" Und immer wieder wurde mir bewusst gemacht: „Ich bin der Herr der Geschichte, und Ich bestimme, wann etwas geschieht." Über einen langen Zeitraum musste ich mich mit gerissenen Rechtsanwälten wegen meiner Erfindungen herumstreiten. Ich konnte nie verstehen, dass ich so viel Zeit für so widerliches Zeug verschwenden musste und nicht an das gehen durfte, was der Herr angekündigt hatte. Das waren schwere Prüfungen und Krisen.

Anfang der 90er-Jahre kam dann ganz plötzlich die Inspiration, und ich begann das Manuskript für das Buch *Offenbarung* zu schreiben. In dieser Zeit hatte ich seltsame Erlebnisse.

Ich machte mit dem Ehepaar Erne und Helga Ivanyi eine Urlaubsfahrt nach Khancoban. Dort befindet sich ein Großkraftwerk „Murray ll". Als es gebaut wurde, war es, glaube ich, das größte Wasserkraftwerk der Welt. Der Werksdirektor war ein Freund von Erne. Was ich jetzt erzähle geschah gerade an dem Tag meines 64. Geburtstags. Ich muss hinzufügen, dass meines Erachtens die eigentlichen besonderen Jahrestage nach dem Zweiersystem sein sollten, mit denen jeder Organismus arbeitet. Die ganze Natur arbeitet nach dem Binär-System, also „ja/nein". Die Zahlen 1, 2, 4, 8, 16, 32, 64, 128 usw. sind die herausstehenden Zahlen in diesem System.

Um drei Uhr in der Frühe meines 64. Geburtstags wachte ich auf. Mich überfiel das Konzept des „Sündenfalls", das ich sofort niederschrieb. Die Genesis sagt, dass die Schlange (die Glänzende = Luzifer) Eva fragte (Gen 3): „Hat Gott wirklich gesagt: Ihr dürft von keinem Baum des Gartens essen?" Die Frau entgegnete der Schlange: „Von den Früchten der Bäume im Garten dürfen wir essen, nur von den Früchten des Baumes, der in der Mitte des Gartens steht, hat Gott gesagt: Davon dürft ihr nicht essen, und daran dürft ihr nicht rühren, sonst werdet ihr sterben." Darauf sagte die Schlange zur Frau: „Nein, ihr werdet nicht sterben. Gott weiß vielmehr: Sobald ihr davon esst, gehen euch die Augen auf; ihr werdet wie Gott und erkennt Gut und Böse." Da sah die Frau, dass es köstlich wäre, von dem Baum zu essen, dass der Baum eine Augenweide war und dazu verlockte, klug zu werden. Sie nahm von seinen Früchten und aß; sie gab auch ihrem Mann, der bei ihr war, und auch er aß.

Es ist wenig glaubwürdig, dass dadurch die ganze Welt schuldig wird. Es überkam mich die Erkenntnis der Bedeutung dieser Bibelstelle: Die Bäume in dem Garten, deren Früchte nicht verboten sind, sind die verschiedenen Wissenschaften, die der Mensch ausüben und deren Früchte er „essen" darf. Es geht hier speziell um den Baum in der Mitte des Gartens und seine verbotene Frucht, die „Erkenntnis von Gut und Böse". Der Mensch überlässt die Entscheidung, was gut und böse ist, nicht dem Herrn, sondern beansprucht die Entscheidung für sich selbst. Indem er sich über Gottes Gebot hinwegsetzt, verliert er das ewige Leben. Damit ist nicht der leibliche Tod gemeint, sondern der Tod für das ewige Leben. Die Sünde des Abfalls von Gottes Gebot wird von den Menschen zu allen Zeiten neu begangen und somit ist der „Sündenfall" immer aktuell.

Ich schrieb diese Gedanken in dem Buch *Offenbarung* nieder. Das Buch heißt nicht so, wie einige Theologen gehässig schreiben, weil ich mein Zeug für die „Offenbarung" halte, sondern das Buch fängt mit Auszügen aus der *Apokalypse*, dem *„Buch der Offenbarung"*, an und heißt deshalb so. Der Titel mag unglücklich gewählt sein, aber es ist offensichtlich, auf was er sich bezieht. Die Druckerei hatte 600 $ Mehrkosten angedroht, falls ich nicht – überstürzt – in einer halben Stunde den Titel angäbe.

Am Morgen meines Geburtstags machten Erne, Helga und ich einen Spaziergang durch den australischen Busch in der Umgebung des Wasserkraftwerks oben auf dem Berg. Die Wege sind alle mit Barrieren und Sicherheitsschlössern geschützt, sodass man nicht mit dem Auto in das Gebiet fahren kann. Wir aber bekamen Zutritt, weil ich vorhatte, des Nachts astronomische Beobachtungen zu machen. Auf unserem Spaziergang kamen wir an eine etwas größere Fläche, wo früher anscheinend Baumaterial gelagert wurde. Erne meinte, dass man von dort vielleicht den höchsten Berg Australiens, den Mount Kosciuszko, sehen könnte. Wir gingen an den Rand der Lichtung und sahen zu unserer Überraschung, dass dort ein Apfelbaum stand. In meinem ganzen Leben habe ich nie einen Apfelbaum im australischen Busch gesehen. Der Baum war vielleicht eineinhalb Mann hoch und es hing nur ein einziger Apfel dran, wunderschön gelb und rot und absolut fehlerfrei, obwohl überall Ameisen und Papageien waren. Man sah auch keine Apfelreste am Boden liegen. Es war einfach unbegreiflich. Helga wollte den Apfel abreißen. Ich schrie Nein, aber sie ließ sich nicht davon abhalten. Sie aß von dem Apfel und gab auch ihrem Mann davon. Es war wie in der Heiligen Schrift! Ich Depp konnte einfach nicht widerstehen, auch von dem Apfel zu essen, und er schmeckte wirklich gut. Hinterher hatte ich ein schlechtes Gewissen.

Damit war das Erstaunliche von dem Tag aber noch nicht zu Ende. Wir aßen in einem chinesischen Restaurant zu Abend und gingen unter einem herrlichen Nachthimmel mit brillanten Sternen nach Hause. Dann tranken wir noch einen Kaffee zusammen und zogen uns für die Nacht zurück. Ich wollte mir aber noch einmal den Sternenhimmel anschauen und ging hinaus. Es war eine unheimliche Stimmung. Ich sah eigentümliche Lichter am Horizont, die seltsam grünlich leuchteten. Ich rief gleich den Erne, und Helga kam auch mit. Da erhob sich eine großartige „Aurora Australis", das Südlicht. Hier muss ich einschieben, dass das Nordlicht durch die Elektronen des Sonnenwinds verursacht wird, die leicht sind und durch das Magnetfeld nach Norden gelenkt und fokusiert werden. Das Südlicht dagegen wird durch Protonen und Heliumkerne, die 4.000-mal schwerer sind, ausgelöst. Das Nordlicht tanzt schnell und das Südlicht läuft ganz langsam ab. Es glüht auf und zieht über den ganzen Horizont. Man sieht rote Strahlen und blaues und grünes Licht (rötlich vom Wasserstoff und grünlich vom Stickstoff). Es ist ein großartiger Anblick. Später erfuhr ich, dass das letzte Mal, dass eine „Aurora Australis" in diesen Bereichen gesehen wurde, im Jahr 1923 war.

In den folgenden Monaten kamen mir neue physikalische Einsichten, z. B. über die Durchtauchung der Singularität, von einer Restmasse beim Kollaps von Riesen-Kugelgalaxien und wie dadurch neue Kosmen entstehen. Ich sah die unendliche Menge der Kosmen, die vor dem Angesicht Gottes da sind. Der Herr zeigte mir konkret, wie das physikalisch abläuft. Ich frage mich, wie plötzlich solche Einsichten kommen, voller Mächtigkeit, alle Aspekte gleichzeitig. Ich habe dann viele Monate gearbeitet und das alles niedergelegt und dann auch im Buch *Offenbarung* veröffentlicht.

Bildersammlung von Aboriginal Künstlern

Ich interessierte mich immer sehr für die Eingeborenen Australiens, die „Koories", wie sie sich selber nennen. Schon 1972 wurde ich von Bischof Johannes Jobst mit dem „apostolischen Delegat", dem späteren Pronuntio, Erzbischof Gino Paro, eingeladen, die Missionen im Outback zu besuchen. Dort kam ich sofort in engsten Kontakt mit den Koories verschiedener Stämme und wurde sogar von ihnen als Verbindungsmann zur Regierung gewählt.

So gedachte ich, mich der Eingeborenen von Perth und dem unweit davon gelegenen New Norcia (der einzigen Benediktinerabtei Australiens) anzunehmen. Ich erfuhr, dass es in Perth ein Aboriginal Centre gab, das ungefähr 20 Minuten zu Fuß von dem Redemptoristenkloster entfernt war, in dem ich hin und wieder wohnte. Ich ging dort hin und schaute mich um. Es war ein altes Haus mit zwei Stockwerken. Die Aborigines empfingen mich sehr freundlich. Irgendwie schienen sie mich schon zu kennen. Vielleicht ging es auf das „spiritual picture" (geistiges Bild; telepathische Schau) zurück, das die älteren Koories noch besitzen, das aber in der jungen Generation verloren geht.

Auf Tischen waren Handarbeiten und Schnitzereien ausgelegt, was mich nicht so interessierte. An den Wänden hing eine Reihe von Bildern, die mich zum Teil sehr beeindruckten. Nach dem großen nationalen und internationalen Erfolg des eingeborenen Malers Albert Namatjira, der auf europäische Art malte, versuchten die Aborigines in Perth, auch mit europäischen Malmethoden zu malen. Namatjira war der Diener eines australischen Malers Rex Batterbee, der Namatjira als Koch und Assistent auf die Missionsstation Hermannsburg mitgenommen und ihm dort das Malen beigebracht hatte.

Die eingeborenen Künstler in Perth stießen aber auf keinerlei Interesse. Es kam nie jemand in das Haus, um die Bilder anzuschauen, auch die Presse nicht. Die Eingeborenen waren liebenswerte Menschen. Es war sehr traurig, dass ihre guten Intentionen, sich an die westliche Kultur anzupassen, an der Gleichgültigkeit der Menschen scheiterten. Später nahm ich einmal den Sekretär des Erzbischofs, mit dem ich gut befreundet war, mit hinein in der Hoffnung, dass von dieser Seite etwas Interesse entwickelt würde, aber vergebens.

Ich erstand immer wieder mal ein Bild, um die Aborigines zum Weitermalen zu animieren. Als ich schon fast alle Bilder gekauft hatte, sagte einer der Aborigines zu mir: „Father Bernhard, wenn nur Sie unsere Bilder kaufen, ist das doch keine Ermutigung für uns weiterzumalen." Ich kaufte die Bilder aber auch deshalb, weil sie mir gut gefielen. Einmal bezahlte ich 100 Dollar für ein Bild, einmal nur 8 Dollar. Ein Bild, das mich besonders beeindruckte, kostete 300 Dollar. Das konnte ich nicht erschwingen. Ich hatte ja selbst nicht viel Geld. Bei einem meiner Besuche hatte ich drei Bilder ausgesucht, aber als ich bezahlen wollte, dachte ich mir, dass ich eins davon wieder zurückbringen wolle. Da kam eine alte Frau dazu und sagte voll Freude: „Sie haben ja das Bild von meinem Sohn gekauft!" Ich sagte natürlich Ja. Nun bin ich froh, dass ich es habe. Es ist ein sehr originelles und interessantes Bild. Weil die Künstler keinen bestimmten Stil haben, ist jedes Bild anders und hat ein ganz individuelles Gepräge. Ich besitze von dieser eigenartigen „Hybrid-Kultur" 27 Bilder; im Ganzen waren es etwa 32.

Dort erlebte ich auch wieder einmal das „spiritual picture". Vom Kloster zu dem Aboriginal Haus lief man etwa 20 Minuten. Jedesmal, wenn ich dort hinkam, waren auch zwei alte Koories dort. Sie kamen immer gerade an, wenn ich auch erschien. Das wunderte mich sehr. Ich fragte sie: „Wie kommt es, dass Sie gerade heute hier sind?" Sie sagten: „Wir kommen, weil Sie kommen." Ich fragte, wo sie denn wohnten. Es stellte sich heraus, dass jeder in verschiedener Richtung fast 2 Stunden entfernt wohnte. Ich überlegte, ob ich vielleicht den Entschluss, dorthin zu gehen, schon früher als eine halbe Stunde vor meiner Ankunft getroffen hatte. Aber in zwei Fällen war das absolut nicht der Fall, weil ich etwas ganz anderes vorgehabt hatte und nur, weil sich das zerschlug, dort hinging.

Einmal kam ich zu dem Haus, als gerade ein Regierungsbeamter dort war. Es war ein netter junger Mann, voller guter Intentionen. Aber die Eingeborenen hatten das Gefühl, dass der Beamte kam, um die Schließung des Hauses einzuleiten. Als ich das nächste Mal kam, war es zugesperrt. Die beiden alten Koories kamen auch gerade wieder und sagten mir, dass die Regierung das Haus geschlossen habe. Die Räume waren öd und leer. Meine Bilder, die ich nie mitgenommen hatte, sondern – mit einem kauf-animierenden „sold"-Etikett versehen – an den Wänden hängen gelassen hatte, waren sorgfältig eingepackt und für mich beschriftet, was mich sehr bewegte.

Hier muss ich einfügen, dass ich mit Unterbrechungen insgesamt un-gefähr zwei Jahre lang in der Benediktinerabtei New Norcia in der Nähe von Perth lebte, wo ich in Ruhe schreiben konnte. Zuerst wohnte ich in einem Zimmer des Klosters. In einem der Gebäude gibt es eine Galerie mit einigen alten spanischen Gemälden, zum Teil Kopien, aber auch einigen Originalen. Abt Bernard Rooney erlaubte, dass meine Bilder dort aufgehängt wurden. Dann kam ein neuer Prior Administratus aus England hinzu, ein hochintel-ligenter Mann und dreifacher Doktor, der auch Deutsch sprach. Ich hatte zuerst ein sehr gutes Verhältnis mit ihm. Er gab mir gute Ratschläge, u. a. für den Umgang mit Menschen in einem schwierigen Fall.

Dieser Prior vertrat drei radikale Ansichten, die er auch an Besucher und Studenten weitergab: erstens, dass die Bibel zum großen Teil falsch sei, weil sie Menschenwerk sei; zweitens, dass Jesus Christus als Mensch „per Defini-tion" Sünder sei; drittens, dass Gott nicht wolle, dass noch Priester geweiht würden, damit das Laientum in der Kirche hochkomme. Die Mönche und viele Eltern, besonders die aus dem Schul- und Hochschulbereich, waren darüber sehr unglücklich. Ich wurde geradezu genötigt, dagegen einzuschreiten, sogar eventuell in Rom. Das war mir sehr unangenehm. So ging ich dann einmal morgens vor dem Chorgebet auf ihn zu. Er fragte mich sofort: „Was sagen die Leute über mich?" Er wusste schon, dass das, was ich sagen würde, nicht eigentlich von mir kam. Ich erwähnte die drei Punkte. Zu dem ersten Punkt (dass die Bibel zum Teil falsch sei) bemerkte ich, dass tatsächlich Unstimmigkeiten in der Bibel enthalten seien, dass die Bibel aber vom Geist Gottes inspiriert sei, wie immer dann auch die Ausdrucksweise und Bilder sein mögen. Zum zweiten Punkt: Wenn Christus selbst Sünder wäre, dann wäre Er von Gott „gesondert" und wir wären nicht dadurch erlöst, dass Er unsere Sünden auf sich genommen hat. Zum dritten Punkt des Priestertums bemerkte ich, dass unsere Kirche doch eine sakramentale Kirche sei. Das Sakrament der Priesterweihe – im Gegenüber zum Sakrament der Ehe – verwirkliche die apostolische Sukzession.

New Norcia war eine der damals noch 21 Abteien „Nullius". Der Obere einer Abtei Nullius kann – wie ein Bischof – Priester weihen. Es waren dort drei Diakone, von denen einer sogar in Rom studiert hatte, die gerne Priester geworden wären – aber der Prior weigerte sich, sie zu weihen. Ich glaube, ich habe damals einen Fehler gemacht. Der eine Diakon, vorher ein bekannter Journalist, der geeignete Mann, Abt zu werden, sagte mir, dass ihm der Erzbischof von Perth angeboten habe, ihn zum Priester zu weihen, falls er aus dem Orden austrete. Er könne dann nach der Weihe wieder in den Orden eintreten. Ich sagte, dass ich dies für „tricky" hielte, worauf er es leider unterließ. Es gab zu dieser Frage in der Kirche sehr unterschiedliche Beurteilungen.

Einige Tage nach dem ersten Gespräch hatte ich bei einer Begegnung in der Küche noch ein kurzes weiteres Gespräch mit dem Prior, was die Spannung noch verschärfte. Um mich loszuwerden, gab er mir – irgendwie doch freundlich – ein Haus, 20 Minuten zu Fuß vom Kloster entfernt. Aber dort suchten mich die Mönche und Leute auch auf. Er verbot es, aber weil er dazu kein Recht hatte, konnte er es nicht durchsetzen. In der unhaltbar gewordenen Situation konnte er nicht umhin, mich hinauszuwerfen. Er sagte mir, dass ich auch die Bilder mitnehmen solle.

Yolanda, eine Bekannte aus der Marienbewegung in Perth, organisierte zwei Helfer, die mir beim Einpacken der Bildersammlung halfen. Sie hängte die Bilder bei sich zu Haus auf. Später, als ich nach Melbourne zog, ließ ein guter Bekannter aus der Marienbewegung, Leon Le Grand, – nach dramatischem Vorspiel, – die Bilder nach Melbourne bringen.

Ich hatte sowohl in Deutschland als auch in Australien sehr gute Beziehungen zu der Steyler Mission (SVD). Diese hat das Hauptkapital unserer Stiftung für arme philippinische Jugendliche übernommen, was aus administrativen Gründen für uns von Vorteil war. Die Leiter der Steyler Mission sagten, dass sie sich freuen würden, die Bilder in ihrem Kloster in Box Hill (Vorort von Melbourne/Australien) aufzuhängen. Das habe ich gern angenommen und die Bilder sind seither dort. Da die Eingeborenen die Maltechnik nicht sehr gut beherrscht hatten, blätterte bei manchen Bildern die Farbe ab. Die Künstlerin Helga Ivanyi hat sie meisterhaft restauriert.

Anmerkung: Nach Bernhard Philberths Tod ging die Kollektion aufgrund einer Schenkung von Karl Philberth in den Besitz von BAC Systems Australia P/L, Sydney, über.

Das Buch *DER DREIEINE*

Der Physiker und Atomwaffenexperte, Julius Robert Oppenheimer, sah seine Hauptaufgabe darin, die gewaltigen Ergebnisse der Quantenphysik in die Philosophie und überhaupt in die Wissenschaften einzuführen. Dies bewegte auch mich. Schon in jungen Jahren wollte ich ein Buch schreiben über diese geistigen Zusammenhänge. Das Buch, an dem ich auch im Kloster Metten dauernd arbeitete, hatte damals den Titel *Begrenzt und Unbegrenzt, Möglich und Unmöglich*.

Ein anwachsender Haufen an Material verursachte eine fürchterliche geistige Verstopfung. Ein großer und ein kleinerer Waschkorb waren fest gestapelt mit Notizen. Ich entschloss mich, alles in die Mülltonne zu werfen. Damit ich es nicht wieder aus der Tonne herausholen konnte und mich die Hausmeisterin nicht erwischte, ging ich in der Nacht vor der Müllabholung nach unten und stopfte alles in die Tonne. In der Frühe konnte ich es nicht abwarten, dass die Tonne auf dem damals noch von einem Pferd gezogenen Karren entleert wurde. Solche Selbstentäußerungen verursachen immer schwere Krisen. Nun war ich wieder frei und konnte neu beginnen. Ich führte die Arbeit fort und sah die Komplementaritäten in vielen Hinsichten. Einige Jahre später war ich wieder fertig mit der Arbeit.

Im Botanischen Garten in München – wo ich gern zur Arbeit saß – überfiel mich auf einmal die Einsicht, dass die Komplementaritäten regulär dreiheitlich sind: Immer zwei Komponenten verdrängen und ergänzen einander auf der Basis der dritten. Jede der immer drei Komponenten vermag hierbei fundamental zu sein, sodass eine Welt von großartiger Mannigfaltigkeit in Vielheit, Beweglichkeit und Dreiheit ins Dasein tritt. Ich erlebte, dass diese vielfältige Dreiheit in Gott dem Dreieinen selbst gründet, und gewahrte erschreckt, dass das Wort „Gott" in meiner ganzen Arbeit nicht ein einziges Mal vorkam. Da fing ich ein drittes Mal neu an. Ich warf vieles weg und schrieb Neues dazu, insbesondere die transzendentalen Ausblicke. So ist das Buch erstanden und erschienen.

Es ist eine merkwürdige Sache, dass von den verschiedenen Kapiteln des Buches verschiedene Leute ganz Unterschiedliches als besonders wichtig und gut ansehen. Zum Beispiel habe ich ein Kapitel in dem Buch, das heißt: *Die vielfältige Dreiheit*. Das Kapitel hat mir selbst nie so richtig gefallen. Aber gerade dies Kapitel hielt der Präsident Arnold Dannenmann vom Christlichen Jugenddorfwerk Deutschland für besonders wichtig. Er war ausgebildeter Theologe, der viermal im Jahr große Tagungen veranstaltete, auf denen ich 15 Jahre lang Referent war.

Die Dreiheit ist die Urform der Vielheit! Gott ist der DREIEINE. Gott ist ein Ewiger, der als Gott-Vater da ist, der als Gott-Geist schafft, der als Gott-Sohn lebt und begegnet. Schon in der Genesis, dem Anfang der Heiligen Schrift, heßt es: *„So schuf Gott den Menschen nach Seinem Abbild, nach Gottes Bild schuf Er ihn, als Mann und Frau erschuf Er sie"* (Gen 1,27). Er schuf „den" Menschen generell in der Einheit der Menschheit. Er schuf „sie" als Zweiheit in zeugender Männlichkeit und gebärender Weiblichkeit. Immer neu zeugt der Mann und gebiert die Frau Söhne und Töchter, die wiederum als Männer zeugen und als Frauen gebären. So schuf Er die Menschheit als Sein Ebenbild: in der Dreiheit des immer Männlichen und des immer Weiblichen in der fortlebenden Geschlechterfolge, der Menschheit.

Diese Dreiheit in der Einheit des Menschengeschlechts bildet sich ab in Vielheit: in jeder einzelnen Familie als Vater und Mutter mit Kindern.

Analog ist diese Dreiheit im Fortschritt jeder Wissenschaft: Die Beobachtungen der Wirklichkeit zeugen vertiefte Erkenntnis, und die Theorien der Erkenntnis gebären erstarkende Wirklichkeit. In fortwährend komplementärem Wechselspiel von Wirklichkeit und Erkenntnis, in Beobachtung und Theorie, führte die Geschicklichkeit der Wissenschaftler und Techniker das steinzeitliche Höhlenleben herauf zum neuzeitlichen Zivilisationsleben.

Eine gigantische Schau der Trinität taucht auf: Gott-Vater als die absolute Wirklichkeit, Gott-Geist als die absolute Imagination, Gott-Sohn als die auflebende Schöpfung. Gleichsam ist Gott-Vater der absolut Unveränderliche, der in ewiger Ruhe Seiende. Gleichsam ist Gott-Geist der absolut Schöpfungs-Gewaltige, der in unbegrenzter Dynamik Wirkende. In diesem allmächtigen Dialog des im Geist schaffenden Vaters und des im Vater gründenden Geistes zeugt Gott-Vater – in der Dynamik des Geistes – und gebiert Gott-Geist – aus dem Dasein des Vaters – immerfort Gott-Sohn. Gleichsam ist Gott-Sohn die Personifikation eines Kosmos – und ein Kosmos die Manifestation Gott-Sohnes. Die Trinität – Gott-Vater, Gott-Geist, Gott-Sohn – ist in sich unabdingbare Einheit und Einzigkeit, schöpft aber in Vielheit und Mannigfaltigkeit.

Die Einheit der Wissenschaft ist strukturiert in der Dreiheit von den Natur-, den Geistes- und den Gesellschafts-Wissenschaften.

Seit altersher kennt die Philosophie die Dreiheit des Seins; in den drei Dimensionen der Existenz, der Essenz und der Aktualität. Immer wieder bildet sich diese Dreiheit auf tiefere und tiefste Ebenen ab.

Auch die Physik ist dreiheitlich in einer existenziellen, einer essenziellen und einer aktuellen Komponente:

l. Die Existenz-Physik erfasst und beschreibt das Dasein unter dem Nichts. Warum existiert überhaupt ein Nukleon, ein Körper, das Weltall?

ll. Die Essenz-Physik erfasst und beschreibt das Sosein der Gestaltungen, Strukturen, Metriken, in Relation zueinander; vor allem repräsentiert von der Relativitätsphysik.

lll. Die Aktual-Physik erfasst und beschreibt die Ereignisse, Wechselwirkungen, Reaktionen; vor allem repräsentiert von der Quantenphysik.

Jede dieser drei Physiken ist nur sinnvoll und wirklich in allen drei Komponenten. Jedoch ist dies in den drei Physiken in jeweils vertauschbarer Zuordnung: In der Physik (l) ist das Existenzielle primär; auf dieser Basis ist der Dualismus von Essenziell und Aktuell in Komplementarität. In der Physik (ll) ist das Essenzielle primär; auf dieser Basis ist der Dualismus von Existenziell und Aktuell in Komplementarität. In der Physik (lll) ist das Aktuelle primär; auf dieser Bais ist der Dualismus von Existenziell und Essenziell in Komplementarität. Irgendwie erscheinen somit 9 Komponenten als Basis der unermesslichen Vielheit, Beweglichkeit und Offenheit der Welt.

Diese drei Physik-Komponenten verdrängen einander unvereinigbar – und zugleich ergänzen sie einander unentbehrlich. Alle drei Komponenten sind notwendig zu einer vollendeten Beschreibung und Erfassung des physikalisch/materiellen Seins. Wo eine Komponente höchst relevant wird, haben die jeweils anderen Komponenten Schwach- oder gar Null-Stellen.

Jede dieser drei Physiken schreitet fort zu vollendeter Beschreibung in tiefster Erkenntnis und genauester Erfassung in härtester Realität. Dies jedoch nur in ihrer jeweils fundamentalen Seins-Komponente. Für jede dieser drei Physiken gilt ähnlich: Je weiter sie fortschreitet, je näher sie an die Perfektion herankommt, umso unsinniger wird ihre Beschreibung und umso unwirklicher wird ihre Erfassung in den beiden jeweils anderen Komponenten. Mit Erreichen der Perfektion läuft die jeweilige Physik in den beiden anderen Komponenten in totale Sinnlosigkeit und Unwirklichkeit aus. Diese Physik wird – in der Nichtigung ihrer jeweils beiden anderen Komponenten – aber nun auch selbst leer und nichtig. Gleichsam ist die absolute Perfektion zugleich die Nichtigung. Diese Struktur allen geschaffenen Seins macht die von allen großen Physikern gesuchte, allumfassende „Weltformel" zum Wahn. Auf höherer Ebene sind alle Verabsolutierungen von philosophischen und theologischen Fixierungen, Definitionen, Dogmatisierungen inadäquat der Seinsstruktur und damit unheimlicher, tödlicher Wahn.

Dieser Auslauf in Leere begrenzt alles geschaffene Sein; ist überhaupt die Daseinsgrenze. Es ist die unheimliche Abgrenzung des Seins gegenüber dem Nichts. Zugleich ist diese Abgrenzung der Seinsgrund.

Die Dreiheiten sind auf höchster und hoher Ebene Komplementaritäten in Verdrängung und Ergänzung. Sie bilden sich ab, projizieren sich auf tiefere und tiefste Ebenen. Hierbei verarmen die Komplementaritäten in einfache Dimensionalitäten. Z. B. ist das physikalische Sein in der Dreiheit von Energie, Raumzeit und Gravitation. Der Raum ist wieder dreidimensional in Länge, Breite und Höhe bzw. in Längengrad, Breitengrad und Radialhöhe.

Dagegen sind etwa Licht und Dunkel, Weiß und Schwarz, Gewinn und Verlust, Yin und Yang oder gar Gut und Böse, Himmel und Hölle, keine Komplementaritäten, sondern Gegensätze. Die Vorstellung dieser Gegensätze als Seinsprinzipien sind Irrlehren östlicher Religionen und insbesondere der Gnosis. Der dialektische Materialismus ist eine unheimliche, gefährliche Perversion der Komplementarität.

Dies ist nur ein ganz kurzer Einblick in den Grundgedanken des Buchs *Der Dreieine.*

Ich übergab den Druck des Buchs an den Christiana-Verlag in Stein am Rhein. Mit meinem vorherigen Verleger, dem katholischen Verlag Glock & Lutz in Nürnberg, hatte ich bei dem Druck meines Buchs *Christliche Prophetie und Nuklearenergie* große Schwierigkeiten gehabt und hatte nach der ersten Auflage den Druckstock und die Rechte an dem Buch an den Christiana-Verlag übertragen. Die Schriftsetzung und der Buchdruck waren im Schweizer Ort Goldach.

Damals wurde noch mit Bleisatz gedruckt. Jedes Schriftzeichen hatte eine Messing-Matrize. Die Matrizen der Schriftzeichen einer Zeile wurden in Reihe zusammengepresst und daran diese Bleizeile abgegossen. Die 40 Zeilen einer Seite wurden zu einem Block zusammengespannt zum Einstellen in die Druckmaschine. Nach dem Druck wurden die Blöcke geöffnet und die Zeilen lose in einen fahrbaren Behälter geworfen, um daraus wieder neue Pframmen für die Setzmaschine zu gießen. Für den griechischen Buchstaben der Kreiszahl „Pi" mussten fünf Matrizen eigens in Zürich gefräst werden.

Wegen der mathematischen Formeln in dem Buch waren die Korrekturen auf dem Postweg praktisch unmöglich. Ich wurde deshalb in einem Landwirtshaus „Ruheberg" einquartiert. Es lag auf einer ruhigen Anhöhe, gut eine Stunde Fußweg durch Wiesen von der Druckerei entfernt. Jeden Tag saß ich neben der Setzmaschine mit einem Spiegel, um erforderliche Korrekturen noch vor dem Guss auszuführen. Da ereigneten sich zwei erstaunliche Begebenheiten.

In dem Buch *Der Dreieine* schrieb ich in einem Kapitel über das Gleichnis von den 10.000 Talenten, die ein Diener seinem Herrn schuldet, und den 100 Denaren, die ein anderer Diener diesem Diener schuldet *(Mt 18, 23–34)*. Deren Verhältnis errechnend, hatte ich eine geradezu unheimliche Bestätigung der überirdischen Weisheit der Bibel erfahren: Es ist das Verhältnis der potentiellen Energie-Verhaftung von 70 kg mit allen Massen des Weltalls, aufgrund derer ein Menschenkörper überhaupt im All existiert, zu der Energie, die dieser Mensch in 70 Jahren in dieser Welt wirkt. Es ist also das Verhältnis seiner existenziellen Energie-Verschuldung zur gesamten Energie, die er in seiner Umwelt und zu seinen Mitmenschen in 70 Jahren aufbringt. Und am Tag, da dieser Text gesetzt wurde, fand ich auf dem Weg zur Druckerei eine 20-Denar-Münze. Nie vorher oder nachher fand ich eine Denar-Münze; schon gar nicht auf einem Schweizer Wiesenweg.

Mit dem Text des Buches war ich völlig alleingelassen. Die hektischen Anforderungen zur Druckvorbereitung entnervten mich. Es überfiel mich tiefster Zweifel an der ganzen Arbeit. Ich sagte zum Herrn: „Das Buch trägt doch Deinen Namen!" In diesem Moment rief der Schriftsetzer, Herr Brosch: „Ihre fünf ‚Pi' sind eingetroffen, und ich habe damit eine Zeile gegossen. Stellen Sie je zwei andere Zeilen darunter und darüber und ziehen

Sie diese ab." Ich nahm irgendwelche vier Zeilen aus dem Behälter, der mit etwa einer Tonne Altzeilen gefüllt war, und setzte zwei Zeilen über und zwei Zeilen unter die „Pi". Ich konnte es nicht fassen, was ich da las: „Es sangen die Cherubim und Seraphim jubelnd im Chore ‚Heilig, Heilig, Heilig' ist Gott der Herr." Die ganze Setzerei lief zusammen und fragte: „Aus diesem Behälter da??" Die Zeilen stammten aus irgendeinem vor Tagen oder Wochen aufgelösten Druckblock.

Fast alle hochproduktiv Schaffenden – Autoren, Künstler, Erfinder – erleben solche Verstörung nach Fertigstellung eines Werkes, in das sie ihre Lebenskraft bis zur Erschöpfung eingegeben haben. Der russische Schriftsteller Gogol verbrannte den zweiten Teil seines großartigen Romans *Tote Seelen*, als er ihn fertig hatte. Wenn der Bildhauer Prof. Fritz Behn, dem auch Pius XII. und Mussolini Modell saßen, gereizt bei mir anrief: „Ich habe wieder was fertig", musste ich sofort hinkommen. Einmal, als ich mich um eine Viertelstunde verspätete, hatte er sein Werk schon zertrümmert. Ein anderer mir bekannter Künstler war drauf und dran, sich das Leben zu nehmen. Der Physiker Boltzmann – nach dem die wichtige Boltzmann-Konstante benannt ist – beging Selbstmord; ebenso Rudolf Diesel nach Vollendung seines Werks. Glanz und Elend hochproduktiven Schaffens kennt nur der produktiv Schaffende. Auf der Titelseite meines Buchs *Überleben ohne Erfindungen* ist der Ausspruch Einsteins zitiert:

„Die Jahre bangen Forschens in der Nacht,
mit ihrem drängenden Verlangen,
ihrem Schwanken zwischen Zuversicht und Erschöpfung,
schließlichem Heraustreten in das Licht – nur die es erfahren haben, können es verstehen." (Albert Einstein)

Ich gab das Buch oder auch vorher schon das Manuskript des Buches an einige Wissenschaftler, u. a. den damals führenden Dogmatiker Prof. Michael Schmaus und den evangelischen Theologen Prof. Edmund Schlink. Schmaus sagte später zu mir, dass er anfangs nichts damit habe anfangen können. Es sei ihm fremdartig gewesen. Er habe sich dann aber gedacht: Ich kenne doch den Mann, und wir haben schon des Öfteren gute Gespräche gehabt. So habe er noch einmal zu lesen angefangen und habe auf einmal Zugang zu dem Buch gefunden. Und wie er es das dritte Mal gelesen habe, habe er auf einmal die Fülle und den Reichtum gesehen. Er zitierte dann das Buch mehrmals in seinem großen Werk *Dogmatik*.

Das Buch hatte eine eigentümliche Geschichte. Ein Drittel des Buchs enthält Physik. Ich hatte immer den Eindruck gehabt, dass der Herr meine Hauptaufgabe in der Offenlegung der gewaltigen Analogien in der Physik sah und dass die Physik dann aber von meinem Bruder übernommen werden sollte, sodass ich frei würde für kirchliche Beratung des Heiligen Vaters und der Spitzenkardinäle, zu denen ich schon Zugang hatte.

Ich war schon seit meiner Studentenzeit mit Alois Wenzl bekannt. Er war Professor für Physik und kritischen Realismus. Er wurde der erste Erziehungsminister Bayerns nach dem Krieg und schon ein halbes Jahr später berief man ihn zum Rektor an der neu in Betrieb genommenen Universität in München. Aloys Wenzl war eine ganz bemerkenswerte Persönlichkeit. Er war der führende kritische Realist überhaupt. Früher war er Anhänger des Kommunismus gewesen, hielt 25 Jahre lang den Rekord in Stenografie, und war fundiert ausgebildet in Physik. Er hatte ganz grundlegende Erkenntnisse, wie z. B. die Punktualität der Singularität.

Frau Wenzl rief mich so alle vier Wochen einmal an und vereinbarte mit mir, einen langen Spaziergang mit ihrem Mann zu machen. Ich hatte nie Vorlesungen in Philosophie gehört, aber bei den Spaziergängen lernte ich die ganzen Grundlagen der Erkenntnistheorie. Für Prof. Wenzl war ich eine Art Versuchskaninchen für Vorträge, die er auf Kongressen hielt. Er wollte meine Meinung dazu erfahren und hörte genau hin, wie ich auf die einzelnen Formulierungen reagierte. So machte ich das dann später selber auch mit meinen eigenen Vorstellungen und Gedanken. Ich komme gern mit jungen, intelligenten Menschen zusammen und höre genau hin, was sie zu meinen Konzepten zu sagen haben. Oft haben gerade junge Leute, die noch nicht in einer Richtung geprägt und durch monomane Kenntnisse vorbelastet sind, ein unmittelbares Urteil, das viel besser trifft als das von Super-Fachleuten, die in eingefahrenen Gleisen laufen.

Schon vor meiner Promovierung wollte er mich gern als Nachfolger für seinen Lehrstuhl haben. Er hat darauf gedrängt, dass ich bald promoviere, aber ich hatte immer meine eigenen Vorstellungen und machte viele Dummheiten. Er hielt von den relativitäts-physikalischen und quantenphysikalischen Ausführungen in meinem Buch ganz große Stücke und hatte auch vor, sie in der bayrischen Akademie für Wissenschaften zur Publikation zu bringen. Es stand bevor, dass er Präsident der Akademie wurde. Aber er ist unmittelbar davor gestorben.

In der Kosmophysik hatte ich eine ganz gewaltige Schau, aber ich war nicht in der Lage, sie in eine wissenschaftliche Form zu bringen. Das ist der große Konflikt, den auch Albert Einstein hatte. Anfänglich dachte Einstein, dass seine Konzepte zur Relativitätsphysik überhaupt nicht mathematisch formulierbar seien, bis ihm die Theorie des großen Mathematikers Bernhard Riemann zu Hilfe kam. So ähnlich ging es mir auch. Ich war einfach nicht in der Lage, mein Konzept auszudrücken, und es waren zum Teil ausgesprochen falsche Sachen darin. Das Interessante war, dass wirklich große Geister, wie der bedeutende Theologe Romano Guardini, mit dem ich auch immer wieder lange Spaziergänge machte, und Josef Eichhorn, Vizepräsident vom Verwaltungs- und Verfassungsgericht in Bayern, oder Matthias Matschinski, in der Lage waren, eine gute und richtige Konzeption abzutrennen von fehlerhaften Ausführungen. Diesen Leuten erscheint sogar, dass, wenn eine große Konzeption mangelhaft ausgedrückt ist, dies eine Empfehlung für die

Konzeption ist, weil sie sehen, dass sie nicht durch mathematische Klimmzüge auf die Beine gestellt wurde. Die genannten Persönlichkeiten waren mir, ähnlich wie Alois Wenzl, väterliche Freunde, obwohl ich anfangs erst siebzehn bis achtzehn Jahre alt war. So kam ich nicht nur mit den entscheidend wichtigen Fragen der Philosophie, Physik und Theologie in Berührung, sondern sah sie auch noch von den Spitzenaspekten her mit der gesamten Systemkritik und den erkenntnistheoretischen Grundlagen.

Hier möchte ich noch etwas näher auf Matthias Matschinski eingehen. Er war eine der interessantesten Persönlichkeiten, die wir kennengelernt haben. Er war Direktor des Staatsinstituts der russischen Raketenforschung und der eigentliche Urheber der fortgeschrittenen Raketentechnik. Das riesige russische Forschungsinstitut lag an der lettisch-russischen Grenze. Matschinski gab sich später gern als Lette aus, aber er war Russe. Beim Einmarsch der deutschen Armee ließ er sich von den Deutschen fangen und wurde vom Reichsminister für Rüstung, Albert Speer, als oberster Chef der deutschen Raketenforschung eingesetzt. Nun gibt es verschiedene Lesungen über das, was sich dabei zutrug. Ein führender Mann von der NASA sagte mir, dass es damals in Berlin immer zu fürchterlichen Streitereien über ganz läppisches Zeug zwischen Matschinski und dem Reichsminister gekommen sei, wie z. B. Zuspätkommen oder falsches Parken oder ähnliche Bagatellen. Matschinski habe das so weit getrieben, dass er schließlich vom Reichsminister als Leiter abgesetzt und durch den Raketenforscher Hermann Oberth ersetzt wurde. Aber ansonsten war er in seiner Arbeit nicht behindert. Matschinskis Version war eine ganz anderere. Er war ein ganz gewiegter Psychologe. Er sagte, dass er weder roten Atheisten noch braunen Atheisten dienen wollte. So machte er Streit wegen Bagatellen, aber nie auf politischer oder weltanschaulicher oder technischer Ebene. Auf diese Weise gelang es ihm zu erreichen, dass er nicht mehr für die deutsche Raketentechnik arbeiten musste, aber in anderer Beziehung nicht in Schwierigkeiten kam.

Als die Russen nach Berlin kamen, die ihn als Verräter verurteilt hätten, ließ er sich von den Franzosen gefangen nehmen und kam mit den Franzosen nach Paris. Dort wurde er Professor für Statistik, was ihm nie Freude gemacht hat. Er gewann politschen Einfluss bis hin zu de Gaulle. Matschinski war einer der besten Kenner der Relativitäts- und Quantenphysik und hatte auch führende Publikationen auf dem Gebiet gemacht, die weltweit anerkannt waren. Aber er hielt sie doch für falsch. Ich konnte das damals nicht verstehen und bin erst viel später darauf gekommen, dass es wohl die erkenntnis-theoretischen Probleme waren, die ich jetzt ausarbeite und die Matschinski damals schon ahnte. Ich bin mir auch nicht ganz sicher, ob meine jetzigen Ausführungen nicht vielleicht doch irgendwie von Matschinski inspiriert wurden.

Matschinski hielt meine Ausführungen zur Relativitäts- und Quantenphysik für sehr gut; ebenso den von mir entdeckten *Zeitgradienten* und die perfekte Formulierung des *Zeitgradienten*, die von meinem Bruder für die Pariser Akademie ausgearbeitet wurde. Er sagte damals, dass er zu dem gelungenen Beweis gratuliere.

Nachdem mein Bruder nicht die Zeit fand, die Fahnen für das Buch Korrektur zu lesen, und sich das Buch erst anschaute, als es schon gedruckt war, zeigte er mir alle Fehler darin. Er machte sich daran, die Kosmophysik (nicht die Quanten- und Relativitätsphysik; das war eine gute und abgeschlossene Sache) zu überarbeiten. Dabei erlebte er einen großen moralischen Konflikt, den er kaum überwinden konnte. Er sagte: „Bin ich denn nur dazu da, um Dinge kaputt zu machen?" Das Konzept ging verloren, als er es mit mathematischen Formeln anging, aber seine konkreten mathematischen Ausführungen allein funktionierten auch nicht richtig. So war das eine verloren und das andere nicht gewonnen. Aber mein Bruder gab nicht auf und schließlich, in der 5. Auflage, konnten wir eine gute kosmophysikalische Konzeption formulieren. Es ist außerordentlich schwierig, eine Schau, die transzendent gegeben wird, in eine Struktur dieser Welt logischer, mathematischer und philosophischer Art hineinzubringen und zu manifestieren. Es sind ganz verschiedene Bereiche, die sich hier treffen und die zusammenzufügen fast unmöglich ist. Dazu sagte mir Romano Guardini: „Das Problem ist, dass das eine deduktiv ist. Es geht aus vom Herrn und kommt hinunter. Und das andere ist induktiv. Das geht von der Welt aus und versucht hochzusteigen. Es begegnet sich nicht so richtig unterwegs." Aber ich habe durch die Arbeit entscheidend gelernt über die Möglichkeiten und Grenzen der Mathematik, der Philosophie, der Theologie und über die Dinge, die ich über das Bewusstsein schrieb. Es war dann doch über diese merkwürdigen Umwege ein Durchbruch zu ganz grundlegenden Einsichten.

Priesterschaft

Schon als Kind und später beim Wehrdienst hatte ich den Wunsch, einmal Priester zu werden. Schon mit 4 oder 5 Jahren hat mich von allen Fragen das religiöse Problem zutiefst beschäftigt. Ich dachte immer wieder über die Unendlichkeit nach. Wie geht das immer weiter? Wenn eine Mauer käme, kann die doch auch nicht unendlich dick sein, und man hätte das Problem dann nur in die Mauer verlegt. Damals wusste ich natürlich nicht, dass dies über Jahrtausende ein zentrales, nicht zu lösendes Problem der Theologie war und dass erst kürzlich die „gekrümmten Räume" eine akzeptable Denkmöglichkeit boten.

Der einzige Grund, warum ich dann nicht Theologie studierte, war der, dass ich meinte, dass durch die Quantenphysik und Relativitätsphysik derart gewaltige Impulse gesetzt würden, dass diese analog auch für die Theologie nicht nur relevant wären, sondern auch die schweren Konflikte der Kirchengeschichte und der kirchlichen Lehrverkündigungen entscheidend lösen könnten. Ich weiß nicht mehr, wann ich es hörte, dass Robert Oppenheimer, der Konstrukteur der Atombombe, die Einführung der revolutionären Entwicklung in der Quantenphysik in die Geisteswissenschaften als seine Hauptaufgabe betrachtete. Er ist sich immer durch die Atombombenkonstruktion missbraucht vorgekommen, weil er dadurch von diesem Ziel abgehalten wurde. Als dann die fürchterlichen Dinge passierten mit den Atombombenabwürfen und er sich, wie auch andere, weigerte, weiterzuarbeiten, kam er doch nicht zu der Arbeit, weil er von einem Verhör zum anderen geschleppt wurde.

Dann kam das gigantische Projekt der Abtomabfallbeseitigung auf mich zu und die damit verbundenen politischen und militärischen Probleme. Es kam zu einer fruchtbaren Begegnung mit Henry Kissinger, dem damaligen Sicherheitsberater des US-Präsidenten L. B. Johnson, und Graf von Kielmansegg, dem damaligen NATO-Oberkommandierenden; später u. a. mit den Grafen Johannes und Franz von Magnis. Letzterer war Chef der NATO-Information in Paris.

Mein Wunsch, Priester zu werden, weshalb ich auch nicht heiratete, verschob sich fortwährend in ungewisse Zukunft. Irgendwie hatte ich die transzendente Gewissheit, dass ich essenziell in Armut leben müsse. Ich fühlte elementar, es sei mir nicht erlaubt, irgendwelche Titel, Ränge, Anstellungen, Preise, Orden und Auszeichnungen anzunehmen. Schon in der Schule und bei der Flak (Flugabwehr) hatte ich nie eine Funktion. Alle Mitschüler wurden Oberluftwaffenhelfer und erhielten das Flak-Kampfabzeichen, nur ich nicht. Es wurde einfach übersehen. Ich besaß – trotz Führerschein – nie ein Auto oder Motorrad, nie einen Fernseher oder eine Kamera, nie einen Computer oder Recorder, obgleich ich auf diesen Gebieten sogar industrielle Entwicklungen machte. Insbesondere für mein Engagement mit Parlamenten in Gesundheits- und Lebensangelegenheiten durfte ich kein Entgelt nehmen. Irgenwie war ich schon immer anders und isoliert. Zuerst versuchte ich immer wieder, mich anzupassen, was völllig scheiterte. Später bei der Flak versuchten sich alle an mir zu orientieren. Es hat sich da so seltsam umgekehrt. Als ich – weit weg von allem – im Oktober 1972 für einige Wochen in Lombardina, Westaustralien, Einsiedler wurde – bei 47° Schattentemperatur und 97 % Luftfeuchtigkeit – erwarteten u. a. der Arzt und der Bischof einen Kollaps aus Vereinsamung. Das trat nicht ein. Es wurde mir dort bewusst, dass ich doch immer allein war; auch in intensivsten Verbindungen.

Unsere Erfindungen machten uns viel administrative und juristische Arbeit. Man macht sich keine Vorstellung, was es bedeutet, wenn man über 100 Patente in elf Ländern hat. Aber nicht nur unsere Erfindungen und das Atomabfallbeseitiguns-Projekt nahmen viel Zeit ein, sondern auch die theologischen und geistigen Arbeiten, die mir der Herr auferlegt hatte.

Im April 1972 betete ich zum Herrn und machte ihm Vorwürfe, dass mein sehnlichster Wunsch, Priester zu werden, nicht erfüllt wurde. Auf einmal hatte ich das Gefühl, Er hat es gehört, und es beschlich mich eine tiefe Furcht, dass ich so gesprochen hatte. Da ereignete sich eine Kette seltsamer Dinge.

Von den führenden Theologen Prof. Joseph Ratzinger und Prof. Michael Schmaus war die Gustav-Sieverth-Akademie in Bierbronnen gegründet worden, die als Seminar für spätberufene Priesteranwärter gedacht war, aber nur eine Handvoll Leute anzog. Die vier Bischöfe, die die Akademie gesponsort hatten, waren sich später nicht mehr sicher, ob das eine gute Idee war. Die Akademie stand unter dem Verdacht, fundamentalistische Interpretationen der christlichen und katholischen Lehre zu verabsolutieren; vor allem einen engstirnigen Antievolutionismus und Kreationismus zu vertreten. Die Leiterin war eine tüchtige Professorin für Philosophie an der Pädagogischen Hochschule in Freiburg. Man setzte mich sozusagen als Spitzel ein. Der Bischof wollte, dass ich dreimal im Jahr je für drei Wochen dort hinginge, aber ich konnte es auf drei Tage einmal im Jahr herunterhandeln. In der Akademie wurde ich mit größter Freundlichkeit auf Distanz empfangen. Nach einem Jahr schlug das ins Gegenteil um. Die Bischöfe wollten die Akademie, die nur auf Grund der Autorität unseres Namens durch das württembergische Parlament Stuttgart als Akademie anerkannt worden war, zumachen. Ich sprach mit den Bischöfen für die Akademie und betonte die positiven Aspekte, vor allem das Zusammenkommen von Universitätsprofessoren der Theologie, Philosophie und Naturwissenschaften mit den Bischöfen. So wurde ich auf einmal nicht nur zum Freund, sondern sogar zu einer essenziellen Stütze.

Außer der Baronesse von Stockhausen, die die eigentliche Gründerin der Akademie war und die das Grundstück gekauft hatte, nahm dort noch ein Doktor der Chemie, Dr. Lehmann-Tronke, eine leitende Position ein. Letzterer drängte mich immer zu kommen, aber ich hatte nie Zeit. Schließlich machte ich ihm einen Vorschlag. Ich musste einen Vortrag bei einer Tagung des Christlichen Jugenddorfwerks Deutschland in Bad Teinach halten. Bei diesen Tagungen, die viermal im Jahr stattfanden und an denen ca. 400 Lehrer und Präfekten von 112 Gymnasien teilnahmen, war ich einer der Hauptreferenten. Danach wurde ich bei dem vereinigten Treffen der Malteser- und Johanniterritter Europas in der Abtei Heilsbronn erwartet. Ich schlug Dr. Lehmann-Tronke vor, mich von Bad Teinach nach Heilsbronn zu bringen, sodass wir während der Fahrt Zeit für ein Gespräch hätten. Er sagte zu, und auf dem Weg gingen wir in ein Café. Dort erzählte er mir, dass er und der Bruder der Baronesse, Baron Dietrich von Stockhausen, in Regensburg für die Priesterschaft studierten. Er meinte, dass das doch auch etwas für mich sei.

Ich sagte daraufhin: „Ja, ich möchte das schon, aber ich habe keine Zeit für das Studium. Aber sprechen Sie doch bitte einmal mit Bischof Rudolf Graber." Zufälligerweise war das gerade der Bischof, der damals meine Konzilstätigkeit in die Wege geleitet hatte, also die Verbindung hergestellt hatte zu Kardinal Höfner in Köln und zu Bischof Joseph Schröffer in Regensburg, der später als Koordinator der Kardinalsgespräche mit dem Papst eine hohe Stellung in Rom einnahm. Bischof Graber hatte früher schon einmal eine gute Besprechung meines ersten Buches abgegeben. Wir fuhren dann weiter zum vereinigten Treffen der Malteser- und Johanniterritter in Heilsbronn.

Als ich heimkam, sagte meine Mutter, der Bischof von Regensburg habe angerufen. Den Grund seines Anrufs hatte er ihr nicht genannt. Kurz darauf rief er wieder an und fragte mich, ob es wahr sei, dass ich Priester werden wolle. Ich sagte: „Ja, und mein Bruder auch, aber da ist keine Hoffnung, denn wir haben kein Theologiestudium gemacht." Er antwortete: „Ach was, hat denn der Petrus Theologie studiert? Ich komme morgen nach München und dann sprechen wir über die Sache." Er kam dann am nächsten Morgen von Regensburg und wir trafen uns im Hofgarten von München zu einem Gespräch. Er fragte mich: „Wenn ich Sie weihe, was haben Sie denn dann vor zu machen?" Ich antwortete: „Exzellenz, ich mache, was Sie wollen. Vielleicht kann ich im Krankenhaus arbeiten." Er wehrte das ab mit der Bemerkung, dass ich da nicht wieder herauskäme. Woraufhin ich sagte: „Ich will ja auch gar nicht wieder herauskommen." Er sagte dann, dass er sofort nach Rom fahren würde. Ich wandte ein, dass der Papst wegen meiner Konzilstätigkeit verprellt sei.

Dazu konkreter: Ich war zu Beginn des Zweiten Vatikanischen Konzils ersucht worden, zum Thema des modernen Kriegs das Schema zu erarbeiten. Es ging dabei vor allem um die Stellung der Kirche zu Nuklearkrieg, Rüstung und Militärapparaten. Zu dem dann von mir erstellten Schema gab es im Konzil schwere Kämpfe. Um zwei Uhr morgens waren Kardinal Spellmann und die nordamerikanischen Bischöfe noch dagegen, aber dann konnte Kardinal Schröffer den Sekretär Spellmanns überzeugen und um zehn Uhr morgens erhielt mein Schema knapp zwei Drittel der Stimmen.

Zudem war mir gesagt worden, dass ich ein anderes Schema überarbeiten solle, das schon im ersten Entwurf vorliege, der mir auch gegeben wurde. Dies war das Sozial-Schema. Ich arbeitete dieses in den zwei Hauptpunkten auf einen gegensätzlichen Standpunkt um: Gegen die Ansicht „Mitbestimmung und Gewinnbeteiligung seien Christenpflicht des Unternehmers" setzte ich: „Für Arbeit gerechten Lohn, für Risiko jedoch Gewinn. (Kein risikoloses Mitbestimmen über das Vermögen, mit dem ein Unternehmer persönlich haftet. Jeder hat Anteil am Landeswohlstand zu haben; unabhängig, ob ein Arbeitgeber mit einem guten Artikel Profit macht oder nicht.)" Meine Umarbeitung erhielt dann auch knapp zwei Drittel der Stimmen. Bald darauf kam in den deutschen Bundesnachrichten die Nachricht, dass sich „das Vatikanum in letzter Minute durch liberale Persönlichkeiten der

Bundesrepublik habe umfunktionieren lassen". Zu der Zeit konnte ich mit der Nachricht nichts anfangen. Dies hatte sich jedoch auf das zweite Schema bezogen. Viel später erfuhr ich, dass der erste Entwurf von Papst Paul VI. selbst war.

Zurück zur Priesterschaft. Auf meinen Einwand, dass der Papst verprellt sei, meinte Bischof Graber, dass der Papst das von einem höheren Standpunkt aus sehen würde und dass er mit dem nächsten Zug nach Rom fahren wolle. Das war am 10. Mai 1972, einen Monat, nachdem ich den Herrn angerufen hatte. Am Morgen des 13. Mai rief mich der Bischof aus Regensburg an. Er sagte, dass die „höchste Autorität" entschieden habe, dass ich und auch mein Bruder, weil er mein Mitarbeiter sei, ohne jede Bedingung geweiht werden könnten. Ohne meiner Mutter, die evangelisch ist und antikatholische Affekte hatte, etwas von dem Grund der Reise zu sagen, fuhr ich mit meinem Bruder nach Regensburg. Der Bischof sagte, dass er uns zwar sofort weihen könne, aber dass er es doch für besser hielte, wenn wir wenigstens eine sechswöchige Ausbildung machten. Er habe überlegt, dass der Generalvikar, der im Oktober in den Ruhestand treten werde, unsere Ausbildung vornehmen solle. Er habe schon einen Nachfolger für ihn. Dieser Generalvikar war unser hochgeschätzter und geliebter geistiger Führer und Ausbilder, Prälat Dr. Karl Hofmann. Er war 15 Jahre lang Regens im Priesterseminar gewesen und danach 11 Jahre lang Generalvikar der Diözese Regensburg. Der Bischof fragte uns, ob uns das recht wäre, was wir bejahten. Daraufhin rief er den Generalvikar aus seinem Dienstzimmer zu sich herüber und stellte uns gegenseitig vor. Wir wurden gefragt, ob wir mit dem Plan einverstanden wären. Erst wir und dann Prälat Hofmann stimmten zu.

Für 6 1/2 Wochen wurden wir im Schloss Spindelhof, das aufgrund einer Stiftung seit 150 Jahren dem jeweils regierenden Bischof von Regensburg gehört, untergebracht und erhielten eine ganz intensive Ausbildung. Wenn ich Prälat Hofmann eine theologische Frage stellte, lehnte er es ab, mit mir darüber zu diskutieren, weil ich in Theologie Autorität sei. Es wurde damals in höchsten kirchlichen Kreisen gesagt, dass ich nachhaltigen Einfluss auf die Kirchen- und Geistesgeschichte genommen hätte. Diese Einflussnahme war im Zusammenhang mit generellem Einfluss, der sich auch auf Militär, Wirtschaft und Politik erstreckte und u. a. mehrere Gesetzesänderungen im Deutschen Bundestag erwirkte; als Erste den Sturz des 7. Überleitungsgesetzes – dies gegen die Interessen der Auto- und Ölindustrie. Weltweit suchten die Informationsdienste nach mächtigen Beziehungen. Jedoch waren diese rein metaphysisch begründet: im Willen und der Führung des Herrn, gegen den keine Macht der Welt aufkommt.

Nach der 5. Woche fragte ich Prälat Hofmann (hinterher meinte mein Bruder, wie ich nur eine so naive Frage stellen konnte), ob er meinte, dass unsere Ausbildung ausreichend wäre. Er antwortete schlicht und ergreifend: „Natürlich nicht. Aber Sie können von Glück reden, dass meine Meinung nicht gefragt ist." Am nächsten Tag reute ihn das wohl etwas, und er sagte zu uns: „Also, meine Herren, was ich da gestern zu Ihnen sagte, ist natürlich richtig. Die anderen Priesteranwärter studieren 4 Jahre lang, haben dann noch ein Jahr lang praktische Übungen und sind nach der Weihe erst Kapläne. Und Sie kommen daher, und das muss alles in 6 ½ Wochen sein. Aber ich bin überzeugt, dass der Heilige Geist Ihnen beistehen wird." Das hielt ich für einen guten Rat, und sobald ich allein war, betete ich zum Herrn: „Du hast ja gehört, was der Prälat eben gesagt hat. Er ist doch unser geistiger Führer und ich nehme doch das, was er gesagt hat, als von Dir kommend an. Ich bitte Dich, mich nie bei der Ausübung der Liturgie zu beschämen." Und tatsächlich, zu meinem größten Erstaunen ist das bis heute nicht geschehen. Es ist wirklich so, dass der Geist mich und auch meinen Bruder durch die Schwierigkeiten getragen hat.

Die Ausbildung war auf 6 ½ Wochen beschränkt, weil wir am 1. Juli zusammen mit anderen Priesteranwärtern geweiht werden sollten. Der Bischof entschied aber dann anders; vermutlich, weil die anderen alle schon vorschriftsmäßig Diakone waren. Mein Bruder und ich, die wir noch keine der sechs Vorweihen hatten, wurden in der Privatkapelle des Bischofs geweiht, im Beisein des Prälaten als unserem Ausbilder, Monsignore Grillmeier vom Schloss Spindelhof und zwei Franziskanerschwestern vom bischöflichen Palais. Wir erhielten die sieben Weihen über drei Tage verteilt; am 1. Juli die vier niederen Weihen: Akolyt, Porter, Lektor und Exorzist, am 2. Juli die zwei mittleren Weihen: Subdiakon und Diakon und am 3. Juli die Priesterweihe. Wir wurden „ad titulum patrimonii" geweiht. Wir sind „Papst unmittelbar", womit wir nur dem Papst unterstehen. Damit sind wir „exempt". Wir verdienten uns weiterhin unseren Unterhalt selber.

Die Weihe geschah in dem besonderen Auftrag, unsere wissenschaftlichen und technischen Aktivitäten fortzuführen als Verbindung der Kirche zur modernen Welt und Gesellschaft. Der einzige Grund, warum der Vatikan Bedenken hatte, uns zu weihen, war der, dass wir evtl. als „Profis" nicht mehr so industrie-missionarisch wirken könnten, wie das vor unserer Priesterweihe der Fall war: Sogar nach stundenlangen Patentverhandlungen in der Großindustrie kamen immer noch – meist eingeleitet von einem faden Witz – lange, religiöse Gespräche zustande. Nach meiner Weihe erfuhren wir alle einen erstaunlichen Effekt: Auf den Industriemessen wurde ich sogar von Gegnern der Kirche und stahlharten Freimaurern wie ein Freund behandelt. Irgendwie sahen sie in mir einen der Ihren, der nun für sie stellvertretend vor Gott steht; wie Christus für uns alle.

Vor der Weihe hatte mich der Bischof gefragt: „Können Sie täglich das Brevier lesen?" und dann: „Können Sie evtl. täglich die heilige Messe zelebrieren, was Sie an sich nur dreimal im Jahr müssten?" Ich hatte leichtfertig zugesagt. Ich konnte zwar täglich zelebrieren, aber die rasch anwachsende Seelsorge für fast immer schwierige Situationen von zumeist weither gereisten Menschen verursachte mir dann mehrere Kreislaufkollapse, die ich vorher nie hatte.

Am gleichen Tag nach der Priesterweihe nahm uns Monsignore Grillmeier mit nach Konnersreuth, wo seine Cousine, Therese Neumann, die die Stigmata hatte, gelebt hatte. Wir besuchten ihr Grab und danach besuchten wir Pater Gustav Krämer, der die charismatische Bewegung in Australien eingeführt hatte und in der Nähe wohnte. Mein Bruder fuhr dann mit dem Zug heim, und ich fuhr nach Nürnberg und besuchte dort einen Freund von mir, Freiherr Siegfried von Bibra, damals evangelischer Pfarrer der Sebaldus-Kirche; später Professor an der Lutherisch-Evangelischen Akademie in Basel.

Nachdem mein Bruder und ich heimgekommen waren, erzählten wir unserer Mutter, dass wir nun Priester seien. Sie fragte zurück: „Was hat der Priester zu euch gesagt?" Wir erklärten ihr, dass wir zu katholischen Priestern geweiht worden seien. Sie konnte es gar nicht so richtig nachvollziehen. Der Bischof hatte uns gesagt: „Ich verbiete Ihnen kraft meiner Autorität, dass Sie irgendwelchen Einfluss auf Ihre Mutter ausüben, katholisch zu werden." Ich kann meiner Mutter die Kommunion reichen, weil sie die dafür erforderlichen drei Bedingungen erfüllt: Taufe, Glaube an die Realpräsenz Jesu Christi und Freisein von Todsünde. Letzteres konnte ich sie natürlich nicht fragen. Ich sagte aber zu ihr: „Du kannst zwar die Kommunion von Karl und mir bekommen. Es wäre aber gut, wenn du eine sakramentale Beichte hättest."

Ich erkundigte mich, ob das möglich sei, und erfuhr, dass nach der Lehre der katholischen Kirche jeder rechtmäßig getaufte Christ ein Anrecht auf die Beichte hat und ein katholischer Priester dazu bereit sein muss, die Beichte zu hören und die Absolution zu erteilen. So ging ich dann mit meiner Mutter zur Michaelskirche, der Jesuitenkirche in München, und sagte zu dem Beichte hörenden Priester: „Jetzt kommt meine Mutter und möchte beichten." Er fragte: „Wieso sagen Sie denn das?" Ich erklärte ihm, dass es ihre erste Beichte sei und dass sie Lutheranerin sei. Er fragte ganz erstaunt, ob er denn in so einem Fall dazu berechtigt sei, die Beichte zu hören und die Absolution zu erteilen. Nachdem ich ihm versicherte, dass ich mich nach den Regeln erkundigt hatte, hörte er die Beichte meiner Mutter und erteilte ihr die Absolution. Später gab es keine Probleme mehr, auch bei anderen Jesuiten. Vielleicht waren den Jesuiten die Regeln bekannt oder sie hatten sich auch erkundigt. Es ist tatsächlich eine schwerwiegende Frage.

Meine Mutter kam von ihren antikatholischen Affekten vorerst nicht weg. Sie gingen zurück auf die Zeit ihrer Eheschließung. Sie war u. a. von Kaplänen, die der katholischen Verwandtschaft meines Vaters verbunden waren, unangenehm als „Ketzer" beschimpft worden. Dazu war gekommen, dass mein Vater um Dispens von dem Versprechen ersucht hatte, die Kinder katholisch zu erziehen, was von dem Bischof in Speyer abgelehnt, aber dann von Erzbischof Faulhaber in München genehmigt worden war. Doch der eheschließende Priester überrumpelte meine Mutter doch, den üblichen Verpflichtungsschein zu unterschreiben.

Etwas kam mir zu Hilfe: Die Firma Krupp-Widia in Essen war Lizenznehmer von uns und einmal kam zu den Verhandlungen ein junger Abteilungsdirektor mit seiner Frau zu uns nach Puchheim. Nach dem geschäftlichen Teil redeten wir noch über private Dinge. Es stellte sich heraus, dass das junge Ehepaar eine Mischehe war und dass sie deswegen große Schwierigkeiten gehabt hatten. In ihrem Fall hatte sich die evangelische Seite dem katholischen Mann gegenüber scheußlich benommen. Verständlicherweise versuchte ich, möglichst viele Einzelheiten zu erfahren, zumal meine Mutter mithörte. Sie sagte hinterher, dass offenbar von der katholischen als auch der evangelischen Seite große Fehler gemacht worden seien, während es vorher in ihrer Einschätzung immer nur die Katholiken waren.

Um meiner Mutter zu helfen, über diese Affekte hinwegzukommen, sagte ich ihr, dass ich nach Heidelberg fahren wolle, um eine Messe in ihrer Traukirche für die Seele des Priesters, mit dem sie so unangenehme Erinnerungen verband, und auch für ihre Seele zu halten. Das tat ich auch, und die Affekte waren danach wirklich weg. Viele Jahre später sagte meine Mutter aber doch einmal: „Ach, Bernhard, sie sind eigentlich nicht weg." Ich fragte sie: „Wie war denn das früher?" Sie sagte: „Da waren sie permanent und unerträglich." – „Und wie sind sie jetzt?" – „Na ja, alle ein oder zwei Monate tauchen sie wieder auf." – „Wie lange dauern sie denn dann?" – „Ein oder zwei Minuten." Daraufhin sagte ich ihr: „Das ist ja recht, denn vergessen kann und soll man solche Dinge nicht. Aber es ist doch eine gute Sache, wenn sie immer wieder einmal ins Bewusstsein kommen, damit sie erneut überwunden werden können."

Dadurch, dass wir katholische Priester wurden und die Mutter trotzdem Lutheranerin blieb, kamen sich die Kirchen in Bayern einander näher. Auf einmal wurden alle nachdenklich. Es bestand früher, auch in der katholischen Kirche, die Meinung, dass Kinder, die aus einer Mischehe kommen, schließlich nichts mehr glauben und verloren gehen. Das hatte der Bischof auch zu den Franziskanerinnen, bei denen sich meine Mutter zur Erholung aufhielt, gesagt. Als die Schwestern den Bischof auf den Fall meiner Mutter aufmerksam machten, deren beide Söhne Priester geworden waren, meinte er, dass das eine ganz seltene Ausnahme sei. Diese Einstellung, die sich in beiden Kirchen zäh gehalten hatte, wurde anscheinend irgendwie überwunden. Hinzu kam mein hervorragendes Verhältnis zu dem evangelischen Landesbischof Hanselmann.

Zurück zu unserer Priesterschaft. Das größte Erlebnis nach der Weihe ist die erste Messe (Primiz), die der neugeweihte Priester hält. In Bayern ist das eine sehr große Sache. Auf dem Land wird die ganze Ortschaft mit Girlanden und Blumen geschmückt. Nach der Weihe sagte Bischof Graber zu uns: „Meine Herren, es wäre mir eine große Freude, wenn ich Ihnen die Primiz bereiten könnte." Ich sagte ihm nach einigem Nachdenken: „Exzellenz, es ist sehr schön, dass sie das anbieten, aber Sie haben schon derart viel Gutes für uns getan, dass ich glaube, das Angebot nicht annehmen zu dürfen." Mein Bruder dagegen war gewitzter und sagte: „Exzellenz, eigentlich müsste ich mich meinem Bruder anschließen, aber es ist mir eine so große Freude, dass Sie das anbieten, dass ich es gerne annehme."

Das Resultat war unterschiedlich wie Tag und Nacht. Karl hielt am Gnadenaltar der Schwarzen Madonna in Altötting im Messgewand von Pius XII. im Beisein vieler Schwestern des Franziskanerordens „Heilig Kreuz" seine Primiz, die von der Provinzoberin organisiert worden war. Bei mir war es so, dass ich vergebens nach einer Kirche suchte. Schliesslich fand ich eine abgelegene Bergkirche bei Tutzing, von der ich meinte, dass ich sie benutzen könne. Ich bat den dortigen Pfarrer um Erlaubnis, dort meine Primiz zu halten. Der schmiss den Schlüssel zu mir herüber und sagte: „Das mag ich schon gar nicht, dass Priester mit Sonderverfügungen geweiht werden." Es war natürlich nichts vorbereitet und nur acht Bekannte von mir kamen zu meiner Primiz, vier evangelische und vier katholische. Armseliger kann man sich eine Messe nicht vorstellen. Doch etwas Merkwürdiges geschah. Es war ein kühler, grauer Sommermorgen, aber genau, als ich die Konsekrationsworte sprach, kam plötzlich die Sonne durch, und die ganze Kirche war überflutet von wundervollem Licht. Das war für uns alle ein unvergessliches Erlebnis.

Der Bischof war damals der Meinung, dass niemand erfahren solle, dass wir Priester geworden waren. Er meinte, dass eine sensationsträchtige Resonanz in der Presse zu erwarten sei, weil bekannte Wissenschaftler und Akademiemitglieder durch Sonderverfügungen zu Priestern geweiht wurden. Es ging auch um die Theologieprofessoren, die sich in ihrer Macht bedroht fühlten. Er meinte, wir sollten nicht öffentlich zelebrieren. Daraufhin sagte ich zu ihm: „Exzellenz, in Deutschland respektiere ich das schon, aber in Australien dürfen Sie es mir nicht untersagen." Das wollte er auch nicht.

Nach der Weihe am 3. Juli 1972 flog ich schon am 20. Juli nach Australien. Ich folgte der Einladung des Department of Supply der australischen Regierung, das in Melbourne ansässig war. Diese Einladung hatte eine merkwürdige Vorgeschichte: Für mein Projekt der „Beseitigung der radioaktiven Reaktorabfälle in den Eiskappen der Erde" hatte ich eine von den sechs Gruppen der EGIG (Expédition Glaciologique Internationale au Grönlande) organisiert. Mein Bruder Karl hatte dafür eine Tiefbohrsonde erfunden und entwickelt, die in Europa, Amerika, Russland usw. als „Philberth-Probe" verwendet wurde. Eine australische Antarktisexpedition war gescheitert, weil sie ohne unsere Erfahrung mit dieser Sonde durchgeführt wurde. Ein Professor Budd sollte zu uns nach Deutschland kommen. Wir warteten vergeblich. Auf einmal rief er ärgerlich aus Österreich an und teilte uns mit, dass die australische Behörde ihm geschrieben habe, er solle sich einen netten Urlaub in dem schönen Österreich machen und er bekomme kein weiteres Geld mehr. Er kam deshalb auch nicht.

Daraufhin kam ein bekannter Wissenschaftler, Professor Radok, zu uns nach Puchheim, um einen von uns zur Beratung nach Australien zu ersuchen. Professor Radok war Volljude und war bis in den Krieg hinein Kapitänleutnant der deutschen Kriegsmarine. Über England war er nach einer aufregenden Odyssee in Melbourne gelandet, wo er – trotz zwei Monaten im Gefängnis – Chef der Meteorologie der Universität in Melbourne und der australischen Antarktisforschung wurde. Er gewann mich dafür, die Einladung der australischen Regierung nach Melbourne anzunehmen.

Dabei erging es mir so wie dem Professor Budd. Als ich schon in Perth war, teilten mir die Melbourner Wissenschaftler verärgert mit, ich würde nun doch von der Regierung kein Geld bekommen und auch sie würden niemals mehr Geld erhalten, wenn ich nun trotzdem käme. Ich war davon ausgegangen, dass mir zumindest die Flugkosten erstattet würden. Für mich als Deutschem war so etwas einfach unfassbar. Ich tat es als „merkwürdige Sitten und Gebräuche fremder Völker" ab. Damals ahnte ich nicht, dass sich später zur australischen Regierung und zu den Behörden, mit denen ich zu tun hatte, ein besonders gutes Verhältnis ergeben würde.

In Perth erfuhr ich von dem Geologen, Baron John Leonhardi, dass in der Leistungsschau des Department of Supply auf der Royal Perth Show unsere Sonde ausgestellt war. Als Priester auf Kinderkarte in das Ausstellungsgelände hereingekommen, sah ich tatsächlich Karls Sonde als eine der vier Hauptattraktionen australischer Forschung. Es war wirklich schön gemacht. Man konnte Knöpfe drücken, bunte Glühlampen leuchteten auf zur Erklärung der Funktionen. Nur stand kein Name des Urhebers dabei. Auf meine Frage antwortete der Standbeamte: „Das ist ein Team." Ich wandte ein: „Ihre anderen Projekte sind doch auch von Teams, aber da sind alle Namen genannt." „Ist ein Team", hieß es dann wieder. Die Wissenschaftler in Melbourne sagten dazu sehr verdrossen, dass sie uns als Ausländer nicht hätten nennen können, weil sonst das Projektbuget gestrichen worden wäre. Das hätte sie gezwungen, eben gar keinen Namen zu nennen. Damit war ich endgültig in Perth gestrandet.

Ursprünglich hatte ich vorgehabt, in Perth Station zu machen, um eine mit unserer Familie befreundete Dame zu besuchen. Sie war Engländerin, die nicht mehr in ihrer Familie bleiben konnte, nachdem sie einen Deutschen aus Danzig geheiratet hatte. Meine Mutter hatte sich ihrer in Deutschland angenommen, bevor sie mit ihrem Mann nach Australien auswanderte. Meine Mutter hatte gemeint, es sei doch von Perth nach Melbourne nur ein Katzensprung. Weil ein braver Sohn seiner Mutter glaubt, auch wenn er fünf Millionen Katzensprünge errechnet, betrat ich am 22. Juli 1972 in Perth erstmals australischen Boden.

Wenn man neu in einem Stand ist, weiß man nicht recht, was sich gehört. Ich hätte mich nach meiner Ankunft beim Sekretär des Erzbischofs melden sollen. Aber ich kam gar nicht auf die Idee. Ich wohnte bei einem Busfahrer, dem Bruder der Bekannten meiner Mutter. Jeden Tag ging ich über eine Stunde, zum Teil bei glühender Hitze, in eine Gemeinde, die von Franziskanern aus Malta betreut wurde, die mir erlaubt hatten, dort die Messe zu halten.

Nach fünf Wochen wurde mir gesagt, dass der Erzbischof mich zum Nachmittagskaffee einlade. Es war aber mehr eine Vorladung mit der Faust. Der Erzbischof fragte mich, wo ich denn wohne und ob es eine gute katholische Familie sei. Ich antwortete ihm: „Exzellenz, entscheiden Sie das selbst. Die Frau in der Familie ist Spanierin und katholisch. Der Mann ist Anglikaner. Die Schwester von dem Mann und ihre beiden Töchter sind praktizierende Mormonen und der Mann der Schwester ist ungläubiger Lutheraner. Der Erzbischof war wohl nicht überwältigt von der Katholizität dieser Familie und arrangierte drei gute Dinge für mich. Er sagte: „Damit Sie besser Englisch lernen, gehen Sie in das Redemptoristenkloster." Darüber war ich sehr froh, denn danach hatte ich mich gesehnt, aber ich hätte mir nie getraut, von mir aus so einen Vorschlag zu machen. Das Zweite war, dass er mich bei Bischof Johannes Jobst in Broome einführte, und das Dritte, dass er mich mit Dr. Eduard von Perger bekannt machte, der zu derzeit Dozent für Philosophie an der westaustralischen Universität war. Außerdem war er Mitglied der Liturgiekommission des Erzbischofs.

In Perth war ich nicht mit schwieriger Liturgie konfrontiert, sondern hielt nur die einfache Messe. Ich durfte auch keine Beichte hören. Das ist einem neugeweihten Priester im ersten Jahr nicht gestattet. Da ich zuvor des Öfteren Redner auf Kongressen war, hatte ich keine Furcht vor dem Predigen, aber sehr vor Liturgiehandlungen.

Als ich einmal wieder in Deutschland war, weilte ich vor Ostern in der Gustav-Sieverth-Akademie in Bierbronnen. Es hieß, dass ein Pater kommen werde, um die Osterliturgie zu halten; aber zwei Tage vor der Heiligen Woche wurde er krank. Ich wurde gefragt, ob ich das machen würde. Ich hatte Angst, zumal mein Bruder sagte: „Die Osterliturgie!! Davor haben sogar die erfahrensten Priester Angst." Es lagen zwar Liturgiebücher vor, aber es war niemand da, den ich fragen konnte. Aber alles lief gut. Den einzigen Fehler, den ich machte, war, dass ich in das Weihrauchfass nicht neu Weihrauchharz auflegte. Mit den alten Resten drin roch es dann etwas fad. Danach bekam ich Vertrauen in meine liturgischen Fähigkeiten als Priester.

Im Jahr 1974 rief mich der Großprior der Dominikaner aus Wien an. Die Dominikaner haben zwei Provinzen. Die eine besteht aus Österreich und Bayern und die andere aus dem Rest Deutschlands. Er schlug vor, dass ich zusammen mit Pater Christoph von Schönborn, der jetzt Kardinal in Wien ist, eine theologische Fortbildung über Thomas von Aquin für die dominikanischen Jungtheologen abhalten solle. Als ich einwandte, dass ich Thomas von Aquin nie gelesen habe, meinte er, dass das nichts schadete und dass sie in der glücklichen Lage seien, die nicht geänderte Originalausgabe der *Summa Theologica* in Latein zu besitzen. Daraufhin sagte ich ihm, dass ich ihn wieder enttäuschen müsse, denn ich könne kaum Latein. Er meinte, dass auch das kein Problem wäre, weil er mir seinen besten Latinisten zur Verfügung stellen würde und sie ja auch 14 deutsche Übersetzungen greifbar hätten. Er schlug vor, dass ich 14 Tage früher komme, um mich einzuarbeiten. Ich nahm das Angebot an und alles verlief sehr gut und war hochinteressant. Während des Kursus fand eine wunderschöne Festmesse mit Chorgesängen der Mönche in der riesigen Dominikanerkirche statt. Ich war der Alleinzelebrant und betete wieder, dass mich der Heilige Geist führen möge, und es verlief auch alles ganz glatt.

In Deutschland war es uns damals verboten, in der Gemeinde, wo wir wohnten, und im direkten Umfeld Messen zu halten. Aber wir wurden immer wieder gebeten, Messen an der anderen Seiten von München zu halten. Der Bischof begründete das damit, dass, wenn wir in der eigenen Gemeinde damit anfingen, die Leute ständig an unsere Tür klopfen würden: „Da können Sie nur Ihr Haus verkaufen und umziehen!" Allerdings hielten uns dann einige Leute aus der Umgebung für evtl. abgefallene Priester, weil sie uns nie in der Pfarrkirche unseres Wohnbereichs zelebrieren sahen.

Mittlerweile (2005) – nach einem Drittel Jahrhundert – ist es anders. Mein Bruder hält jetzt als 75-Jähriger heilige Messen in dem uralten bayrischen Ort Thanning, in welchem er mit unserer 102-jährigen Mutter das Pfarrhaus in Miete hat. In der Zeit fürchterlicher Hungersnot bis 1949 war er auf dem Pfarrgut Thanning als Erntehelfer tätig gewesen. Die nun alten Bauern wuchsen mit ihm auf und für die Jüngeren ist er wie ein legendäres Utensil von Thanning. Er sagt, die Mutter, die Leute und wir alle freuen uns sehr über diese Lösung durch das bayrische Erzbistum.

Zurück nach Perth 1972. Ich bekam Kontakt zur University of Western Australia und zum West Australian Institute of Technology (WAIT). Schon etwa vier Wochen nach meiner Landung wurde ich von beiden Institutionen zu einem Kolloquium eingeladen, zuerst von der Universität Westaustraliens. Bei dem Kolloquium, an dem hauptsächlich Professoren und deren Assistenten, aber auch einige fortgeschrittene Studenten teilnahmen, wurde ich von dem Dekan vorgestellt als „Father Bernhard – seit fünf Wochen". Alle schauten erstaunt auf. Der Dekan erklärte, sie seien sehr interessiert an meinen wissenschaftlichen Forschungen, aber nicht an religiösen Fragen. Ich hielt, wie vorgesehen, einen eineinhalbstündigen Vortrag. Danach gab es noch stundenlange Diskussionen. Etwa eine Stunde lang wurde über meine wissenschaftliche Tätigkeit gesprochen und dann kam die Frage, warum ich als Wissenschaftler Priester geworden sei. Gegen den Wunsch des Dekans ging das Gespräch lange und ausschließlich auf religiöse Dinge über.

Ein Professor, William Honig, aus Amerika, der sein Sabbatjahr an der Universität verbrachte, war äußerst aufgeregt und bot an, mich ins Kloster zu fahren. Er war so erregt, dass er gar nicht auf den Verkehr achtete, bei Rot über eine Ampel fuhr und nur im letzten Moment einen Zusammenstoß verhinderte. Ich dachte, dass ich nicht lebend ins Kloster kommen würde. Er fragte mich, ob ich jeden Tag das Brevier beten und die Messe zelebrieren würde. Ich bejahte es. Dann sagte er so ähnlich wie: „Ja, ich verstehe. Als Wissenschaftler haben Sie Weltruf, und jetzt hören Sie auf mit der Wissenschaft und leisten sich den Luxus, auf fromm zu schalten." Ich erwiderte, dass ich gar nicht aufhören könne, weil ich unter der Bedingung geweiht worden sei, weiter wissenschaftlich zu arbeiten und damit den Kontakt zu Wissenschaft und Industrie herzustellen. Das beruhigte ihn einigermaßen. Inzwischen waren wir im Kloster angelangt. Der Professor – ein Jude – und die Patres verstanden sich bestens. Der Professor bemerkte danach, dass er mich nun besser verstünde und dass man wohl nirgends so gut wissenschaftlich arbeiten könne, wie dort im Kloster, wo ich mich um nichts zu kümmern bräuchte und Essen, Zimmer und Frieden hätte. Er sah darin eine Motivierung, fromm zu sein! Ich hütete mich aber, mich jemals wieder von ihm fahren zu lassen.

Angeregt durch das Kolloquium an der westaustralischen Universität, wurde ein weiteres Kolloquium an dem westaustralischen Institute of Technology abgehalten. Wieder wurde ich als Wissenschaftler vorgestellt, der vor kurzer Zeit zum Priester geweiht wurde. Der Dekan sagte, dass man an meinen wissenschaftlichen Arbeiten außerordentlich interessiert sei, aber auch an der Frage, warum ich Priester geworden sei. Egal, wie die Einführung lautete – alles verlief genauso wie bei dem ersten Kolloquium. Ich hielt meinen Vortrag. In der nachfolgenden Diskussion griff das Plenum wieder erst die wissenschaftlichen Themen auf, und – nach etwa 1 bis 1 1/2 Stunden – wurde lange und ausschließlich das Spirituelle diskutiert. Später sagte mir Bischhof Jobst, dass die beiden Kolloquien unermessliche Auswirkungen hätten.

Einmal besuchte ich die Sternwarte in der Nähe von Perth und fragte nach einem Bekannten von mir, dem Wissenschaftler Nikolov, ein Bulgare, der nach dem Krieg mit seinem psychologischen Geschick die Demontage der Wiener Sternwarte verhindert hatte. Nikolov war nicht anwesend, aber der Leiter bot an, mir die Einrichtung zu zeigen. Er redete auch über die Probleme, die durch die Verständnislosigkeit der Behörden für die Wissenschaftler entstehen. Es nahm ihn wohl seelisch sehr mit. Kurze Zeit später starb er. Durch Zugang zu der Bibliothek und Kontakt zu Nikolov und anderen Wissenschaftlern blieb ich immer auf dem Laufenden in der Forschung.

Nach meiner Weihe kam ich jedes Jahr einmal nach Australien. Ich hatte inoffizielle, intensive Kontakte mit führenden Persönlichkeiten Australiens; alles war wie schwebend. Schon viel früher war mir klar geworden, dass die großen Entscheidungen unauffällig vor-vollzogen werden; von „Grauen Eminenzen" im Hintergrund; nach Dienstschluss in einem Präsidialbüro bei einer „guten Flasche Wein"; bei Spaziergängen oder beim Abendessen; anlässlich von Künstlerfesten oder Faschingsbelustigungen. Das berühmte Buch *New Lies For Old*, das den kommunistischen Umbruch konkret ankündigte und einleitete, wurde 1981 von einem Russen, Anatol Golizijn, geschrieben. Dieser war KGB-Offizier nur im Rang eines Majors (niedrigster Stabsoffizier). Als ich aber dann durch persönliche Kontakte herausbrachte, dass er der „Berichterstatter" schon für Nikita Chruschtschow bis zu Leonid Breschnev war, ging mir ein Licht auf.

Es ging um meine Projekte „Beseitigung der radioaktiven Abfälle der Erde", die „Mineralöl-Steuergesetzgebung zur Lenkung des Umweltschutzes", um Ressourcenerschöpfung und Energieversorgung; um die Weltgesundheit. Es waren sehr interessante Beziehungen zu den australischen Commissioners, Ministern und Universitäten. Mein Bruder hatte eine Erfindung über Kollektoren für Sonnenenergie gemacht und beteiligte die australische Regierung zur Hälfte an den Rechten, weil er sich sagte, dass es besser sei, so einen Elefanten halb zu beteiligen, als alles allein durchzuziehen. Das Patent wurde erteilt, aber mein Bruder vergaß, die Patentgebühren zu zahlen. Hinterher sagte er, dass die Erfindung sowieso nicht viel taugte. Ich sagte das dem Commissioner, Bruce Kirkwood. Dessen Antwort war: „Was? Wir verwenden die Erfindung doch mit Erfolg. Uns stört es nicht, wenn kein Patent vorliegt, denn wir haben doch keine Konkurrenz." Wir aber waren froh, dass wir wieder eine Last weniger hatten.

In Canberra fand im Jahr 1978 eine Konferenz über internationale Energiepolitik statt. Mein Bruder nahm als Vertreter der Bundesregierung daran teil und machte bei der Gelegenheit auch einen Besuch beim deutschen Botschafter Dr. Blomeyer-Bartenstein. Dieser erzählte ihm, dass der deutschsprachige Priester in Croydon/Sydney seelisch zusammengebrochen und nach Deutschland zurückgeflogen worden sei. Er bat meinen Bruder, die Gemeinde zu besuchen und zu sehen, was dort los war. Daraufhin reiste mein Bruder nach Sydney und sprach mit den Gemeindemitgliedern, die sehr unglücklich über die Situation waren. Sie baten ihn, ihre Gemeinde für eine Weile aushilfsweise zu betreuen.

Ich saß zu Hause in München, als der Generalsekretär für Auslandsseelsorge – Pater Guntermann, ein Dominikaner – aus Bad Godesberg anrief und sagte, dass mein Bruder bereit wäre, für eine Weile als Pfarrer in Sydney tätig zu sein. Das ginge aber nur in Union mit mir, weil immer einer von uns beiden in Europa für Konsultationen zur Verfügung stehen müsse. Was ich dazu meinte. Ich wollte sagen: „Ja, aber ich sehe im Moment keine

Möglichkeit." Aber kaum hatte ich „Ja" gesagt, als er „Danke sehr" rief und aufhängte. Ich rief sofort zurück, bekam aber keine Verbindung mehr. Drei Tage später kam von der Bischofskonferenz schon die Genehmigung. Später erfuhr ich von Kardinal Ratzinger, der damals Vorsitzender der Bischofskonferenz war, dass man es gar nicht wahrgenommen habe, dass es sich bei dem Auslandspfarrer um uns handelte, sonst hätte man es nicht genehmigt. Das Ganze war eine Überrumpelung. Bischof Graber und Kardinal Ratzinger sagten später, dass von sechs Wochen die Rede gewesen sei. Aber in Wirklichkeit wurden zweieinhalb Jahre daraus. Mein Bruder und ich wechselten uns alle halbe Jahre ab, weil keiner von uns beiden länger als sechs Monate aus Deutschland fort sein sollte, was zur Folge hatte, dass einer von uns immer Sommer und der andere immer Winter hatte!

Schließlich rief Bischof Graber an und sagte mir, dass es nicht so weitergehen könne. Joseph Ratzinger war zu der Zeit Kardinal in München, und ich traf mich mit ihm zu einem Gespräch. Er sagte, dass er ja nur Gutes von meiner Pfarrtätigkeit in Australien höre, aber dass das auch ein anderer machen könne. Die Intention meiner Weihe sei, dass ich meine wissenschaftliche Arbeit fortführe und für die Kirche zur Beratung auf höherer Ebene da sei. Ich zeigte ihm, was ich inzwischen alles publiziert hatte. Obwohl es ihn anscheinend beeindruckte, ließ er sich nicht umstimmen. Ich verteidigte mich sehr dezent, indem ich sagte: „Eminenz, Sie haben vorhin als so lobenswert gepriesen, dass meine Tätigkeit eine Bereicherung für die Gemeinde gewesen sei. Ich kann Ihnen sagen, dass es eine noch größere Bereicherung für mich war. Wenn ich heute einen Bericht an den Heiligen Vater oder an Sie schreibe, dann profitiert er von der Erfahrung aus der Basis." Das Gespräch endete, indem Kardinal Ratzinger resolut sagte: „Wenn Sie zu Ihren wissenschaftlichen und theologischen Arbeiten in Australien kommen, ist es recht, und wenn Sie nicht dazu kommen, ist es schlecht."

Als ich Papst Johannes Paul II. zum ersten Mal traf, war ich in Begleitung von Bischof Stimpfle und seinem Sekretär sowie dem Kronprinzen von Bayern, Prinz Ferdinand, und seiner Frau. Der Papst schüttelte meine Hand und sagte zu mir: „Sie sind *der* Theologe." Ich antwortete: „Heiliger Vater, ich bin Physiker." Er schmunzelte und sagte wieder: „Sie sind *der* Theologe" und fügte hinzu: „Sie bleiben doch jetzt immer bei uns?" Ich sagte: „Heiliger Vater, ich bin jetzt in Australien." Ich merkte, dass er sehr enttäuscht war. Am nächsten Tag sagte mir der Vizedirektor der Specula Vatikana, wo ich in den oberen Räumen wohnte, es sei durchgekommen, dass ich für immer in dem Palast wohnen könne. Ich nahm das Angebot nicht an. Vielleicht habe ich das falsch gemacht. Später einmal sagte mir der Privatassistent des Papstes, Erwin Enders, ich sei dafür geweiht worden, als Mann der Kirche mit dem Ohr an der Welt Berichte zu schreiben, und ich würde viel zu selten nach Rom kommen und viel zu wenig berichten. Leider hat er da Recht gehabt. Ich hatte damals Sorge, dass ich in Rom in Machtkämpfe und Intrigen verwickelt werden würde. Wie überall in so gigantischen Organisationen gab es auch in der Kirche verschiedene Gruppen. Es waren vor allem die extrem Konservativen einerseits und die Liberalen andererseits und zudem die U 2 Loge, die auf allen möglichen Wegen versuchten, Einfluss zu nehmen. Ich wollte dort nicht als Spielball und Schachbrettfigur hineinkommen.

Viele Jahre später (1994), als ich wieder einmal in Perth war, lernte ich einen jungen Studenten, Alfons Lemm, kennen. Er zeigte großes Interesse an meiner Arbeit, und ich gab ihm das Manuskript des Buchs *Offenbarung*, an dem ich damals arbeitete, zu lesen. Er sprach darüber mit einigen Freunden, die mich gern selber kennenlernen wollten. So wurden mehrere Treffen vereinbart. Zuerst kamen drei, beim nächsten mal sieben, dann über zwanzig und zum Schluss fünfundsechzig junge Menschen. Es war ein buntes Gemisch aus Katholiken, Anglikanern, Agnostikern, Atheisten und

Sozialisten. Die Begegnungen waren äußerst fruchtbar und zeigten mir, wie sehr junge Menschen nach Antworten auch im spirituellen Bereich suchen. Neun der Studenten luden mich ein, mit ihnen eine Woche lang Urlaub in den Porongurup Ranges zu machen. Es waren für uns alle erfreuliche und erlebnisreiche Tage. Auch heute noch, zehn Jahre später, werde ich von den Teilnehmern ersucht, sie wieder zu treffen.

Ich reiste weiterhin zwischen Deutschland und Australien hin und her. In Perth und Sydney wohnte ich immer bei den Redemptoristen. Einmal, als ich in Perth weilte, rief mich Pfarrer Dr. Franz Oitzinger an und fragte mich, ob ich ihn einmal zwei Monate lang in der St.-Christophorus-Gemeinde in Melbourne vertreten könne, weil er nach Deutschland reisen wolle. Ich sagte zu und machte mich schnellstens auf den Weg nach Melbourne, wo ich dann zweimal für ein Jahr als Pfarrer hängen blieb.

Auf einer meiner Reisen von Deutschland nach Australien wurde mein Flug für 11 Tage in Singapur unterbrochen, weil in Australien ein großer Streik der Piloten stattfand und alle Flughäfen stillgelegt waren. Die Passagiere wurden auf Kosten der Singapore Airlines im Royal Ramada Hotel untergebracht. Ich wollte mir den 5 m großen Komodo-Drachen anschauen, den Präsident Sokarno dem berühmten Zoo von Singapur geschenkt hatte. Der Drache war inzwischen gestorben, aber es war ein kleinerer, 3 m langer zu sehen. Auf dem Rückweg ins Hotel fragte ich den Taxifahrer nach einer katholischen Kirche. Er zeigte mir die große „Novena Church" der Redemptoristen, etwa 10 Minuten zu Fuß vom Hotel. Ich traf in Ostasien immer wieder auf Redemptoristen, die mich kannten; wie eine große Familie. Der Rektor der Novena Church sagte mir: „Wir können Sie leider nicht unterbringen, weil wir gerade Generalkapitel haben und manche Patres sogar in der Bibliothek schlafen müssen." Ich wehrte ab und sagte: „Das ist nicht nötig; ich will nur hier zelebrieren. Ich wohne auf Kosten der Singapore Airlines im Royal Ramada Hotel." Er fragte: „Wie lange sind Sie denn schon hier?" „Zwei Tage." Er schaute ziemlich skeptisch drein. Als ich ins Hotel zurückkam, standen viele Passagiere im Foyer herum und schauten düster drein, wie ein Revolutionskomitee. Man fragte mich: „Was machen denn Sie? Die Airlines müssen in Ausnahmefällen nur zwei Tage bezahlen." Ich sagte: „Ich gehe ins Kloster." Die Leute lachten, weil sie meinten, es sei ein Witz. Reumütig schlich ich wieder zu den Redemptoristen zurück. Dort fragte der Pater: „Ja, wussten Sie denn nicht, dass die Airlines nur für zwei Tage zahlen?" Dann fuhr er fort: „Ich habe mir schon gedacht, dass Sie wiederkommen würden, und habe Sie bei den Good Shepherd Sisters untergebracht." Der Streik dauerte im ganzen elf Tage, und ich war für den Rest der Zeit wunderbar bei den Schwestern untergebracht.

Ich bekam Kontakt zum Nuntius von Singapur, zum Nuntius von Thailand und zum Erzbischof, Gregory Jong, und wurde als Berater einbezogen in außerordentlich fruchtbare Gespräche, die sich um die Gesetzgebung von Lee Kuan Yew drehten. Dabei lernte ich die asiatische Diplomatie aus erster Hand kennen und bewunderte, wie elegant die Chinesen die schwierigsten Probleme lösen.

Auf meinen Reisen war ich immer in der Lage, reichhaltigste Informationen zu erhalten, aber auch geben zu können. Es war eine Art Nachrichtenhandel. Man bekommt ja nur interessante Informationen, wenn man auch interessante gibt. Man muss das mit großem Feingefühl handhaben, dass man nicht Dinge preisgibt, die nicht unbedingt an die Öffentlichkeit kommen sollen. Solche Gespräche umfassten sogar höchst wichtige strategische Informationen der NATO und des amerikanischen Generalstabs.

Auf meinen Reisen lernte ich auch Malaysia kennen. Professor Felix Haser, Chefgeologe der Regierung, fuhr mich durch das ganze Land. Wir kamen auch nach Penang, wo ich einige Industriebesuche machen wollte, wie es mein Bischof von mir wünschte. Ich wohnte im Kloster der guten Hirtinnen. Um Kontakt mit Firmen aufzunehmen, rief ich den deutschen Konsul an, der aber nicht da war. Aber seine Sekretärin gab mir vier Firmen an. Eine davon war die in vielen Ländern vertretene Firma ITT, mit der ich gute Verbindungen in Deutschland hatte.

Ich rief den Geschäftsführer, Dr. Mederlet, an. Der war zurückhaltend und sagte, er hätte nur 10 Minuten Zeit. Aus den 10 Minuten wurden aber viereinhalb Stunden. Wir sprachen zuerst über allgemeine Technik. Dann ging das Gespräch auf religiöse Dinge über. Dr. Mederlet sagte: „Das würde sicher auch unseren technischen Direktor, Dr. Fischer, interessieren." Der kam dazu und sagte, dass das doch auch den Produktionsleiter interessieren würde. Als dieser dann hinzukam, aßen wir alle gemeinsam zu Mittag. Schließlich sagte Dr. Fischer: „Wir haben ja noch gar nicht über Ihren Transformator gesprochen." Durch die Hitze und die vielen Gespräche war das Wissen über meinen Transformator in meinem Kopf total gelöscht. Ich kannte nicht einmal die eigenen Typen mehr! Ich saß ratlos da. Dr. Fischer nahm ein Stück Papier und sagte: „Das sind die Joche innen und das ist der Kern, und die Joche sind doch bei Ihnen oben etwas breiter, nicht wahr?" „Ja", sagte ich. Langsam kam ich wieder in das Technische hinein und nach 10 Minuten war wieder alles gegenwärtig. Dr. Mederlet brach das Thema ab mit der Bemerkung: „Der Transformator wird genommen." Das Gespräch ging dann aber schnell wieder auf religiöse Dinge über. Dr. Mederlet wollte wissen, ob er vielleicht einmal das Kloster besuchen könne, und ich merkte, dass er offenbar eine große Achtung vor solchen religiösen Institutionen hatte. Ich sagte, dass das selbstverständlich möglich sei. Reich beladen mit Radiogeräten und allen möglichen Geschenken für die Schwestern, zogen Professor Haser und ich wieder ab. Leider kam ich nicht mehr dazu, die anderen drei Firmen zu besuchen.

Wenn ich in Deutschland war, musste ich oft Vorträge halten, vor allem bei den Johanniter- und Malteserorden, beim Christlichen Jugenddorf-werk Deutschlands und bei dem Internationalen Verein Christlicher Geschäftsleute IVCG. Die Veranstaltungen fanden in verschiedenen Städten Deutschlands, Österreichs und der Schweiz statt. Dabei ging es um religiöse Themen, die aber auch eine gewisse Relevanz für das Geschäftsleben und die Wissenschaften haben sollten. Für die IVCG-Treffen wurde immer ein Hotel für 300 Delegierte gebucht. Nur wenn mein Name auf dem Programm stand, mussten zwei Hotels für 600 Teilnehmer gebucht werden. Man sieht daran, wie sehr die Menschen an der Verbindung zwischen Wissenschaft und Religion, die ich vertrete, interessiert sind. Es gingen Honorare über 100 000 DM ein, die ich nach Manila in den Trust Fund überweisen ließ.

Ich war fasziniert von Australien, dem Land und den Farmen. Überall, wo ich hinkam, bekam ich sehr schnell Kontakt zu den Farmern. In New Norcia beobachtete ich, dass die Patres, die doch nun schon seit 100 Jahren dort ansässig sind, keine Beziehungen zu den Farmern der Umgebung hatten. Ich brauchte dazu nur eine Woche! Die Farmer freuten sich sehr, dass einmal jemand vom Kloster vorbeikam. Seit 1986 bin ich „Permanent Resident" in Australien. Im Jahr 1997 erwarb ich eine kleine Wohnung auf dem Gelände des St. Thomas Retirement Village in Forest Hill/Melbourne. Das ist meine erste eigene Wohnung! Dort fühle ich mich äußerst wohl. Seit einem Herzinfarkt im Jahr 1998 kann ich nicht mehr nach Deutschland reisen, aber ich habe täglich telefonischen Kontakt mit meinem Bruder und unserer Mutter.

Die Philberth-Foundation

Ich lebte einige Zeit lang in New Norcia, einem bekannten Klosterdorf im australischen Outback, 1 1/2 Autostunden von Perth entfernt. Dort lebten auch fünf philippinische Schwestern und ihre Oberin, die in der Schule Unterricht gaben. Der „Prior-Administratus" (Abt-Funktion in einem Interregnum), Pater Justin OSB, sagte mir, ich solle mal zu ihnen hinübergehen, um ihnen gut zuzureden. Sie fühlten sich nicht wohl in dem fremden Umfeld und überlegten, wieder fortzugehen. Die Oberin erzählte mir, dass ihr Bruder, der Zahnarzt in den Philippinen war, aus Gesundheitsgründen Schwierigkeiten hatte, seine Familie zu ernähren. Sie fragte mich, ob ich vielleicht das Studium der einen Tochter finanzieren könne. Ich erklärte mich dazu bereit, was auch dazu beitrug, dass die Schwestern vorläufig in Australien blieben. Clementine war meine erste Stipendiatin. Inzwischen sind es über 2.000 abgeschlossene Studien.

Bei einer Visitation in Australien lud mich die philippinische Provinzoberin, Angelika Leviste, ein, bei meiner nächsten Reise über die Philippinen statt über Singapur zu reisen und für 14 Tage in der Scholastica Priory zu wohnen. Das tat ich auch. Wie überall, wo ich hinkomme, werde ich verwickelt in ethnische, soziale und amtliche Angelegenheiten. Dreimal besuchte ich in Manila ein Altersheim, wo großes Elend herrschte, aber die Menschen äußerst liebenswürdig waren. Es war tiefstergreifend. Man erzählte mir auch von den Elendsgebieten, und ich machte dort vier Besuche, einmal mit den Schwestern, einmal mit Lehrern, einmal mit einem Sozialarbeiter und einmal ganz allein, was aber nicht so recht gebilligt wurde. Ich war zutiefst beeindruckt von dem hohen moralischen Standard der Leute. Es gibt keine Kanalisation und die Fäkalien fließen zwischen den zusammengenagelten Bretterbuden. Aber die Menschen sind am Körper blitzsauber und ihre

Kleidung frisch gewaschen. Ich empfand keinen Neid oder Hass der Leute, sondern nur, dass man Angst um meine Person hatte, weil unter Präsident Marcos einige Priester spurlos verschwunden waren. Ich rechnete aus, dass in dem großen Gebiet ein Mensch auf 0,96 qm lebt. Die Menschen können beim Schlafen nicht einmal die Füße ausstrecken. Sie sammeln Altpapier auf den Schutthalden, um etwas zu verdienen. Bilder aus Illustrierten, die ihnen gefallen, schneiden sie aus und kleben sie in den Hütten an die Wand. Mir fiel auf, dass darunter kein einziges obszönes Bild war, sondern es waren Bilder vom Kruzifix und den Namenspatronen (40 %), prunkvolle Marien- oder Heiligenbilder (50 %), aber auch modische Fotos, vor allem von Pelz- moden oder Schmuck (10 %). Das Erlebnis ergriff mich so tief, dass mein Bruder und ich uns entschlossen, unsere Ersparnisse in einer Stiftung für die Ausbildung armer philippinischer Jugendlicher und Kinder anzulegen.

Wie Karl Philberth dazu ausführt, will die Ph-Stiftung Jugendlichen die Gelegenheit zur Ausbildung für einen erstrebten Beruf geben. Der Grundge- danke ist: Die Missionary Benedictine Sisters wählen und betreuen die Sti- pendiaten, Bernhard und Karl Philberth sorgen für die Finanzierung.

Karl Philberth erklärt: „Bettelaktionen zum Sammeln von Geld (‚fund raising‘) haben wir nie unternommen. Der Löwenanteil des Geldes für die Stiftung stammt aus unserer eigenen Tasche, ein kleinerer Teil von hoch- herzigen Spendern. Die benötigten Mittel konnten wir aufbringen, weil wir von Jugend auf an eine sparsame Lebenshaltung gewöhnt sind und vor allem weil unsere erst im Alter von 103 ½ Jahren verstorbene Mutter von ihrer Pension als Beamtenwitwe nur einen bescheidenen Teil für sich brauchte. In bester menschlicher und sachlicher Zusammenarbeit mit einem ausge- zeichneten Ökonomen der Steyler Missionare konnte das Geld höchst er- tragreich angelegt werden. Die zuständige Angestellte auf der Bank – auch eine Filipina – fragte einmal meinen Bruder Bernhard, ob seine günstige

Anlagestrategie auf Insiderwissen beruhe. Seine Antwort war: „Nein, das sind die Schutzengel der Stipendiaten."

Mit den Schwestern ist vereinbart, dass sie Bewerber aussuchen, die bedürftig, würdig und geeignet sind. Dagegen wird nicht verlangt, dass ein Bewerber besonders guter Christ oder gar Priesteranwärter ist. Wir wollen niemand in Versuchung führen, wegen materieller Vorteile die eigene Überzeugung zu verraten. Die Missionary Benedictine Sisters haben auf den Philippinen 19 Häuser. Jedes davon darf eine Zahl von Bewerbern vorschlagen; die endgültige Entscheidung über die Annahme fällt das Mutterhaus in Manila. Jeder Stipendiat hat eine „sponsoring Sister", das ist eine Schwester, die ihn oder sie auf dem Studienweg begleitet und an die er oder sie sich mit allen Anliegen wenden kann. Die Ph-Stiftung ist eine vom Geiste Christi getragene lebendige Familie. Es ist eine Großfamilie mit rund 2000 noch studierenden und schon berufstätigen Angehörigen.

Die Schwestern betreiben die Stiftung mit voller Hingabe und sehen darin nicht nur einen Akt der persönlichen Liebe zu den einzelnen Stipendiaten, sondern auch einen Weg ihres Vaterlandes aus der Armut. Eine die Detailarbeiten durchführende Angestellte, welche von den Stipendiaten zärtlich „Tante Rose" bezeichnet wurde, haben wir einmal gefragt, wie es ihr möglich sei, derart ausführliche Arbeiten fehlerlos durchzuführen. Ihre Antwort war: „Es ist harte Arbeit und zärtliche Liebe für Ihre Stiftung." Genau das gilt auch für die Arbeit der Schwestern an der Ph-Stiftung. So möchten mein Bruder und ich die Gelegenheit wahrnehmen, diese fruchtbare und gesegnete Arbeit der Schwestern anzuerkennen und ihnen dafür herzlich zu danken."

Nachstehend fünf kurze Berichte von ehemaligen Philberth-Stipendiaten

Übersetzt von Dr. Walter Uhlenbruch, AO, KLJ

Clementine Posadas Miranda

Erste Stipendiatin der Philberth-Stiftung Manila

Ich bin eines von sechs Kindern – ich habe vier Schwestern und zwei Brüder. Mein Vater ist Zahnarzt und meine Mutter ist Hausfrau. Als ich zur höheren Schule ging, studierten meine ältere Schwester und mein älterer Bruder bereits, sodass meine Eltern Schwierigkeiten hatten, unsere Ausbildung zu finanzieren. Selbst meine älteren Geschwister mussten arbeiten, um uns über Wasser zu halten. Mein Vater litt unter schweren Migräneanfällen, während er arbeitete und musste deshalb seinen Beruf aufgeben; so entschloss ich mich, mein Studium zu beenden, um die Ausbildung meiner älteren Geschwister zu sichern.

Die Schwester meiner Mutter, Ordensschwester Winifrieda, arbeitete zu der Zeit in einer Mission in Australien und meine Mutter sprach sie an und erklärte ihr meine Lage. Schwester Winifrieda sprach dann mir Fr. Bernhard und erzählte ihm von unserer schwierigen Situation und er war sofort bereit, mein Studium zu fördern. Ich studierte dann an der „Philippine School of Business Administration-Accounting" und erhielt meinen „Bachelor of Science in Business Administration" im Oktober 1988. Ich erhielt dann im Mai 1989 die Lizenz, als „Certified Public Accountant" (CPA) [beglaubigter öffentlicher Buchprüfer] zu arbeiten. Als ich danach arbeitete, lag mir vor allem daran, dass meine jüngere Schwester ihr Studium abschließen konnte, und das konnte sie erreichen; sie ist nunmehr eine Krankenschwester und arbeitet in England. Zur Zeit unterstütze ich meine Eltern finanziell und helfe meiner Schwester, die Ausbildung ihrer Kinder zu bezahlen.

Ich bin verheiratet, habe zwei Töchter und lebe mit meiner Familie in Singapur. Ich arbeite als Buchhalterin in der Niederlassung der Philippinischen Nationalbank in Singapur. Ich erinnere meine Töchter immer an meinen schwierigen Anfang und lege ihnen nahe, bedürftigen Filipinos zu helfen, wenn immer sie das können. Ich bin stolz darauf, die erste Studentin der Philberth-Stiftung zu sein, und ich erinnere mich stets mit großer Dankbarkeit an Fr. Bernhards gütige Unterstützung.

Ordensschwester Mary Emmanuel F. Espera OSB
Philbert-Stipendiatin

„Es gilt, etwas zurückzuzahlen" – dieser Satz beschreibt so treffend, was ich jetzt in meinem Leben tun möchte. Gott hat sich immer so großzügig um mich und meine Familie gekümmert. Ein Beispiel des wunderbaren Bildes von Gott als unserem Fürsorger ist das Stipendium der Philberth-Stiftung, das ich während meines Studiums erhielt.

Ich entstamme einer kleinen Familie, ich habe nur einen älteren Bruder. Meine Familie bestritt ihren Unterhalt auf einem kleinen Hof, den mein Vater von meinen Großeltern erbte. Zu der Zeit, wo ich mit meinem Studium beginnen wollte, litt meine Familie unter großen finanziellen Schwierigkeiten, weil mein Bruder einen unvorhersehbaren Unfall hatte. Die Ernten wurden zunehmend unzuverlässiger und dann kamen noch die Taifune hinzu, die oft in unserer Provinz auftreten.

Meine Mutter war damals eine der Ausbilderinnen für Pflegerinnen, sowie eine freiwillige Mitarbeiterin der San Benedito SIPAG-KO, ein soziales Zentrum der St.-Agnes-Akademie – eine von den Benediktinerinnen in Legapi geleitete Institution und sie beantragte ein Stipendium der Philberth-Stiftung für mich. Ich schrieb einen Bewerbungsbrief und Schwester Mary Ann Ramos

OSB akzeptierte mich als einer der Stipendiaten. Begeistert von den Sozialhelferinnen, die ich erlebte, wenn ich meine Mutter bei ihrer Arbeit besuchte, entschloss ich mich, den Kurs für einen „Bachelor of Science in Social Work" zu belegen. Ich bestand die Abschlussprüfung und graduierte im Jahre 2001.

Einige Monate nach meinem Abschluss traf ich eine Person, die einen wesentlichen Einfluss auf die Entdeckung meiner Berufung ausübte. Sie schlug vor, dass ich an eine freiwillige Mitarbeit denken sollte. Ich folgte dieser Anregung und man schickte mich dann zu der Gemeinschaft der Benediktinerinnen in Mindanao und ich arbeitete für ein Jahr in der Seelsorge. Das war der Zeitpunkt, wo ich die Einladung Gottes vernahm, ein religiöses Leben zu führen – das Leben einer Benediktinerin.

Seit meinem Eintritt in das Kloster sind nunmehr acht Jahre verstrichen. Ich verbrachte diese Zeit vornehmlich in der Ausbildung in den verschiedenen Apostolaten der missionarischen Benediktinerinnen der Priorie in Manila. Während meines Noviats und in den Ausbildungsjahren schickte man mich als Gemeindeorganisatorin nach Batangas. Abends lehrte ich über zwei Jahre lang an der höheren Schule des St.-Scholastica-Kollegs in Manila und für ein Jahr arbeitete ich als Sozialhelferin in unserem Heim für obdachlose Familien.

Man sagt, dass es drei Arten von Dankbarkeit gibt: das Gefühl im innersten Herzen, ein Ausdruck durch Worte und den Wunsch, etwas wieder zurückzuzahlen. Für mich ist jetzt der Zeitpunkt gekommen, an dem ich meine Dankbarkeit dadurch ausdrücke, indem ich etwas zurückzahlen möchte. Mir ist so viel geschenkt worden, und was immer ich geben kann, das will ich auf jede mögliche Art als eine missionarische Benediktinerin tun. Mein aufrichtiger Dank an Fr. Philberth! Möge der Herr Sie für Ihre Güte und Großzügigkeit, die Sie uns erwiesen haben, belohnen.

Dass Gott in allen Dingen verherrlicht sein möge!

Ritchie U. Branzuela
Philberth-Stipendiat

Ich bin Ritchie U. Branzuela, 24 Jahre alt, das älteste der drei Kinder von Rex D. Branzuela und seiner Frau. Mein Vater ist ein Bauer, aber er pachtet das Land nur. Meine Mutter arbeitet für die Regierung und erhält nur ein geringes Gehalt, sodass unsere Familie nur mit Schwierigkeiten überlebt. Wir leben in Kitaotao, Bukidnon. Ich erzielte meinen Abschluss an der höheren Schule (Kitaotao National High School). Nach meinem Abschluss beabsichtigte ich, mich als Arbeiter oder Bauhelfer zu verdingen, weil meine Eltern so arm waren, dass sie mich nicht zur Universität schicken konnten.

Welch ein Segen für uns, dass meine Mutter auf Schwester Ma Joanne Ungay OSB traf, eine missionarische Benediktinerin aus Kitaotao, die in Dawan, Mati, Davao del Sur arbeitete und die uns an die Philberth-Stiftung verwies. So wurde es mir ermöglicht, meine Universitätsausbildung am Southern De Oro Philippines College (SPC), Cagayan de Oro City, mit dem Grad des „Bachelor of Marine Science" abzuschließen. Ohne dieses Stipendium wäre es für mich unmöglich gewesen, mein Ziel zu erreichen und ein erfolgreicher Seemann zu werden; das was schon seit meiner Kindheit mein Traum.

Die Philberth-Stipendien sind einzigartig. Ganz abgesehen von der finanziellen Hilfe, hat es dazu geführt, dass ich ein besserer und leistungsfähiger Mensch geworden bin durch die Ausbildung, die uns die Benediktinerinnen angedeihen ließen, sowie durch den Austausch unter den Philberth-Studenten. Wir wurden auch individuell weitergebildet, durch Treffen, Einkehrtage und Ähnliches. Während der Weihnachts- und Sommerferien berichteten wir davon während unserer Treffen an den Konvent. Das war eine Verpflichtung, die die Philberth-Studenten eingingen. Ich erlernte den Wert harter Arbeit und andauernder Be-

harrlichkeit von meiner Gemeinschaft. Es fällt mir leicht, mit Menschen unter-
schiedlicher ethnischer und wirtschaftlicher Herkunft klarzukommen.

Nach meinem Universitätsabschluss suchte ich in Manila nach einem Ar-
beitsplatz. Glücklicherweise und mit dem Segen Gottes stellte die Manila Man-
ning Corporation mich im Februar 2009 als Mitglied der Mannschaft der V-
Ship Gesellschaft ein. Zur Zeit arbeite ich auf einem Tanker, der verschiedene
Häfen anläuft, in Europa, Asien, Amerika und Australien. Diese Art der Ar-
beit bringt es mit sich, dass ich mit Kollegen unterschiedlicher Nationalitäten
auskommen muss, ebenso mit verschiedenen Arten von Persönlichkeiten. Aber
ich kann mich auf Grund meiner Erfahrungen als Philberth-Student leicht an-
passen. Meine jetzige Stelle bringt mir ein Einkommen, das meinen persönli-
chen Bedarf und den meiner Familie deckt. Ich unterstütze auch die Ausbildung
meiner beiden jüngeren Schwestern und helfe meiner Familie. Ich verdanke den
Brüdern Philberth meinen Erfolg und das bisher Erreichte. Sie befreiten mich
von den Fesseln der Armut.

Ich danke Gott und dem Philberth-Stipendium. Ich verdanke ihnen all das,
was ich und meine Familie heute sind.

Eugenia Cahansa-Siton
Philberth-Stipendiatin

Ich bin Eugenia Cahasan-Siton, die älteste Tochter von Frau Corazon Lico Un-
gay und Herrn Leonardo Loren Cahansa. Ich habe drei Schwestern. Wir lebten
bisher in Mapait Pangantucan Bukidnon, einem Ort, der sehr weit von der
eigentlichen Stadt entfernt ist. Mein Vater ist ein herkömmlicher Bauer und
meine Mutter ist Hausfrau.

Ich besuchte die Grundschule in Pangantucan und ging dann zur höheren Schule, der Pangantucan High School, die von den Benediktinerinnen geleitet wird. Zu der Zeit wurde ich von ihnen durch die festen christlichen Werte, die sie uns vermittelten, stark beeinflusst. Meine Studienjahre verbrachte ich an der San Isidro Universität in Malaybalay City. Diese Universität wurde ebenfalls von den Benediktinerinnen geleitet. Meine dortige Ausbildung wurde von Fr. Karl und Fr. Bernhard Philberth unterstützt sowie durch die Aufsicht der Benediktinerinnen. Mit Hilfe des Stipendiats erzielte ich den Grad des „Bachelor of Science in Elementary Education".

Mit Gottes Hilfe bestand ich die Lizenzprüfung und man bot mir die Gelegenheit, als fest angestellte Lehrerin an der Grundschule in Kitaotao Bukidnon zu arbeiten. Dieser Ort ist weit von der eigentlichen Stadt entfernt. Ich musste 12 Stunden unterwegs sein, denn es gab keine öffentlichen Transportmittel. Trotz der großen Schwierigkeiten konnte ich zwei Jahre dort lehren und ich verdanke das den Werten der Ausdauer, harter Arbeit, Geduld und Liebe des Dienstes am Nächsten, die die Benediktinerinnen uns vermittelten.

Nach zwei Jahren an der Grundschule in Sagundanun wurde ich zur Bangkai Grundschule in Bangkai, La Roxas, Maramag, Bukidnon versetzt. So kann ich jetzt endlich in meiner eigenen Heimat lehren. Ich bin jetzt verheiratet und habe einen Sohn, der gerade seinen Hochschulabschluss gemacht hat und der, so Gott will, im kommenden Juni zur Universität gehen wird.

Ein Jahr nach meiner Versetzung nach hier wurde ich zum Lehrer Grad II befördert und nach einem weiteren Jahr zum Officer in Charge (OIC) berufen. Mit Gottes Hilfe erreichte ich am 30. März den Abschluss mit dem „Master's Degree in Social Studies".

Ich habe die Beförderungen bekommen, weil die Werte, die die Benediktinerinnen uns vermittelt haben, uns ein Vorbild waren.

Ich verdanke den Benediktinerinnen, vor allem durch die Hilfe und Führung von Schwester Ma Joanne Ungay OSB all meine Erfolge, denn sie bereiteten den Weg, der dazu führte, dass ich das Stipendium von Fr. Karl und dem verstorbenen Fr. Bernhard Philberth erhielt. Ich bin ihnen zu tiefer Dankbarkeit verpflichtet, denn ohne dieses Stipendium wäre ich nie so weit gekommen. Vor allem aber danke ich Gott, der mich geführt und bei all meinen Kämpfen gestärkt hat.

Bianca Lapuz
Philberth-Stipendiatin

Seit ich meine Universitätsausbildung an der Polytechnic University of Philippines, eine der besten Unversitäten des Landes, nach dem Studium des Zeitungswesens mit dem Grad des „Bachelor of Journalism" mit dem hohen Durchschnittswert von 1.58654 abschloss, sind drei Jahre vergangen.

Wenn ich nunmehr Rückblick halte, muss ich ehrlich gestehen, dass ich nicht weiß, wie ich das ohne die Hilfe von Menschen erreicht hätte, die bereit waren, ihre Mittel mit Studenten, so wie ich es war, zu teilen. Letztendlich, wer war ich denn schon? Ich war nur eine Studentin von Tausenden, vielleicht sogar Millionen, die sich so verzweifelt nach einem Ausbildungsabschluss sehnten.

Ich empfand es als Glück und Segen, dass mir die Gelegenheit geboten wurde, eine derjenigen zu sein, die durch die Philberth-Stiftung gefördert wurden. Bis dahin wusste ich eigentlich nicht, was ich tun sollte. Obgleich ich die Aufnahmeprüfung bestanden hatte, fehlten mir im wahrsten Sinne des Wortes die Mittel, meine Ausbildung zu finanzieren. Meine Eltern waren beide arbeitslos, meine ältere Schwester musste ihr Studium für ein Jahr unterbrechen, weil sie noch zu jung war, eine Teilzeitbeschäftigung zu finden. Wir hatten keine Bleibe in Manila, wo die Universität ist – es gab so viele schwerwiegende Hindernisse. Ich neigte daher eher zu der Annahme, dass es so gut wie unmöglich war, das zu ändern.

Aber Gott meint es gut mit uns und ich glaube, dass er uns die Benediktinerinnen des St.-Scholastica-Kollegs geschickt hat, inbesondere Schwester Benita, an die mein Vater sich mit der Bitte um Unterstützung für meine Universitätsausbildung wandte. Anfangs hatte ich vor, bei St. Scholastica zu beginnen, aber wir fürchteten, dass wir selbst mit einem Stipendium nicht in der Lage gewesen wären, die verschiedenen Nebenkosten zu bezahlen. Aber Schwester Benita bot uns an, bei der Suche eines Wohltäters behilflich zu sein. Dabei dachte ich weniger an die Hindernisse, die vor mir lagen, sondern vielmehr daran, dass ich unter allen Umständen meine Ausbildung abschließen wollte. Ich glaube fest daran, dass Gott Wunder wirkt, wenn man sein Herz am rechten Platz hat. Und deshalb glaubte ich, dass Gott mich wissen ließ, dass alles gut sein wird und ich mir keine Sorgen mehr zu machen brauchte, als Sr. Benita meinem Vater sagte, dass man mich als eine Studentin der Stiftung von Fr. Bernhard akzeptiert hatte.

Was immer ich von der Stiftung erhielt, teilte ich mit meiner jüngeren Schwester, die an der Hochschule der gleichen Universität studierte. Wenn ich jetzt zurückschaue, dann wundere ich mich immer wieder, wie wir überlebten und wie ich selbst überleben konnte. Ich erhielt sechstausend Pesos pro Semester von Fr. Philberth und fünfhundert Pesos pro Monat von einem anderen Gönner. Und das half nicht nur mir, sondern auch meiner Schwester. Obwohl wir an Mangel litten, war Gott gut zu uns und ich konnte meinen Abschluss relativ leicht erreichen. Meine Schwester studiert jetzt bereits im zweiten Jahr.

Zur Zeit arbeite ich bei einer internationalen Non-Government Organisation (NGO), die ihren Hauptsitz in Makati hat. So sind wir jetzt in der Lage, eine Wohnung mit Erwerbsrecht in der Stadt zu mieten, die meine Schwester und ich bezahlen; wir sind darüber hinaus in der Lage, die Universitätsausbildung unserer jüngsten Schwester zu finanzieren, und wir kennen keinen Hunger mehr.

Heute studiere ich für den Grad eines Masters an der De La Salle Universität, die uns dafür ein Stipendium gegeben hat. Ich glaube, dass Gott mich mehr und mehr gesegnet hat, nicht um mich wegen meines Namens und meines Einsatzes zu rühmen, sondern um der Welt zu zeigen, was Er für Menschen tun kann, wenn, und nur wenn, sie sich ganz auf Ihn verlassen.

Wenn ich darüber nachdenke, wie ich bis heute dahin gekommen bin, wo ich jetzt bin, dann kann ich Gott nur dafür danken, dass er Fr. Philberth als ein Mittel meines Erfolgs eingesetzt hat. Ich leide an Transverse Myelitis, einer seltenen neurologischen Erkrankung, die das zentrale Nervensystem angreift und die meine Bewegungsfähigkeit, insbesondere das Gehen, einschränkt. Das Leben kann hart sein, aber Glaube und Liebe können Berge versetzen.

Ich hoffe, dass Menschen, die behindert sind, nicht durch das, was sie im Leben erfahren, entmutigt werden. Mein Motto ist: „Strebe nach Änderungen, wo es am wichtigsten ist."

Ich glaube, dass es der Güte Gottes zu verdanken ist, dass ich Menschen treffen durfte, die so viel dazu beigetragen haben, dass ich bescheidene Erfolge erzielen konnte. Ich werde mich immer an das erinnern, was die Schwestern uns vor einigen Jahren bei der Weihnachtsfeier mit auf den Weg gegeben haben: „Gebt immer weiter, was immer ihr im Leben an Wohltaten erfahren habt, gebt sie immer weiter." Das ist mein Leitsatz für heute und für die Zukunft.

Vatikan

Über die Jahre war ich mehrmals zu Gast im Vatikan, wo ich mit verschiedenen Leuten in Kontakt war. Einer davon war der Abbas Primas, Karl Egger, ein Augustiner-Chorherr, der den Papst fast jeden Tag, manchmal sogar zweimal am Tag, sah. Er bearbeitete die Enzykliken und Ex-Cathedra-Erklärungen des Papstes. Mit ihm hatte ich einen dauernden Kontakt, der schon auf meinen Aufenthalt in Regensburg zurückging. Er kam auch zweimal nach München, wo wir uns am Hauptbahnhof trafen und Dinge besprachen, die er dem Papst vorlegte oder wo der Papst Probleme hatte, wie z. B. in der Küng-Affäre.

Ein anderer Gesprächspartner war Abt Augustin Mayer, der aus dem Benediktiner-Kloster Metten kam, sich aber immer in Rom aufhielt, wo er Primus Magister des Benediktiner-Ordens in San Anselmo war. Bevor ich zum Priester geweiht worden war, lud er mich nach Rom ein, wo ich in einem Hotel in der Nähe des Vatikans wohnte. Eines Tages sagte er zu mir: „Heute gehen wir in den Vatikan." Er stellte mich dem Direktor der Vatikanischen Bank und verschiedenen anderen Exponenten vor. Dann gingen wir in einem langen Gang im Staatssekretariat seiner Heiligkeit. Wir waren ganz allein und blieben eine Weile stehen, ohne dass ich den Grund des Besuchs kannte. Dann kam ein mir unbekannter Erzbischof auf uns zu und fragte, ob er mir verschiedene Fragen stellen könnte.

Es ging um Contra Conceptiva. Fast eine halbe Stunde lang stellte er mir ganz gezielte Fragen. Er sprach deutsch mit leichtem Akzent. Ich sagte frei heraus, welche Ansichten ich zu den verschiedenen Punkten hatte. Dann verbeugte er sich, bedankte sich und damit war das Gespräch und – zu meiner Enttäuschung – auch der Besuch beendet. Kurz darauf kam die Enzyklika *Humanae Vitae* heraus, die sich gegen Verhütungsmittel aussprach. Alle Leute waren dagegen. Ich selbst dachte mir, dass sich die Erklärungen des Papstes so anhörten, wie ich es mir auch vorstellte. Schließlich fragte ich mich aber, ob denn der Papst und ich die einzigen Antiquierten seien, die nicht begriffen hatten, worum es ging. Da flickte mich der berühmte deutsche Philosoph und Theologe Dietrich von Hildebrand wieder seelisch zusammen. Ich kannte ihn nicht, hatte aber von ihm gehört. Er schickte mir von sich aus, ich weiß nicht warum, ein Manuskript mit dem Titel „*Humanae Vitae, ein Zeichen des Widerspruchs*". Er stellte zwei Dinge einander gegenüber und sprach von Tag und Nacht, aber an Einzelheiten kann ich mich nicht mehr erinnern. Nachdem ich seine Ausführungen gelesen hatte, war ich wieder voll überzeugt von meiner Position. Als ich wieder einmal in den Vatikan kam, äußerte ich aber doch Bedenken, da ja so viele Menschen dagegen waren. Daraufhin sagte man mir: „Wieso können Sie das sagen? Sie wurden doch konsultiert." Ich hatte aber das Gespräch mit dem Erzbischof nicht als Konsultation aufgefasst.

Ich kam immer wieder mit Augustin Mayer zusammen. Mit seiner Hilfe und Anregung arbeitete ich eine Konstitution aus für einen evangelischen Orden, während ich in Castel Gandolfo wohnte. Das liegt aber nun schon 20 bis 25 Jahre zurück. Augustin Mayer wurde dann Kardinalpräfekt der Kongregation für Liturgie und Sakramente.

Im Jahr 1988 war ich wieder einmal in Rom. Ich hatte mich für eine Dreiviertelstunde mit Augustin (jetzt Kardinal) Mayer in seinem großen Büro über vielerlei unterhalten. Danach sagte er, das Gespräch genüge ihm nicht. Ich möchte doch am nächsten Tag zum Mittagessen kommen. Ich kam zur vorgeschriebenen Zeit und ging in sein Büro. Nachdem er mich zuerst ignoriert hatte, stand er plötzlich auf und deutete mit einer Handbewegung an, dass ich ihm folgen solle. Wir fuhren mit dem Fahrstuhl hinunter, gingen durch mehrere leere Gänge wie in „Tausendundeine Nacht" und kamen an eine Tür, die auf eine Gasse von Alt-Rom führte. Wir gingen die Gasse hinunter zu einer kleinen Wirtschaft. Der Inhaber führte uns durch den Gastraum und einen Hinterhof an einen Tisch, wo wir ganz allein sitzen konnten. Der Kardinal sagte zu mir: „Sie sind ja damals von uns zu der Frage der Empfängnisverhütung konsultiert worden. Wir haben Ihnen selbstverständlich nicht gesagt, dass es eine Konsultation war, weil Sie sicher nicht so frei gesprochen hätten und uns vorgeschlagen hätten, besser einen kompetenteren Mann zu Rate zu ziehen. Sind Sie immer noch der gleichen Ansicht?" Ich antwortete: „Eminenz, ich erinnere mich nicht mehr so recht, was ich damals gesagt habe." Innerhalb von zwanzig Minuten gab er dann ganz genau das damalige Gespräch wieder. Vermutlich hatte er am Abend vorher genaue Aufzeichnungen durchgelesen. Ich bestätigte, dass ich immer noch der gleichen Meinung sei. Er fragte: „Warum?" Ich sagte, dass ich es jetzt nicht genau analysieren könne, aber es basiere auf meiner wissenschaftlichen Überzeugung. Ich hatte einen starken Verdacht, dass, wenn ich mit einer linientreuen Floskel – wie „der Papst hat unfehlbar gesprochen" – gekommen wäre, hätte er mich eventuell für frömmer gehalten als ich bin, aber vermutlich nie wieder konsultiert.

Ähnliche Erfahrungen machte ich immer wieder, etwa mit Josef Kardinal Schröffer bezüglich des von mir original-formulierten Konzilsschemas zum modernen Krieg: Vom Palast in Castel Gandolfo aus, wo ich in der Specula Vatikana weilte, rief ich bei Kardinal Schröffer in Rom an. Als ich seine Schwester – ehemals Ärztin in Eichstätt – fragte, ob sich ihr Bruder noch an mich erinnere, war sie irgendwie beleidigt: „Mit Ihnen ging es doch im Konzil rauf und runter, hin und her." Als ich später in Kardinal Schröffers großem Wohnzimmer wartete, kam er resolut mit einem Buch in der Hand herein. Er fragte: „Was gibt es Wichtiges für die Kirche?" Nach einer Viertelstunde Bericht: „weiter, weiter", nach einer halben Stunde wieder. Nach einer dreiviertel Stunde sagte ich: „Schluss, Eminenz, jetzt würde ich gern etwas Wichtiges von Ihnen hören." Da lachte er und sagte: „Sie wollen doch sicher hören, wie es mit Ihrem Schema im Konzil ging, was er dann auch berichtete. Dann sagte er: „Wie ich Sie kenne, haben Sie den entschiedenen Text gar nicht mehr gelesen." Das war auch so: fertig, draußen, Neues. Nach Abstimmung waren alle Schemen veröffentlicht worden, auch in Deutsch. In der deutschen Rückübersetzung war zwar noch der Inhalt meines deutschen Originaltextes, doch anders formuliert. Nur das letzte Sechstel war etwas mehr geändert. Er fragte mich, ob ich darüber unglücklich sei. Als ich verneinte, fragte er, warum. Meine Antwort: „Ich bin älter geworden und nicht mehr so radikal", befriedigte ihn. Mit frommen Sprüchen wie „Das hohe Konzil hat unfehlbar entschieden" und Ähnlichem wäre ich vermutlich nicht gut angekommen. Ich stellte fest, dass eine ehrliche, von der gängigen katholischen Position unabhängige Beurteilung im Vatikan gesucht und erwartet wurde.

Ich möchte hier kurz sagen, wie es dazu kam, dass man mich in der Frage der Verhütungspille konsultierte. Während meiner Studienzeit war ich bei Professor Schwab, dem so genannten Katalysen-Papst, im Physikalisch-Chemischen Institut eingeschrieben, um eine Doktorarbeit zu schreiben, und hatte das Privileg, die Messungen daheim zu machen. Prof. Schwab kam sogar zu uns nach Haus und schaute sich das an. Ich wurde befreundet mit dem Professor für chemische Technologie, Professor Hüttel. Letzterer veranstaltete jedes Jahr eine Reise für die neu zum Doktor der Chemie Promovierten zu den verschiedenen Werken der chemischen Großindustrie. Für die 40–45 Teilnehmer wurde ein Bus gemietet und übernachtet wurde auf kümmerlichste Art in Jugendherbergen. In den chemischen Werken gab es Arbeitsbesprechungen. Die Direktoren machten die Führung durch das Werk selbst. Man hörte von Problemen und was nicht klappte. Wenn einer meinte, er hätte eine Lösung, konnte er sich gleich bei der Personalabteilung melden. Auf diese Weise kam ich zur deutschen CIBA/Rheinfelden, einem der größten Chemiekonzerne, die es überhaupt gibt. Bei der

Werksführung kamen wir in einen mittelgroßen Raum. Dort stand eine Tablettiermaschine, die jede Sekunde zehn Tabletten ausspuckte. Der Chemiker sagte zu uns: „Das ist unsere Antibabypillenproduktion und das ist 3 % der deutschen Produktion." Ich merkte mir die Zahlen.

Einige Wochen später war der große Katholikentag in München. Es fand eine Vorbesprechung im Hotel *Deutscher Kaiser* zur Programmgestaltung statt. Es ging darum, festzulegen, welche Referenten sprechen sollten und über welche Themen. Es waren vielleicht zwei Dutzend Leute anwesend. Den Vorsitz führte der Verwaltungsgerichtspräsident. Herr S., ein sehr interessanter, aber auch etwas umstrittener Mann, war der Gesprächsführer. Mir gegenüber saß ein Jesuit, Pater Haas. Das Gespräch ging hin und her. Da kam die Frage auf, ob das Problem mit der Antibabypille auf das Programm kommen sollte. Ich ließ die Anwesenden eine Zeit lang diskutieren und dann sagte ich, dass ich ihnen gern eine Geschichte erzählen wolle. Man wandte sich mir zu und ich berichtete, dass ich an einer Führung bei der CIBA teilgenommen hätte und dass eine Tablettiermaschine zehn Antibabypillen pro Sekunde herstelle und dass das 3 % der deutschen Produktion seien. Pater Haas, mir gegenüber, fing an zu rechnen. Er errechnete die Tablettenproduktion pro Jahr, berücksichtigte, dass wahrscheinlich die Hälfte exportiert wurde, und dividierte die Tablettenzahl durch die Zahl der Frauen, die für die Pille in Frage kamen. Daraufhin sagte er: „Ich sehe, dass wir durch die Entwicklung schon überrollt sind, und plädiere für die Absetzung dieses Themas von der Tagung." Ich wandte ein, dass das nicht meine Intention war. Pater Haas sagte – mit einem Blick auf den Präsidenten – zu mir: „Ihr faktischer Bericht ist für uns maßgeblich. Aber die entscheidenden Konsequenzen haben wir zu vollziehen." Das Thema wurde abgesetzt.

In den kommenden Jahren wurde ich immer mehr in diese Problematik gezogen. Ich eröffnete – mit Fest- und Einführungsvortrag – zwei

Ärzteweltkongresse (Speyer und Innsbruck) und hielt u. a. den Schlussvortrag beim Weltärztekongress in Zagreb (unmittelbar vor dem Sturz des Kommunismus).

Eine sehr wichtige Frage für den Vatikan war die der künstlichen Befruchtung. Kardinal Ratzinger ersuchte mich, Verbindung aufzunehmen mit den führenden Wissenschaftlern. Ich hatte auch meine eigene Meinung zu der Frage schon einmal zu Protokoll gegeben. Es war ein Fachbuch über Embryologie von dem kanadischen Professor Keith L. Moore herausgekommen, das von Professor Elke Lütjen-Drecoll in Erlangen ins Deutsche übersetzt worden war. In Erlangen gab es zwei große Institute. Das eine wurde von Professor Dr. Rohen geleitet und das andere von Professor Lütjen-Drecoll. Ich rief dort an und die beiden ersuchten mich, dort hinzukommen. Bei dem Treffen erklärte ich, dass ich nicht vom Fach sei und dass ich eine Reihe von Fragen hätte. Sie wollten wissen, wie viele Fragen, und ich sagte vierzig. Sie ließen sich die Fragen vorlesen und sagten: „Nicht vom Fach??“ Es seien ganz spezifische Fragen, auf die sie gern eingehen würden. Die Konsultation dauerte viele Stunden. Danach sagten sie mir, dass sie mir jederzeit für weitere Fragen zur Verfügung stehen würden. Frau L-D. war Agnostikerin, die an nichts glaubte. Es fiel mir aber auf, dass sie, wie auch die Spitzenphilosophen, die ich in Kiew traf, den Standpunkt der katholischen Kirche zu wissenschaftlich/ethischen Fragen besonders respektierte. Ich sagte im Vatikan, dass ich der Meinung sei, dass eine künstliche Befruchtung ein Eingriff sei, der in der Schöpfungsordnung nicht vorgesehen ist, und dass man sie aus diesem Grunde ablehnen solle. Nur der natürliche Akt des Mannes und die natürliche Empfängnis der Frau seien akzeptabel. Wenn es nicht klappe, müsse man eben verzichten. Ein späterer Gesichtspunkt, den ich bis heute noch nicht lancieren konnte, weil ich nach dieser Idee nicht mehr auf internationalen Kongressen war, ist folgender:

Es gibt eine extrem starke Auslese. Die Ejakulation des Mannes enthält im Durchschnitt 50–200 Millionen Spermien. Sie müssen den Cervix-Schleim durchdringen, den Uterus durchlaufen, in eine der beiden Tuben vorstoßen, bis sie zu dem bereitliegenden Ei kommen. Das schaffen von den hundertmillion Spermien im Durchschnitt nur etwa zehn, d. h: Nur die gesündesten und kräftigsten Spermien können befruchten. Im statistischen Mittel kann es schon einmal vorkommen, dass auch ein weniger vitales durchkommt, aber das ist viel seltener. Auf diese Weise findet eine sehr starke Auslese statt. Das ist vielleicht einer der Hauptgründe, warum das ganze biologische System so gut funktioniert und nicht degeneriert. Wenn man aber jetzt mehrere Eier künstlich mit zugegebenen Spermien befruchtet, ist keine Auslese mehr da. Das kann schon gut gehen, auch hundert- und tausendmal. Aber in Bezug auf die Gesamtpopulation würde es zu einer Degeneration führen. Es gibt inzwischen schon viele solcher Kinder. Sie machen einen gesunden Eindruck und man hat den Eindruck, dass der Mechanismus individuell funktioniert, aber das heißt eben nicht, dass das über die Generationen in Jahrhunderten durchträgt. Es ist auf jeden Fall gegen das, wie es die Schöpfung eingerichtet hat und wie es über eineinhalb Milliarden Jahre so erfolgreich war; angefangen mit den Einzellern bis heute zu den höchsten Säugetieren und dem Menschen.

Es kam innerhalb der Kirche zu schweren Auseinandersetzungen bezüglich der künstlichen Befruchtung. Bevor der Papst Stellung nahm, hatten zwei Bischofskonferenzen stattgefunden, eine in Deutschland und eine in den Vereinigten Staaten. Beide kamen zu dem Schluss, dass künstliche Befruchtung mit dem Sperma des Ehemannes und Implantation in den Uterus der Frau nicht nur erlaubt, sondern auch eine sittliche, positive Entscheidung sei. Zwei oder drei Monate, nachdem ich meine Meinung im Vatikan kundgetan hatte, kam eine Erklärung des Papstes heraus, dass die künstliche Befruchtung abzulehnen sei. Es kam zu furchtbaren Konflikten. Ein an sich als konservativ und papsttreu bekannter amerikanischer Kardinal machte offen Konfrontation gegen den Papst.

Gespräche auf dieser Ebene hatte ich wieder und wieder. Eine andere Angelegenheit, in der ich konsultiert wurde, war die Lefebvre-Bewegung. Sie lehnte die mit dem II. Vatikanischen Konzil eingeführten Neuerungen ab. Man hatte mir erzählt, dass Erzbischof Lefebvre meine Bücher *Der Dreieine* und *Christliche Prophetie und Nuklearenergie* in Econe als eine Art Lehrbuch benutzte. Damals war Lefebvre noch eine große Hoffnung. Es gab liberale Auflösungserscheinungen, die sehr beunruhigend waren. Ohne dass ich konservativ fixiert gewesen wäre, überlegte ich, ob ich zu Lefebvre nach Econe gehen solle. Der Kardinal von München, der wohl schon mehr wusste, wollte es aber nicht.

Einmal war ich zusammen mit Alfons Kardinal Stickler – Expräfekt der Vat. Akademie – nach Wigratzbad eingeladen, wo sich eine Gruppe, die so genannten Petrusbrüder, gebildet hatte, die die Messe grundsätzlich nicht nach dem neuen Ritus feierten. Nachdem sich die Petrusbrüder von Lefebvre gelöst und Rom wieder unterstellt hatten, bekamen sie das Privileg, die Messe nach dem alten Ritus halten zu dürfen. Das war ein Punkt, über den ich mit dem Kardinalpräfekten für Sakramente, Augustin Kardinal Mayer, sprach. Meine Ansicht war, dass man zur Auflage hätte machen sollen, dass wenigstens ab und zu einmal die Messe nach dem neuen Ritus gefeiert werde.

Ich wollte in Wigratzbad die Messe zelebrieren, aber die Patres hatten kein einziges neues Messbuch und es musste eines von der Pfarrkirche in der Nähe geholt werden. Die Patres schätzten und mochten mich und waren enttäuscht von mir, dass ich die Messe nicht nach dem alten Ritus feiern wollte. Schließlich kam das Thema beim Abendessen auf, an dem Kardinal Stickler und ich auch teilnahmen. Da klopfte der Generalabt der Petrusbrüder auf den Tisch und sagte: „Ich möchte doch darauf aufmerksam machen, dass Vater Bernhard die Messe so hält, wie es die Kirche vorschreibt."

Später, als mein Bruder und ich uns alle halbe Jahre in Sydney ablösten, weil die Bischöfe es nicht für gut hießen, dass einer von uns für längere Zeit fort war, stand ein Besuch Lefebvres in Sydney an. Ich schlug meinem Bruder vor, dass er ihn aufsuchen solle. Mein Bruder besuchte jedoch stattdessen Kardinal Freeman, ohne diese Absicht zu erwähnen. Kardinal Freeman sagte von sich aus, dass mein Bruder auf keinen Fall Lefebvre treffen solle, weil das ein „church politicum" geben würde. Mein Bruder und ich freuten uns, dass er nicht auf mich gehört hatte.

Auch mit Josef Kardinal Schröffer, der beim II. Vatikanischen Konzil der Vorsitzende der Sektion für die Frage des Nuklearwaffeneinsatzes war, hatte ich lange und fruchtbare Gespräche. Wenn ich mit Joseph Kardinal Ratzinger zusammentraf, gingen die Gespräche mehr um fundamentale Glaubenssachen.

Einmal war ich im Heiligen Offizium, und es waren Kardinal Ratzingers erster Privatsekretär Josef Clemens, seine zweite Privatsekretärin Birgit Wansing und Abbas Primas Karl Egger zugegen. Ich sagte zu ihnen, dass ich gerade der Reinkarnation des Großinquisitors begegnet sei. Alle lauerten, wen ich meinte. Schließlich sagte ich, dass es der Professor Pater Ambrosius Esser sei. Ich merkte an der Reaktion der anderen, dass ich genau den Punkt getroffen hatte. Ich besuchte – als Freund – Pater Esser des Öfteren und schätzte ihn sehr wegen seiner Klarheit in Bezug auf Doktrin. Aber er vertrat eine Einstellung, die mit Gottesbeweisen die katholische Lehre forcieren wollte. Er meinte, die heutigen Studenten seien alle Faulenzer, weil sie das ignorierten. Dass man hinsichtlich der Gottesbeweise überhaupt Zweifel haben könnte, kam ihm gar nicht in den Sinn. Esser war der zweite Mann in der Heiligsprechungskommission. Ich hatte Zweifel, dass, wenn er nach meinem Ableben noch die Position innehätte, ich da irgendwelche Chancen haben könnte.

Man sieht, wie innerhalb des Vatikans eine lebende Kirche wohnt. Nach außen sieht der Vatikan wie ein starres, totes und zwangsorientiertes System aus. Das ist aber nicht der Fall. Gerade auf der obersten Ebene merkte ich immer wieder, dass absolute Meinungsfreiheit verlangt ist. Leute, die linientreu und „frömmer als der Papst" sind, gibt es genug.

Eine andere interessante Persönlichkeit, die ich im Vatikan kennenlernte war die frühere Privatsekretärin von Papst Pius XII., Madre Pascalina, um die ich mich bis zu ihrem Tod seelsorglich kümmerte. Niemand sonst getraute sich das so richtig; sie war wie eine Königin. Sie hatte mir unmittelbar nach meiner Priesterweihe einen persönlichen Messkelch von Papst Pius XII. geschenkt, den der Papst öfters benutzt hatte. Sie hatte zuvor mein Buch *Der Dreieine* gelesen. Der Papst hatte ihr den Kelch mit dem Vermächtnis gegeben, ihn von niemand benutzen zu lassen, aber einmal einem neu geweihten Priester zu schenken. Sie ließ mich kommen und fragte mich nach meinem Verhältnis zu Papst Pius Xll. Als ich von erfreulichen Kontakten sprach, lachte sie und sagte: „Ich habe doch alles getippt."

Wenn ich den Vatikan besuchte, wohnte ich meistens in Castel Gandolfo in der Specula Vatikana, in dem Terassenzimmer des päpstlichen Palastes. Die Räume waren schön und sauber, aber man merkte, dass kein Geld da war für irgendwelchen Komfort. In Castel Gandolfo, wo Wissenschaftler aus aller Welt zusammentrafen, gingen die Gespräche um Astronomie und Wissenschaft.

Einmal, als ich längere Zeit in Castel Gandolfo weilte, verfolgte ich ein Projekt, bei dem ich nach einem kurzen Gespräch mit meinem Bruder merkte, dass es Unsinn war. Man steigert sich leicht in bestimmte Vorstellungen hinein. Was ich da gemacht hatte, war zwar alles gut und richtig und hatte Niveau, aber einen Gedanken hatte ich übersehen. Das ist ein Phänomen, das ich immer wieder feststellte und vor dem niemand sicher ist. Gerade die intelligentesten Leute, die Schwierigkeiten haben, adäquate Gesprächspartner zu finden, neigen dazu, in einen Denkkreis zu kommen, in dem manchmal ein ganz einfacher Gedanke nicht aufgenommen wird, sodass das Ganze irgendwie schief oder gar falsch wird.

Dazu eine „philberthistische" Bemerkung, die nicht von der Kirche gelehrt wird: Es ist mir Gewissheit, dass die Kirche vom Geist Gottes geleitet ist, sodass sie über zwei Jahrtausende das Wort Gottes in und durch die Welt tragen konnte; mit dem Papst als Stellvertreter Christi, des Sohnes Gottes. Nur meine ich, dass diese Leitung durch den Herrn oft sehr viel anders ist, als das theologisch „unfehlbar" interpretiert wird. Das meine ich sogar mit den Dogmen, insbesondere den drei letzten. Das Schlimme an dem Dogma der Unfehlbarkeit des Papstes ist meiner Meinung nach, dass wir uns dadurch selber anketten und notwendige Möglichkeiten und Beweglichkeiten verlieren. Diejenigen, die wir missionieren und bekehren wollen, glauben es ja sowieso noch nicht. Sie müssten erst später dazukommen. Wir selber berauben uns der Möglichkeit einer Anpassung theologisch-philosophischer Konzepte an den fortschreitenden Erkenntnisstand in Wissenschaft, Philosophie und Theologie. Man merkt das u. a. in der Fundamentaltheologie, in der Schriftforschung und in verschiedenen anderen Beziehungen. Damit wurde dieses Dogma zu einer gefährlichen Lähmung.

Als verlängerter Arm vom Vatikan wurde von mir erwartet, mit den Erzbischöfen und Kardinälen in Ostasien Kontakt aufzunehmen und in Gesprächen Informationen auszutauschen und Probleme zu besprechen. Solche Beziehungen hatte ich in Kuala Lumpur, Manila und Singapur. In Indonesien hat sich nur wenig entwickelt, weil ich nur einmal dort war. In all diesen Ländern sah ich immer wieder, dass die Ordinarien ein tiefes Bedürfnis hatten, über fundamentale Probleme mit jemand zu sprechen, der nicht dem eigenen Untergebenenkreis angehört, weil man nie sicher sein kann, ob der Untergebene sich traut oder sich für zuständig hält, Probleme anzusprechen. Aber wenn jemand von außen kommt, der vom Vatikan her ein hohes Renommee hat, ist das nicht der Fall. So bauten sich die Beziehungen wie von selber auf, und es kam zu sehr fruchtbaren Gesprächen. Ich hatte Kardinal Ratzinger in Rom gebeten, mir einen offiziellen Auftrag zu derartigen Begegnungen zu geben, worauf er so ähnlich antwortete wie: „Inoffiziell ist freier und besser."

Bei meinem letzten Besuch vor ca. 10 Jahren – mein Herzinfarkt beendete die Weltreiserei – spürte ich beim Erzbischof von Malaysia erst eine schwere Spannung wie nie zuvor. Nach etwa einer halber Stunde Gespräch fragte er mich: „Haben Sie in Rom gegen die geplanten Dogmen ‚Maria Miterlöserin' und ‚Maria, Mittlerin aller Gnaden' Stellung genommen. Auf meine Antwort: „Nein, denn ich bin nicht danach gefragt worden", sagte er fast unwillig: „Man erwartet von Ihnen Stellungnahme auch ohne offizielle Anfrage." Das war der Grund der Spannung. Ähnlich ging es dann ca. eine Woche später beim Erzbischof von Singapur, Gregory Yong. Ich erfuhr von beiden, dass die Bischöfe von Ostasien alle gegen diese Dogmaverkündigung seien; nur Cardinal Sin sei zwar nicht direkt dagegen, hielte dies aber für unpassend.

Die Gespräche gingen um vielerlei Themen. Eines davon war die Funktion der Nuntien und deren Verhältnis zu den Erzbischöfen. Ich sagte einmal zu Kardinal Ratzinger, dass es verdächtig sei, wenn zwischen dem Nuntius und dem Ordinarius (d. h. dem Erzbischof oder Kardinal) gute Beziehungen bestünden. Spannungen zwischen den beiden Seiten gehörten wesenhaft dazu und seien sehr produktiv. Der Gedanke schien ihm gar nicht fremd. Der Papst hat das sehr weise eingerichtet. So wie ich es verstanden habe, muss der Kardinal jedes Jahr einen Bericht schreiben, zu 80 % über seine Tätigkeit und was in der Diözese geschieht und zu 20 % über das, was der Nuntius macht, was er für Probleme hat usw., und umgekehrt ist es ebenso. Es ist anzunehmen, dass die Ordinarien und Nuntien nichts Falsches an Rom berichten würden, aber die Versuchung, die Dinge positiver für sich hinzustellen und Fehlleistungen weniger zu betonen, ist freilich groß. Aber wenn man weiß, dass der andere auch einen Bericht schreibt, ist allein diese Tatsache Anlass, dass die Berichte objektiver sind. Da ich immer direkten Zugang zu den Kardinälen, Erzbischöfen und Nuntien hatte und mit allen sprechen konnte, war ich in einer Art jeweils für den anderen interessant und wichtig, aber auch etwas verdächtig. Aber ich hatte immer den Eindruck, dass die Gespräche mit mir als angenehm empfunden wurden.

Der Papst hatte gewollt, dass ich ein Gespräch mit ihm erst mit Kardinal Ratzinger besprechen sollte. Ich war von Castel Gandolfo nach Rom gereist und 1 3/4 Stunde vor dem Termin mit Kardinal Ratzinger eingetroffen, sodass ich noch den päpstlichen Privatassistenten aufsuchen konnte. Dieser machte mir Vorwürfe, dass ich zu wenig käme und zu wenig Berichte schreibe. Dieser öfters gehörte Vorwurf ist leider berechtigt. Ich bin selbst ganz unglücklich darüber. Mein Leben ist voll von Fehlern, Dummheiten und Unterlassungen. Dann sagte er: „Sie kennen doch den Nuntius der Philippinen." Ich sagte, ich wüsste nicht recht. Er fuhr fort: „Der kennt aber Sie." Nachdem auf dem Diplomatentreffen in der Deutschen Botschaft, Manila, Kardinal Sin dem Staatspräsidenten Marcos den Fehdehandschuh hingeworfen hatte, berichtete der Nuntius dem Papst, dass Kardinal Sin einen schweren Fehler gemacht hätte und dass ich (Bernhard) dafür Zeuge sei. Mir waren bei dem Diplomatentreffen auch die Haare zu Berge gestanden. Aber Kardinal Sin war der Stärkere und Marcos stürzte. Ich sagte dem Privatassistenten, dass ich erst auch Bedenken wegen Kardinal Sin gehabt hätte, ihn aber jetzt für einen klugen Diplomaten hielte; wie für den Retter der Philippinen und unserer dortigen Kirche.

Der Papst wusste nie so recht, was er von Kardinal Sin halten sollte. Ich habe nicht mit dem Papst selber darüber gesprochen, aber mit seinem ersten Privatassistenten Erwin Enders, der mich darauf spezifisch angesprochen hatte. Ich konnte ihm sagen, dass ich den Eindruck hatte, dass Kardinal Sin ein sehr zuverlässiger Kirchenmann und tiefgläubiger Mensch sei und dass er eigentlich durch die Art der Diplomatie, die er anwandte und die manchen als suspekt erschien, der Retter der Philippinen sei. Zuerst – sagte ich – hätte ich auch nicht so recht gewusst, was ich von ihm halten sollte, bis ich schließlich in mehreren persönlichen Gesprächen sah, wie weise er sich verhielt. Einen Ausspruch Sins habe ich in guter Erinnerung. Er hatte zwei Hirtenbriefe herausgegeben, einen über die Kommunisten und einen über die Freimaurer, in denen er diese Gruppen sehr freundlich darstellte. Ich wusste nicht recht, was ich davon halten sollte; der Papst offenbar auch nicht. Ich sagte zu Kardinal Sin: „Unsere Rede sei ‚ja, ja' oder ‚nein, nein'." Er sah mich nachdenklich an und sagte: „Das ist alles ein großes Konzert. Die Freimaurer sind die Bassgeigen und die Kommunisten sind die Triller- pfeifen. Wir gehören alle zusammen. Es sind alles meine Freunde. Sie kom- men alle zu mir. Und ich habe alles unter Kontrolle." Und so war es auch tatsächlich. Ich habe Meisterleistungen diplomatischer Taktik bei Jaime Kardinal Sin, aber auch bei Lee Kuan Yew, erlebt. Für die war ich „the Ger- man bull in the china shop".

Bei solchen Treffen – auch etwa mit den Botschaftern in den verschie- denen Ländern – machte ich immer wieder die Beobachtung, dass, wenn ich das erste Mal kam, man reserviert und abtastend aufeinander zuging, um festzustellen, wer der andere überhaupt war: Was sind seine Stärken, was seine Schwächen? Was ist seine Strategie? Was sind seine Absichten und was wird er berichten? Diese Reserve schlug jedoch immer nach einer viertel bis einer halben Stunde in grenzenloses Vertrauen um. So kamen ungemein fruchtbare Gespräche zustande. Ich konnte auch die Bedenken der zuständi- gen Kardinalpräfekten in Rom zu gewissen Problemen von der positiven Seite her zeigen und die Motivationen erklären.

Ich glaube, dass ich durch solche Treffen viel gegenseitiges Verständnis in der Kirche habe schaffen können.

Erfindungen

Schon in der Vorschulzeit bewegten mich dauernd zwei Fragen, die religiöse Frage der Unendlichkeit und die der Ewigkeit. Ich konnte mir einfach nichts darunter vorstellen. Ich habe dauernd um Verständnis gerungen und ganz eigentümliche Träume gehabt. Ich hatte den großen Wunsch, irgendwann einmal Erfindungen zu machen. Meine Eltern sagten mir, dass die Menschen aus den Höhlen der Steinzeit nur durch Erfindungen herausgekommen seien; durch die Maßnahmen, mit denen sie den Boden urbar machten, mit denen sie bauten und sich fortbewegten und mit denen sie zu immer höheren Strukturen gelangten.

Meine ersten Erfindungen waren natürlich ein Blödsinn. Aber dann im Jahr 1941 ereignete sich etwas Bemerkenswertes. Es wurde ein Besuch bei der Kriegsflotte für Schüler organisiert. 45 Schüler aus dem gesamten Reichsgebiet, von denen man erwartete, dass sie stramme Hitlerjungen und gute Schüler waren, wurden dafür ausgesucht. Wir hatten als Oberstudiendirektor einen Blutordensträger und Parteimitglied Nr. 5. Der konnte immer etwas Besonderes erreichen. Er hatte einen liebenswerten Mitschüler von mir, der bei der Marine-Hitler-Jugend war, ausgewählt und selbst mitgenommen. Der Besuch begann um 12 Uhr auf dem Schlachtschiff „Graf Spee" und sollte für drei Tage sein. Als der Erste Offizier diesen Schüler am ersten Tag um drei Uhr nachmittags fragte, wie es ihm gefalle, schlug er nicht etwa zackig die Hacken zusammen und brüllte „ausgezeichnet", sondern zog ganz unmilitärisch fad die Nase hoch. Das ärgerte den Oberstudiendirektor dermaßen, dass er mit dem armen Buben am nächsten Morgen wieder am Bahnhof in München stand. Er hielt dies für eine solche Schande, dass er glaubte, er könne sich nie wieder bei der Kriegsmarine blicken lassen.

Als im nächsten Jahr wieder ein Besuch bei der Flotte anstand, beauftragte er den Turnlehrer mit der Organisation. Dieser wohnte bei uns im

Haus und wollte mich mitnehmen. Der Oberstudiendirektor suchte vergebens nach guten Noten und mit der „strammen Hitlerjugend" sah es auch nicht so gut aus. Ich kannte nämlich den Trick, dass man große Begeisterung für die HJ heuchelte und sich immer wieder zu Spezialeinheiten meldete. Es dauerte länger, bis das genehmigt wurde, und in der Zwischenzeit konnte man daheim sitzen. Weil die gewöhnliche Hitlerjugend für mich „nicht genug" war, spürte ich eine große Berufung zur Flieger-HJ, um mich dann – schon nach drei Wochen – ebenso begeistert zur Motor-HJ zu melden. Das Fatale war nur, dass die Obrigkeit den Trick auch kannte und dass man dadurch in üble Situationen geraten konnte. Als der Oberstudiendirektor noch zögerte, sagte der Turnlehrer energisch: „Entweder mit dem oder gar nicht". So kam eben ich zum Flottenbesuch. Der andere auch ausgewählte Schüler war Oskar Arnold, der spätere Regisseur der Staatsoper München.

Wir kamen zu den großen U-Boot-Manövern in Pillau. Wir waren mit den vierzig anderen Buben für drei Tage auf dem Admiralitäts- und Feuerleit-Schiff untergebracht. Abends gingen Oskar und ich heimlich vom Schiff und spazierten auf dem Kriegshafen herum, was eigentlich verboten war. Wir beobachteten, dass ein großes U-Boot anlegte und Oskar sagte zu mir: „Oh, das ist doch der Kapitänleutnant Schulze." Ich hatte keine Ahnung, wer das war, und erfuhr, dass er die längste und erfolgreichste U-Boot-Fahrt gemacht hatte. Wir sagten uns, den fragen wir einmal, ob wir morgen auf seinem Boot sein werden. Oskar ging couragiert auf den Mann zu und ich etwas schüchterner hinterher. Aber als Oskar vor dem Mann stand, verließ ihn die Courage. Ich war inzwischen nachgekommen und fand den Mut zu sagen: „Sie sind doch der Kapitänleutnant Schulze?" Der fragte zurück: „Was wollt ihr denn hier?" Ich sagte: „Wir sind hier auf einer Flottenbesichtigung und ich glaube, wir sind morgen auf Ihrem U-Boot eingeteilt." Es war uns gesagt worden, dass wir auch einmal ein U-Boot sehen würden. Es war also nicht direkt eine Lüge, aber eben aufgeschnitten. Schulze sagte:

„Wir fahren morgen schon früh um fünf Uhr los." Ich zupfte Oskar am Arm, dass er nichts Dummes mehr sagte, und wir gingen schnell davon.

Am nächsten Morgen, nachdem es nicht einfach gewesen war, unbemerkt von dem bewachten Admiralitätsschiff herunterzukommen, standen wir pünktlich an der Anlegestelle. Das U-Boot wurde mit Torpedos beladen. Niemand störte sich an uns, und ich sagte zu Oskar: „Jetzt gehen wir einfach auf das Boot." Als Schulze vorbeikam, drückten wir uns um den Kommandoturm herum. Aber er hatte uns schon gesehen. Vermutlich hatte er die Erlaubnis eingeholt, uns mitzunehmen. Die Fahrt dauerte den ganzen Tag.

So waren wir als 13-jährige Schüler auf dem U-Boot. Man hat uns freilich nicht ernst genommen, aber ich habe einiges schwerst Geheimes gesehen, z. B. die maximale Tauchtiefe. Das Schiff fuhr auf das offene Meer und tauchte ab. Um die Besatzung an Wasserbomben zu gewöhnen, wurden Wasserbomben knapp außerhalb der kritischen Entfernung geworfen. Der psychische Druck auf mich wurde während der halbstündigen Tauchung immer unerträglicher. Man bekommt eine eigentümliche Zwangsvorstellung, dass man auf und davon möchte und eventuell gewalttätig wird. Wir saßen im vorderen Torpedoraum und zwei Bärenkerle setzten sich neben uns. Obwohl jede Kammer eine eigene Druckversorgung hatte und alle Schotten total dicht waren, spürten alle ganz plötzlich – ohne physikalischen Grund –, dass der Druck weg war. Die Matrosen sagten spontan: „Jetzt haben sie oben das Luk aufgemacht." Ich erlebte dort elementar eine kollektive Bewusstseinsbildung. Ich wusste, dass es das gibt, und habe es auch später bei Eingeborenenstämmen festgestellt. Es ist ein interessantes Phänomen, das auch auf die Indoktrination zutrifft. Wenn sich einmal Meinungen kollektiv ausbilden, wie z. B. in der Kirche mit den Dogmen, dann kommt man nicht mehr dagegen auf.

Wir geisterten im U-Boot herum. Einmal stand ich neben dem Kommandanten im Kommandoturm. Er hatte gerade das Admiralitätsschiff eingezielt, aber nicht mit scharfen Torpedos, sondern mit beleuchteten, die das Schiff untertauchten. Es war ein Übungsschießen. Ich sagte, dass ich auch einmal durch das Periskop, das er hielt, schauen möchte. Als er fertig war, zog er den Apparat herunter und sagte: „Da – schau durch." Ich dachte mir im Stillen, dass das Periskop verbessert werden könnte.

Auf der Rückfahrt war ich oben auf dem Kommandoturm. Es wurde ein Gerät herausgefahren mit Dipolen und Gittern, und ich hatte den Eindruck, dass man den Leuchtturm damit anpeilte. Ich dachte mir, das sind ja ganz kurze Wellen. Ich berechnete die Wellenlänge und kam – mir unfassbar – auf unter 50 Zentimeter. Als der Kommandant mein Interesse sah, sagte er: „So, jetzt geht hinunter." Aber ich hatte schon gesehen, um was es sich handelte: das streng geheim gehaltene erste Funkmessgerät, das überhaupt in der Seegeschichte eingesetzt wurde. Leider wurde das U-Boot fünf Wochen später versenkt und der Kommandant und die gesamte Besatzung kamen dabei um.

Ich kam heim und wollte meine Idee für ein besseres optisches System aufzeichnen. Aber meine Mutter erwischte mich dabei und fragte: „Was machst du denn da?" Ich sagte, dass ich eine Idee hätte. „Kommt alles später", sagte sie dann. „Sind die Hausaufgaben schon gemacht?" Auch mein Vater sagte: „Du mit deinem Zeug da. Du lernst nicht ordentlich in der Schule, wenn du dich damit beschäftigst." Statt Bewunderung bekam ich eine kalte Dusche. So musste ich immer heimlich nachts aufstehen und die Idee aufzeichnen.

Nicht weit von uns entfernt war das „Amt für Technik", das u. a. Erfindungen entgegennahm. Ich ging dort hin und fand die Abteilung „Optik" im zweiten Stock. Ich ging hinauf, klopfte an die Tür und hörte „Herein". Als die zwei Ingenieure dort sahen, dass ich ein Schulbub war, fragten sie: „Was willst du denn hier?" „Ach, meine Herren", sagte ich, „ich habe da eine Erfindung gemacht, die ich Ihnen zeigen wollte." – „Zeig uns mal dein Zeug", war ihre Antwort. Sie betrachteten, was ich ihnen gab, wackelten mit dem Kopf und meinten, ich solle am Freitag um 10 Uhr wiederkommen. Als ich heimkam, fragte meine Mutter: „Wo warst du?" Bei uns wurde ja nicht gelogen. Es wurde aber manchmal etwas diplomatisch gefärbt. – „Am Amt der Technik." – „Wegen deiner Erfindung?" – „Ja." Abends fragte mein Vater, was die Beamten gesagt hätten. Ich sagte ihm, dass ich am Freitag wieder vorbeikommen solle. „Ja", sagte mein Vater „wenn die das gesagt haben, dann musst du auch hingehen, kannst dir aber nichts erwarten."

Ich ging also am Freitag dort hin und fand mich einer Gruppe Herren gegenüber. Der Wortführer sagte: „Sie haben da etwas eingereicht, und wir haben uns überlegt, das dem Reichsminister für Rüstung vorzulegen." Man hat ja als Schulbub keine Ahnung, was das bedeutet und ob es etwas Besonderes ist, und ich stand verdutzt da. Sie sagten: „Wir können das ja auch ohne Ihre Zustimmung dem Minister vorlegen. Ab jetzt steht es unter Geheimhaltung. Sie dürfen mit niemanden mehr darüber sprechen." Ich sagte: „Ich habe ja nichts dagegen. Aber es ist mir alles etwas überraschend." Sie lachten wohlwollend und damit war ich entlassen.

Nach einigen Wochen bekam ich ein Schreiben mit einem schwarzen Stempel „Geheim" vom Reichsminister. Das hat mir dann später das Leben gerettet. Ich wurde noch einige Wochen, bevor die Amerikaner kamen, wegen der Drückerei bei der Hitlerjugend und verschiedenen anderen lächerlichen Kleinigkeiten verhaftet. Die anderen Buben, die verhaftet wurden, blieben auf der Strecke, aber gegen das Schreiben vom Reichsminister wollte der Obergebietsleiter nichts machen.

Viele Jahre später fuhr ich einmal mit der Bahn. In dem Abteil war nur noch eine ältere Frau. Wir kamen ins Gespräch. Ich erzählte die Geschichte und lachte dabei. Da brach sie in Tränen aus. Ich fragte, warum sie denn weine. „Ach", sagte sie, „meinem Sohn ist es ähnlich gegangen wie Ihnen.

Bernhard Philberth im Alter von 35 Jahren (1962)

Brüder Bernhard
und Karl Philberth
mit 55 bzw. 53
Jahren (1982)

Vater Joseph Philberth im
Alter von 64 Jahren (1961)

Mutter Klara Philberth im
Alter von 44 Jahren (1947)

Bernhard Philberth mit Papst Johannes Paul II. (14.03.1980)

Bernhard Philberth mit Papst Johannes Paul II. (18.07.1986)

Karl Philberth mit Papst Johannes Paul II. (19.01.1983)

Bernhard Philberth tauft Wesley Antoine,
St. Christophorus Kirche, Melbourne (1990)

Bernhard Philberth vor den „Stirling Ranges"
(‚mountains of mystery'). West Australien

Helga Ivanyi pflückt einen einsamen Apfel im
Mt. Kosciuszko National Park an Bernhards 64. Geburtstag

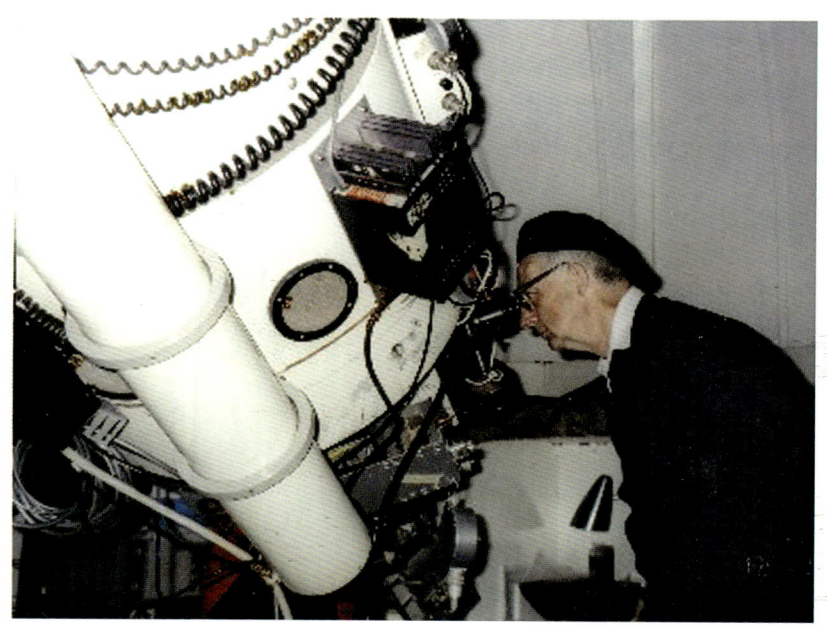

Bernhard Philberth schaut ins Universum,
Siding Spring Observatorium, NSW

Karl Philberth mit seiner Mutter an ihrem 101. Geburtstag (2004)

Auf Walter Bachmanns Farm in der Nähe von Condobolin, NSW.
Stätte der Inspiration und Arbeit

Philberth Stipendiate, St. Scholastica College, Manila

Bernhard Philberth mit der Autorin Waltraud Uhlenbruch
und ihrem Ehemann Walter

Nur hatte er kein Schreiben vom Reichsminister. Er lebt nicht mehr." Man macht sich in Demokratien schlecht eine Vorstellung davon, zu welchen Gewalthandlungen Diktaturen fähig sind, wenn sie in die Enge getrieben werden.

Das war meine erste ernst genommene Erfindung. Auch um diese Zeit erfand ich den „selbst anlaufenden Einphasenmotor". Ich sollte mich zur Begutachtung an die Technische Hochschule wenden. Dort verwies man mich an einen alten schwerhörigen Geheimrat, der mein Klopfen an der Tür nicht hörte. Erst als vorbeikommende Studenten mit der Faust zeigten, wie ich da „klopfen" müsse, reagierte er. Ich ging hinein, verbeugte mich und sagte: „Philberth". Er sagte: „Setz dich" und arbeitete weiter. Ich wartete eine Viertelstunde, eine halbe Stunde, eine Dreiviertelstunde. Auf einmal hob er den Kopf und fragte: „Wann kommt denn dein Vater?" Ich sagte: „Mein Vater? Der kommt überhaupt nicht. Der ist Richter und hat heute Sitzung." Ich dachte, dass mein Vater vielleicht dabei sein müsse, weil ich erst vierzehn und noch nicht volljährig war. Ich sagte ihm, dass ich der Erfinder sei. Er wunderte sich, dass ich die „Unipolarmaschine" und die eigentümliche Problematik damit kannte. – „Ach, die kennen Sie auch?" – Dann begann er mich in einer ganz feinen Weise zu examinieren. Er sagte: „Wir haben da diese und jene Vorstellung. Was sagen Sie dazu?" Er wurde immer freundlicher und fragte, was ich denn einmal werden möchte. Ich sagte, dass ich daran dächte, Pfarrer oder Förster zu werden. Er fragte: „Ja wollen Sie denn nicht in die Technik und in die Wissenschaft?" Ich erklärte ihm, dass die Berufswahl für mich noch nicht aktuell sei, da ich erst im neunten Schuljahr sei. Er hat meine Erfindung anscheinend für ganz gut gehalten. Ich glaube, sie wurde später patentiert.

Nach Kriegsende – Ende April 1945 – erfand ich u. a. nochmals ein optisches System. Ich zeigte die Erfindung Professor Rollwagen, war aber noch gar nicht auf der Universität. Dummerweise hatte ich in die Patentanmeldung geschrieben: „Zur Kometensuche und zur Überwachung der Flugtätigkeit". Letzteres war ein spezifisch militärischer Ausdruck. Ich bekam ein Schreiben vom Viermächtekontrollrat, der zu jener Zeit Deutschland kontrollierte. Darin hieß es: „Sie haben vermutlich Forschung betrieben, die in die Listen 23, 23 A und 25 fällt. Geben Sie postwendend an, unter welcher Lizenznummer Sie das machen." Ich weiß, dass auf Rat von Prof. Rollwagen die Erfindung an die Firmen Zeiss und Perkin Elmer geschickt worden war, und vermute, dass der Viermächtekontrollrat auf diese Weise davon erfuhr.

Ich schwang mich sofort auf mein Fahrrad und fuhr ins Patentamt zu dem Prüfer. Der bekam einen Schrecken und sagte: „Philberth, in was sind Sie denn da hineingeraten? Gehen Sie hinüber zum Wirtschaftsministerium in die und die Abteilung." Als ich dort ankam, wusste der Referent Dipl. Ing. Popp schon Bescheid. Anscheinend hatte der Prüfer inzwischen angerufen. Herr Popp sagte, dass das eine ganz fatale Sache sei. Ein Unterabteilungsleiter, Dr. Knoblauch, kam dazu und sagte: „Herr Philberth, entschuldigen Sie. Sie haben doch schon vor einigen Wochen einen Antrag für eine Lizenz gestellt. Das ist hier leider liegen geblieben." Ich sagte: „Ich erinnere mich jetzt gar nicht", woraufhin er meinte: „Sie werden sich schon noch daran erinnern" und gab mir eine rückdatierte Nummer. Ich hieß dort *Forschungsstelle AB 840*". Er sagte, dass es wohl nicht viel nützen würde. Sie gaben mir die Gesetze zu lesen, und ich dachte, mich trifft der Schlag. Es hieß schon im ersten Paragrafen: „Wer diese Gesetze irgendjemand zeigt, wird ebenso straffällig." Ich sagte: „Es ist doch gegen jedes Naturrecht, dass man für das Nichteinhalten von Gesetzen bestraft werden kann, die man gar nicht wissen kann, weil es verboten ist, sie jemanden zu zeigen. Sie selbst sind ja jetzt auch straffällig geworden." Sie antworteten: „Nein, wenn jemand straffällig geworden ist, dürfen wir es ihm zeigen, aber Sie dürfen es niemand anderem zeigen. Wir haben den

Krieg verloren, sind völlig rechtlos und müssen die Dinge nehmen, wie sie sind."

Einige Tage später rief Herr Popp an, dass ich wieder hinkommen solle. Es wurde mir gesagt, dass der Ministerialrat Zehrer mich fragen ließe, ob es mir recht sei, wenn das bayrische Wirtschaftsministerium mein Anwalt beim Viermächtekontrollrat wäre. Als ich fragte, was das denn kosten würde, sagten sie: „Gar nichts". Sie hatten die Vollmacht schon vorbereitet, die ich unterschrieb. Nun war es hochinteressant zu sehen, wie Behörden miteinander korrespondieren. Ich brauchte nur noch zu Hause zu sitzen und Angst zu haben. Das Ministerium versuchte, alles möglichst lang hinauszuziehen. Einmal wurde ein zweiseitiger Brief geschrieben, weil ein fehlendes Komma den Sinn eines Satzes hätte verändern können. Das lief so für zwei Jahre. Schließlich, 1947, kam ich auf eine verrückte Idee. Ich schrieb einen Brief an den amerikanischen Generalvertreter des Viermächtekontrollrats „persönlich": – „Wie Sie wissen, mache ich Erfindungen, die für die amerikanische Rüstung von Interesse sein könnten. Aber durch die Tätigkeit Ihrer Behörde wird das alles lahmgelegt, und ich behalte mir vor, mich im Pentagon zu beschweren." – Ich machte den Brief fertig, frankierte ihn, wollte ihn aber erst den zuständigen Herren im Wirtschaftsministerium zeigen. Herr Popp schaute sich den Brief an, wurde blass und rannte raus. Dann kam er erregt mit Dr. Knoblauch zurück. Dr. Knoblauch sagte: „Sie sind ein dummer Junge und haben nicht kapiert, dass wir den Krieg verloren und keinerlei Rechte haben. Es ist ja wohl das Letzte, die mächtigste Behörde der Alliierten zu erpressen." – Jetzt kommt etwas, was man aus der Friedenspsychologie nicht verstehen kann. Aber wenn man durch einen Krieg gegangen ist, in dem man morgens nicht wusste, ob man abends noch lebt, hat man eine andere Einstellung. Ich sagte zu den Herren: „Es interessiert mich eigentlich nur, ob ich, wenn ich diesen Brief einwerfe, Ihre Verteidigung verliere." Sie schrien gleichzeitig: „Wir wissen von nichts. Schauen Sie, dass Sie weiterkommen." So wurde ich hinausgeworfen, warf aber den Brief doch in den Briefkasten.

Eine Stunde lang war ich noch ganz guter Dinge, aber dann packte mich die Angst. Ich sagte mir, dass die Herren beim Wirtschaftsministerium ja keine Deppen seien und ich etwas ganz Unvernünftiges gemacht hatte. Als ich heimkam fragte mich die Mutter: „Wie siehst du denn aus? Ist etwas falsch gelaufen?" – „Ach", redete ich mich heraus, „da gibt es immer wieder irgendwelche Schwierigkeiten." Ich wartete voller Unruhe, was nun geschehen würde. In der zweiten oder dritten Woche überlegte ich sogar, ob ich in die Schweiz ausreißen solle. Das war aber nicht durchführbar. Nach etwa fünf Wochen bekam ich einen Brief direkt vom Viermächtekontrollrat. Mit schlotternden Knien öffnete ich ihn und konnte es gar nicht fassen, was ich las. Es hieß, dass ich berechtigt sei, Forschungen zu machen, sogar solche, die unter Liste 25 fielen, unter der Bedingung, dass ich den beiliegenden Revers unterschriebe. Darin hieß es, dass ich den Zutritt von Kontrollpersonen zulasse, die jederzeit alles – auch meine Privatkorrespondenz – durchsuchen könnten, sogar, dass sie sich mit Gewalt Eintritt verschaffen könnten, wenn ich nicht da wäre. Die zweite Bedingung war, dass ich für Erfindungen, die unter Liste 25 fielen, alle sechs Monate einen Bericht schreiben musste: was ich aufgewendet hatte und was die Ergebnisse waren. Für Erfindungen nach Liste 23 und 23 A wurde einmal im Jahr ein Bericht verlangt.

Ich schwang mich aufs Fahrrad und fuhr zum Wirtschaftsministerium. Als ich dort anklopfte und Herr Popp mich sah, schaute er schon so skeptisch drein. Ich sagte: „Herr Diplom-Ingenieur, ich habe jetzt ein Schreiben vom Viermächtekontrollrat bekommen." Er riss es mir fast aus der Hand, verschwand und kam mit Dr. Knoblauch zurück. Der sagte: „Es ist ja kaum zu glauben. Sie sind jetzt der einzige Lizenzträger. Haben Sie denn den Brief nach dem Krach das letzte Mal doch noch abgeschickt?" „Ja", sagte ich, „in einer Anwandlung geistiger Umnachtung." – „Ach was", meinte er, „keine geistige Umnachtung, sondern ‚manchmal findet auch ein blindes Huhn ein Korn'." Dann fuhr er fort: „Ja, sagen Sie, dann könnten wir ja jetzt unter Ihrem Namen auch an der Universität und in der Industrie Forschungen machen. Können wir das organisieren?" Ich sagte dies natürlich zu.

Damit war die Angelegenheit aber noch nicht zu Ende, denn nun musste ich halbjährlich bzw. jährlich Berichte schreiben und fragte Herrn Popp und Dr. Knoblauch, ob sie mir dabei helfen würden. Das sicherte man mir zu und Herr Popp sagte: „Wissen Sie, man muss immer den Amtsschimmel mit möglichst viel Papier füttern. Sie müssen auch genau die Bestimmungen erfüllen, aber in einer Weise, dass die dann doch nichts wissen. Lügen soll man ja nicht, aber es gibt natürlich Fälle, wo man Konzessionen machen muss. Schreiben Sie einen Betrag für Ihre Ausgaben in Ihre Berichte, der nicht zu klein ist, sonst glauben sie es nicht, und nicht zu groß, sonst wird es zu interessant. Das Beste ist, Sie schreiben: „Es wurden auch Ergebnisse erzielt, aber keine, die über das hinausgehen, was in den Patentanmeldungen soundso und soundso schon publiziert ist.' Damit haben Sie die Bedingungen erfüllt. Nachlesen tut ja doch keiner."

Die Strafverfolgung wegen der ersten Erfindungen, die mit fünf Jahren Zuchthaus bestraft werden sollte, ging aber weiter. Nachdem 1948 „alles Pulver verschossen" war, versuchte das Ministerium noch einen neuen Trick, um das Verfahren gegen mich weiter hinauszuzögern. Es wurde mir gesagt: „Wir, als Ihr Anwalt, zeigen Sie an, dass Sie noch verschärfte verbotene Forschung betrieben haben, denn dann heben vielleicht die Ermittlungen von Neuem an. Es muss aber das gleiche Thema sein. Da Sie sowieso schon mit der Höchststrafe belangt werden, macht es keinen Unterschied." Nun überlegten wir miteinander, was ich noch Übleres gemacht haben könnte. Dadurch, dass mich mein eigener Anwalt anzeigte, wurden tatsächlich die Ermittlungen wieder aufgenommen und das Verfahren ging weiter.

Anfang September 1949 rief mich Herr Popp an: „Kommen Sie sofort ins Ministerium." Ich kam dort an, klopfte und öffnete die Tür. Herr Popp streckte mir abwehrend die Hand entgegen, dass ich an der Tür stehen bleiben solle. Dann sagte er: „Sie haben doch die Forschung, für die Sie strafverfolgt werden, zwischen Mai und September 1945 gemacht?" und dann „Bitte, gehen Sie, gehen Sie." Ich ging hinaus und überlegte, was das bedeuten könnte. Als ich heimkam lag ein Schreiben vom Viermächtekontrollrat vor und forderte postwendend eine Angabe, wann ich die Forschung für die strafverfolgten Erfindungen gemacht hätte. Da ging mir ein Licht auf. Ich schrieb zurück: „Juni, Juli, August 1945". Das war natürlich barer Unsinn. Niemand kann solche Forschung in drei Monaten machen. Vierzehn Tage später kam der Bescheid: „We do not pursue the matter further." Ich zeigte den Bescheid im Ministerium. Die Herren freuten sich und gratulierten mir. Ich erfuhr: Die Gesetze vom Viermächtekontrollrat wurden, glaube ich, am 4. September 1945 verabschiedet und wurden zurückdatiert auf Anfang Mai. Vor dem 8. Mai wäre ich auf jeden Fall ein Kriegsverbrecher gewesen, weil meine doch ziemlich harmlosen Erfindungen als Kriegsverbrechen zählten! Konrad Adenauer, zu der Zeit Vorsitzender der CDU, der ein schlauer Fuchs und couragierter Kerl war, sagte den drei Hochkommissare (die Ostzone war inzwischen weg), dass die Rückdatierung aufzuheben wäre oder er würde bei dem internationalen Gerichtshof in Den Haag Klage einlegen. Die Hochkommissare kapitulierten. So war die Zeit zwischen dem 8. Mai bis 4. September 1945 eine gesetzlose Zeit, in die die ganze verbotene Forschung hineingestopft wurde.

Dazu mein Kommentar: Mit Behörden, auch denen der „Siegermächte", habe ich nur gute Erfahrungen gemacht. Offenbar waren mir die Amerikaner vom Viermächtekontrollrat wohl gesonnen. Im Ministerium sagte man mir später: „Nur weil die Ihnen so gut gesonnen waren, ließen sie sich die Nase so lang ziehen. Sie hätten jederzeit das Geschreibsel einstellen und die Bestrafung einleiten können." Die Herren im alliierten Kontrollrat mussten das Verfahren gesetzlich durchführen, aber als sich Ihnen die formale Möglichkeit bot, ließen sie mich freundlich entwischen.

Mein Leben lang war ich mit Erfindungen beschäftigt. Anfänglich gingen alle Erfindungen von mir aus. Doch zwei besonders wichtige Erfindungen wurden von meinem Bruder gemacht.

Eine war die geniale Realisierung der von mir erkannten Möglichkeit einer Bildverschärfung. Sie beruht auf von uns informationstheoretisch initiierten Maßnahmen, mit denen heute die Satelliten arbeiten. Es wird damit viel größeres Auflösungsvermögen erreicht, als es die Wellenoptik quantenphysikalisch erscheinen lässt. Die Idee dafür kam mir bei einer Beobachtung auf der Bamberger Sternwarte. Ich bat den Astronomen Dr. Sandig, mir einen speziellen Doppelstern mit der größten verfügbaren Vergrößerung zu zeigen; das war 3000-fach am 28 cm Refraktor. Dr. Sandig sprach von einer „leeren" Vergrößerung. Auf meine Feststellung der „Auflösungsgrenze" bei 280-fach bot der Doppelstern mit 3000-fach einen für mich und ihn faszinierenden Anblick: Jeder der beiden Sterne erschien als große Kreisfläche, die sich zur Hälfte mit der anderen überlappte. Und über diesen Flächen wimmelten die Minima wie schwarze Würmchen, die wegen der Luftunruhe in schneller Bewegung waren. Ich sagte danach zu meinem Bruder, dass die quantenphysikalische Unschärfebestimmung für Abbildungen nicht unbedingt gälte, denn es handle sich hier ja nicht nur um eine Information durch ein einziges Quant, sondern durch Billionen oder Trillionen Quanten.

Mein Bruder, der zu der Zeit noch im Studium war, entwarf daraufhin ein geniales System. Er machte dafür eine Patentanmeldung und schickte sein Konzept an die Firma Zeiss, die nach Kriegsende von Jena in Ostdeutschland nach Oberkochen in Westdeutschland verlegt worden war. Daraufhin kamen zwei führende Herren von Zeiss zu uns. Sie sagten, dass sie beim Lesen von Karls Ausarbeitung zuerst dachten, dass das Konzept wegen der quantenphysikalischen Unschärfe wellenoptisch nicht stimmen könne. Dann aber lasen sie Karls Bemerkung: „… An sich sollte man meinen, aufgrund der Heisenbergschen quantenphysikalischen Unschärfe sei das nachträgliche Verschärfen von wegen zu kleiner Linsenöffnung unscharfen Bildern grundsätzlich unmöglich. Aber der Sehvorgang geschieht über sehr viele Lichtquanten und deswegen ist eine grundsätzlich höhere Information gegeben." Man lud uns zu einem Besuch in Oberkochen ein. Dort wurde uns gesagt, dass, wenn das große Werk in Jena noch bestünde, es leicht möglich gewesen wäre, eine Abteilung zur Entwicklung des Konzepts zu gründen. Aber durch die Verlegung des Werks nach Oberkochen sei die Firma verarmt und es fehle das Kapital dafür. Sie haben sich nicht getraut, das Projekt aufzugreifen. Wir konnten damals die Patentanmeldung aus Kostengründen nicht weiterführen und die Erfindung wurde später von den Franzosen aufgegriffen.

Zur zweiten Erfindung meines Bruders: Als wir in den Zwanzigern waren, erfanden wir den extrem streuarmen Schenkel-Transformator Pu, den „klassischen Philberth". Sein Umsatz von 170 Millionen konnte nicht einmal unsere Schulden tilgen, weil es so langwierig und strapaziös ist, aus Erfindungen Gewinne zu erzielen. Die Unkosten für die Einführung, Reisen und anderes ließen uns über dutzend Jahre zu keinem Gewinn kommen. Ich sagte zum Herrn etwas bitter: „Ich mache doch Deine Sachen. Wer kümmert sich um meine?" Da sagte mir der Herr, dass wir in nächster Zeit wieder eine Erfindung machen würden, die uns das ganze Leben hindurch tragen werde. Es sei Seine Sache und wir sollten uns nicht darum kümmern. Kurz darauf rief mein Bruder aus Südfrankreich an, wo er sich für Forschungen für seine Doktorarbeit aufhielt. Er sagte, dass sich gerade etwas Merkwürdiges zugetragen habe. Er habe plötzlich ein neues Konzept gehabt. Ich solle mich einmal 14 Tage lang für eine Patentanmeldung frei machen. Es war ein Mantel-Transformator, der PM, „Philberth-Mantel".

Wir meldeten den Transformator an. Es gab keine Probleme mit Verträgen, weil wir wegen des früheren Transformators sowieso schon Verträge mit den großen Stanzwerken hatten. Die Umsätze des PM-Transformators gingen nur schleppend, obwohl wir uns viel Mühe gaben, ihn in die Industrie einzuführen. Da besann ich mich darauf, dass der Herr mir gesagt hatte, wir sollten uns nicht darum kümmern, und dass es Seine Sache sei. Wir stellten daraufhin jegliche Arbeit mit der Förderung ein. Da gingen die Verkäufe kometenhaft in die Höhe und brachten gigantische Umsätze. Als diese Milliarden überstiegen, kamen wir zu Gewinnen, die später relativ hoch wurden, aber gemittelt über die ganzen Jahre doch kümmerlich waren. Ich fragte mich, wie uns das das ganze Leben tragen solle, wenn die Patente nur 18 Jahre lang liefen. Wir waren ja erst Anfang vierzig. Aber man soll nicht an Gottes Versprechen zweifeln. Kurz vor Ablauf des Patents hatte mein Bruder eine neue Idee. Es war eine unter dem Namen PMz bekannt gewordene Verbesserung unseres Transformators, die seine Handhabung erleichterte. Damit hatten wir erneut bis zu unserem Rentenalter genügend Einkommen. Diese Erlebnisse zeigten uns, wie mächtig und unauslotbar das Wirken Gottes ist.

Karl Philberth:

Der oben genannte, von meinem Bruder Bernhard erfundene Pu-Transformator ist ein symmetrischer Zweischenkel-Transformator. Er wird, wie die Kerne aller Kleintransformatoren, aus Blechlamellen zusammengesetzt, die man aus Elektro-Tafelblech mit 0,5 mm oder 0,35 mm Stärke herausstanzt. Zur Einführung dieser und auch anderer Erfindungen (z. B Pl-Transformator) reisten Bernhard oder ich jedes Jahr zur Industriemesse in Hannover. Das war harte Arbeit: vierzehn Tage lang immer von morgens bis abends

mit der schweren Unterlagenmappe in der Hand alle einschlägigen Firmen-
stände besuchen und Fachgespräche führen. In den späteren Jahren führten
wir dann auch zunehmend geistige Gespräche. Lebhaft erinnere ich mich
an ein religiöses Gespräch mit einem jungen Ingenieur. Wie ich im nächsten Jahr mit Betroffenheit hörte, erlag er dann auf der Heimfahrt einem
tödlichen Unfall.

Die Einführung dieser unserer ersten bedeutenden Erfindung kostete
viel Geld – Geld, das wir nicht hatten. Unsere lieben Eltern brachten große
Opfer. Dann kam schließlich der Punkt, an dem uns klar wurde: So kann
es nicht weitergehen, denn man konnte bedeutende Abnehmer für unseren
Transformator nur gewinnen, wenn die Pu-Kernblechlamellen für verschiedene Größen verfügbar waren. Die Herstellung der dafür benötigten Stanzwerkzeuge hätte einige hunderttausend DM gekostet – ein für uns absolut
unerschwinglicher Betrag.

Auf einmal wendete sich das Blatt: Das größte Stanzwerk für Kleintrans-
formatoren-Bleche, die E. Blum KG, sagte uns zu, auf eigene Kosten die
Stanzwerkzeuge für die wichtigsten Pu-Größen zu erstellen. Aber es war
eine unerbittliche Bedingung dabei: Wir mussten wenigstens einen großen
Auftrag abwickeln. Dieses Jahr traf der Messe-Besuch in Hannover mich
und ich wusste: Jetzt geht es um Sein oder Nichtsein, jetzt geht es darum,
diesen Großauftrag zu bekommen.

Scheinbar entgegen alle Vernunft verzichtete ich einmal auf den Besuch
vieler Messestände und fuhr mit öffentlichen Verkehrsmitteln zur Firma Blau-
punkt nach Hildesheim. Auf der umständlichen Reise war ich am Verzwei-
feln über meinen Unverstand, wurde aber dann beim Gebet auf einmal ganz
ruhig und dachte: „Wer weiß wozu es gut ist.“ Man konnte bei dieser Firma
zunächst nicht glauben, dass Philberths tatsächlich einen extrem streuarmen
Transformator erfunden und entwickelt hatten. Aber die Vorführung eines
mitgebrachten Musters überzeugte. Man erklärte mir: „Wir kaufen 20.000

Stück davon, falls diese bis in spätestens vier Monaten hier sind. Diese Frist ist unabdingbar, sonst bleiben unsere Fernseher-Serien stehen."

Gerade für diese Schnitt-Größe hatten wir in München ein Behelfs-Stanzwerkzeug bauen lassen, und so ging es jetzt nur noch darum, die Blechtafeln zu besorgen, und damit sollte alles laufen: die Belieferung des Großauftrags und damit die für uns kostenlose Herstellung der Stanzwerkzeuge bei der Firma Blum. Doch dann traf mich am nächsten Tag auf der Messe ein furchtbarer Schlag. Die Konjunktur war unglaublich überhitzt und die Lieferzeiten waren endlos. Es kursierte das geflügelte Wort: „Der Kunde droht mit Auftrag." Ein Fachmann sagte fast mitleidig: „Aber Herr Philberth, Sie sind doch von der Branche und müssten wissen, dass Elektroblech jetzt Lieferzeiten über ein halbes Jahr hat. Selbst alte Großkunden müssen trotz Versprechungen und Drohungen auf jede Blechtafel so lange warten." Für mich war das, wie wenn die Welt zusammenbräche, und ich schrie zum Schutzengel und hielt ihm vor, es könne doch nicht sein, dass Gott uns gestern diese unerwartete Hoffnung machte, um heute alles scheitern zu lassen.

Ich stand gerade vor dem riesigen Pavillion der Firma Krupp: Vorne einige Informationsstände, hinten zahllose Türen zu Besprechungszimmern. Und ich wusste natürlich, dass gerade die wichtigen Spitzenleute nicht zum Standdienst eingeteilt sind, sondern nur besuchsweise vorbeikommen. Da trat gerade ein Herr aus einem der Besprechungszimmer. Ich stürzte mich wie von Sinnen auf ihn und schilderte ihm kurz meine verzweifelte Lage. Er stellte einige Fragen nach Menge, Qualität und Lieferzeit und versprach: „Das Blech werden Sie bekommen." Er langte in die Westentasche, zog seine Visitenkarte heraus und sagte: „Geben Sie diese Karte ab und alles wird sich ebnen." Und es hat sich tatsächlich alles großartig geebnet, denn ich hatte den technischen Direktor des einzigen Elektroblechwerks erwischt, welches dem Krupp-Konzern nach der Dekartellisierung noch verblieben war. Die vier Tonnen Blech wurden bald geliefert; entgegen den üblichen Lieferzeiten und entgegen der Praxis, Neukunden nur per Vorauskasse zu beliefern. Wir waren gerettet; gerettet vor dem Schicksal vieler Erfinder, in der Gosse zu landen.

Unser Pu-Transformator wurde erfolgreich. Sein geniales, auf einer Pol-Interferenz beruhendes Grundprinzip faszinierte viele Fachleute. Er wurde in Geräten eingesetzt, in denen die magnetische Ausstreuung normaler Transformatoren schädlich gewesen wäre. Er war zweischenklig und hatte deshalb im Vergleich zu üblichen Transformatoren einen kleineren Materialaufwand, aber einen größeren Arbeitsaufwand. Das wirkte sich auf die Dauer ungünstig aus. Denn nach der Währungsreform im Jahr 1948 wuchsen in Deutschland der Wohlstand und mit ihm auch die Lohnkosten rasch an. So blieb der Pu-Transformator ein begehrter Spezial-Transformator, der aber wegen seiner höheren Kosten die Standard-Transformatoren nicht verdrängen konnte.

Wir erfanden dann noch andere Transformator-Typen und es bildete sich schließlich eine ganze Familie von Transformatoren. Für viele Ingenieure war das alles einfach unterschiedslos „der Philberth-Transformator". Im Laufe der Jahre erfanden wir – vor allem mein Bruder Bernhard – noch viele andere Dinge und brachten es zuletzt auf über 100 in- und ausländische Industriepatente. Wir gehörten zu den wenigen Erfindern, deren Erfindungen auch wirtschaftlich erfolgreich waren. Aber bis dahin war ein langer, dornenreicher Weg, denn die riesigen Ausgaben verzehrten den Löwenanteil der Einnahmen.

Wir erfanden auch den PM-Tranformator. Er war kostengünstig und hatte einen streuarmen Mantel-Kern. Wir setzten Hoffnungen auf ihn, wussten aber inzwischen aus Erfahrung, dass es nach menschlichem Ermessen kaum möglich sein würde, in großem Umfang gegen die fest eingebürgerten genormten Transformatoren anzukommen. Es hätte enormer Anstrengungen bedurft, um ihn erfolgreich einzuführen. Aber gerade in diesen Jahren brachten wir solche Anstrengungen nicht auf, weil mein Bruder an seinem Buch *Der Dreieine* arbeitete. Dieses großartige Werk ist eine Verherrlichung Gottes in Seiner Schöpfung. Der Verleger bezeichnete es als „den Introitus der Siebzigerjahre". Ich half dabei als „Rechen-Knecht", das heißt durch mathematische Ausarbeitungen der darin enthaltenen physikalischen Konzepte. In der Hingabe an diese Aufgaben vernachlässigten wir unsere technische Arbeit immer mehr. Als mir das bewusst wurde, gab ich meinem Bruder zu bedenken: „Wenn wir so weitermachen, riskieren wir, unsere Existenz als selbstständige Techniker zu verlieren. Dann müsste ich unser Brot als Angestellter verdienen und könnte deine begnadeten kosmischen Konzepte nicht mehr durchrechnen." Seine Antwort war: „Beten wir darüber." Nach einigen Tagen teilte er mir mit: „Der Herr hat zu mir gesagt wir sollen Sein Werk betreiben. Er selbst wird unseren PM-Transformator zum Erfolg führen." Wir verließen uns darauf und erlebten von da an einen raketenartigen Aufstieg des PM.

Noch jahrelang danach hatten wir Schulden, obwohl der PM seinen verheißenen Aufstieg längst erlebt hatte. Wieder war ich auf der Industrie-Messe in Hannover. Dort führte mich der Weg einmal durch die „Stahl-Straße", entlang an den riesigen so genannten Pavillions der Stahlmagnaten: Hösch, Krupp, Mannesmann, Rheinstahl, Röchling … Plötzlich stand ich an einem mächtigen Pavillion mit der Aufschrift *Vereinigte Deutsche Elektroblech-Industrie*. Davor war ein großes zweiseitiges Schaufenster, das auf jeder Seite ein einziges Beispiel von einem Elektroblech-Schnitt zeigte: vorne ein Schnitt für Klein-Transformatoren, hinten ein Schnitt für Elektromotoren. Aus der Entfernung dachte ich mir nicht viel dabei. Ich wusste doch, wie unzählig viele Kernblechschnitte es gab, und vermutete, es werde am ehesten ein Norm-Schnitt sein. Erst beim Nähertreten sah ich, ohne es fassen zu können: Es ist der PM-Schnitt. Lange brauchte ich, bis mir das Unbegreifliche zur Gewissheit wurde: Ja, es ist unser PM! Ich dachte an die meinem Bruder gegebene Verheißung Gottes und war davon überwältigt, wie Gott Sein Wort auf so unglaubliche Weise erfüllte.

Dann wurde ich wieder nüchtern, ging in den Pavillion und fragte nach einer Abbildung davon. Sie antworteten mir, dass sie keine Abbildung hätten, aber gern den Standfotografen mit einer Aufnahme beauftragen wollen. Etwas erschreckt fragte ich nach der „Unkosten-Abrechnung" und hoffte, dass es nicht allzu teuer komme. Nach der Versicherung, alles sei für mich kostenfrei, ließ ich meine Adresse dort und tatsächlich fanden wir acht Tage später in der Post einige gute Farbfotos von dem auf der Messe gezeigten PM. Mein Bruder war ebenso erstaunt wie ich. Dann landeten die Fotos in unserem Sammelsurium.

Bald darauf besuchte uns der süddeutsche Generalvertreter unseres wichtigsten Vertrags-Stanzwerks, der Firma Blum. Er brachte seinen Ingenieur mit. Beide ließen sich von meinen Erfahrungen auf der Messe berichten. Als ich ihnen dabei das Erlebnis mit dem im Schaufenster gezeigten PM erzählte, schauten sie mit ungläubigen Augen. Sonst verließen sie sich auf alles, was wir sagten – aber das war zu unbegreiflich, denn in der Industrie bewegt sich sonst nur etwas, wenn massive Ellenbogen dahinter sind. Sie wollten unbedingt die Fotos sehen. Beim Suchen in unserem Durcheinander flehte ich den Schutzengel um Hilfe an. Die Fotos nicht mehr zu finden, hätte bedeutet, dass unsere Glaubwürdigkeit in der Industrie empfindlich erschüttert worden wäre. Ich fand die Fotos, und sie konnten sich selbst überzeugen. Auch sie konnten das Unerhörte lange nicht fassen. Dann sagte der Ingenieur mit pathetischer Stimme zu uns: „Sie müssen einen ganz Mächtigen in der Industrie haben, der Ihnen hilft, obwohl Sie ihn nicht kennen."

Bernhard Philberth:

Mein Bruder und ich machten auf den verschiedensten Gebieten Erfindungen – in der Optik, Elektrotechnik, Kernphysik. Davon möchte ich auf zwei besonders eingehen. Das ist einmal die Lösung der Stabilität zweiter Ordnung und zum anderen ein Verbrennungskraftmotor.

In Bezug auf die Stabilität zweiter Ordnung: Wenn ich später Industriebesuche machte wegen anderer Erfindungen wurde immer ehrfürchtig gesagt: „Ach, Sie sind der Herr, der die Stabilität zweiter Ordnung gelöst hat." Woraufhin ich zu sagen pflegte: „Ja, ich bin der Depp", denn ich hatte zwei Jahre lang daran gearbeitet und es kam kein Geld herein.

Alle technischen Systeme und lebenden Organismen, überhaupt die ganze Welt, sind aktive Netzwerke. Alle Abläufe sind geregelt, solange diese stabil sind. Sie entarten katastrophal, sobald sie instabil werden. Stabilität zweiter Ordnung ist der unheimliche Zustand, in dem Systeme normalerweise bei Erhöhung, aber auch bei Senkung der aktiven Energie instabil werden. Anlagen mit dieser Eingenschaft explodieren, auch wenn man sie abschaltet. Ein Beispiel: Im Hydrierwerk Wessling, das im Krieg Deutschland mit Benzin aus Kohle versorgte, zeigte man uns im Jahr 1952 Kolonnen von haushohen Kontaktöfen, von denen immer wieder einer explodierte. Dort saßen zwei Dutzend Ukrainerinnen in ihrer Tracht – eine vor jedem Ofen –, um sie zu regeln. Die Öfen müssen unlogisch, mit Gefühl geregelt werden. Wenn im Notfall ein Alarm ertönt, haben die Angestellten drei Minuten Zeit, um die Gefahrenzone zu verlassen. Der Ingenieur sagte zu uns, sie würden sofort 3 Millionen DM bezahlen, wenn einer eine Lösung anbieten könnte. Ich hatte die Lösung und darauf sogar ein erteiltes Patent, sagte aber nichts. Ich war wirklich ein Depp – in jeder Hinsicht. Ich hätte ja sagen können: „Geben Sie mir erst einmal 100 000 DM. Wenn es gelingt, kann man diese ja später abziehen."

Dann geschah etwas Ungeheures. Ich sah, dass das Rüstungssystem

Amerika/Russland auch eine Stabilität zweiter Ordnung ist. Es gelang mir, dies zu berechnen. Bundeskanzler Konrad Adenauer las meine Ausführungen darüber und schrieb mir dazu. Für die Lösung des Problems der Stabilität zweiter Ordnung stand der Lilienthal-Preis mit 100 000 US$ aus, aber als Feindstaatenangehöriger konnte ich ihn nicht bekommen. Super-Jets sind auch Stabilitäten zweiter Ordnung. Das war höchst problematisch und es gelang anfangs nicht, das zu regeln. Ich weiß nicht, ob das dann alles nach meinem System lief. Erstaunlicherweise waren die Vorausberechnungen der Rüstungsschleife, die ich wegen meiner Lösung von unstabilen Schleifen durchführen konnte, für 15 Jahre recht genau. Es wurde auf enorme Fachkenntnis meinerseits zurückgeführt, aber ich glaube das nicht. Es waren einfach Eingebungen. Aber in der Begegnung mit den höchsten Militärs, also dem NATO-Oberkommandierenden Graf von Kielmansegg, dem Sicherheitsberater von Präsident Johnson Henry Kissinger, und mit anderen wurde ich schließlich der Experte, von dem man nur gemeint hatte, dass ich es sei.

Nun zum Verbrennungskraftmotor: Meine Erfindung von dessen Prinzip liegt schon ungefähr dreißig Jahre zurück und war anfangs primitiv. Ich hatte die Idee, dass man den Kraftstoff in einer Vorkammer vorverdampfen könnte. Davon hörte damals die Firma Messerschmitt-Bölkow-Blohm (MBB). Das ist ein Gehirn-Trust bei München, der u. a. Waffen wie die Exocet für Amerika entwickelte, ebenso das Space Shuttle. Der erste Direktor dieses Unternehmens war ein Verwaltungsmann. Der zweite Direktor, Sepp Hort, war der Wissenschaftler und Techniker, der für die gesamte Forschung zuständig war. Letzterer rief mich an und sagte, ich solle doch einmal in die Firma kommen. Er werde mir seinen Chauffeur, Herrn Freudenberger, schicken. Wir vereinbarten einen Termin und Herr Freudenberger holte mich ab. Als ich in das Auto stieg, sah ich gleich, dass es schusssichere Scheiben, aber keine Sitzgurte hatte. Ich fragte Herrn Freudenberger, was denn die Polizei dazu sage. „Die rümpfen die Nase, aber tolerieren es dann", war seine Antwort. Wir kamen an. Es war am frühen Nachmittag, und die Empfangshalle war völlig menschenleer; fast unheimlich. Herr Freudenberger sagte, dass ich zum Lift gehen und eine bestimmte Nummer drücken solle. Ich drückte die Nummer. Der Fahrstuhl fuhr rauf und runter, blieb stehen, fuhr wieder etwas rauf, sodass ich völlig die Orientierung verlor, in welchem Stock ich war. Dann öffnete sich die Tür. Ich befand mich in einem langen, hell erleuchteten, menschenleeren Gang ohne Türen. Aber man sah wie mit dem Messer geschnittene Linien in den Seitenwänden. Ich ging den Gang entlang. Da öffnete sich eine Tür auf der rechten Seite mit einem weiteren solchen Gang. Ich ging hinein und es öffnete sich eine Tür auf der linken Seite. Da war ich im Empfangszimmer des Chefs. Herr Freudenberger war auch schon da.

Ich unterhielt mich einige Stunden lang mit Sepp Hort. Wir sprachen über meinen Motor, der mit beinahe allen Kohlenwasserstoffen betreibbar ist, mit Benzin und Diesel, aber auch mit Rohöl und mit für Otto- oder Diesel-Motoren ungeeigneten Fraktionen. Er hat einen etwas höheren Wirkungsgrad, weniger Schadstoffausstoß und läuft ruhiger. Bei MBB hielt man das Prinzip für sehr interessant. Als ich auf wichtige, aber noch ungelöste Probleme hinwies, winkte Sepp Hort freundlich ab: „Die lösen wir alle." Wir sprachen über eine Reihe interessanter, offenbar geheimer Projekte. Auf einmal sagte er: „Sie sind Geheimnisträger und können das Land nicht mehr verlassen, denn ich werde sofort entsprechende Maßnahmen einleiten." Man wollte mich anscheinend als Mitarbeiter haben und verhindern, dass ich wieder weggehe. Ich sagte, dass ich vorhabe, über Singpur nach Australien zu reisen, und dass der Besuch pastoral sei, was absoluten Vorrang habe. Weil er ein guter Katholik war, kapitulierte er. Mein Bruder und ich vermuteten daraufhin, dass der Motor für die MBB mehr ein „Aufhänger" war, um uns als Wissenschaftler in den Griff zu bekommen. Weil ich nicht mehr zur MBB kommen wollte, besuchte uns einige Male ein Professor, der in der obersten MBB-Forschung tätig war. Er sagte, dass ich mit dem Motor keinen Erfolg haben werde, aber in große Gefahr von Seiten der mächtigen Ölgesellschaften komme.

Vor ungefähr 20 Jahren fuhr ich einmal wieder nach Australien. Damals war ich Berater des Commissioners for Energy von West Australien, Bruce Kirkwood. Anscheinend wurde der Motor von der Energiekommission geprüft. Ich sprach mit dem Commissioner darüber. Eines schönen Tages rief mich seine Sekretärin an und sagte: „Der Commissioner möchte Sie ja nicht beleidigen, aber …" – „Wieso könnte mich der Commissioner denn beleidigen?" – „Er möchte Sie morgen zu einem Fußballspiel einladen." – „Das ist doch keine Beleidigung. Ich habe zwar in meinem ganzen Leben erst ein Fußballspiel gesehen, aber ich freue mich doch, mit dem Commissioner dorthin zu gehen." – Außer mir waren noch zwei Ehepaare eingeladen. Das eine war der von seiner Frau begleitete oberste Chef der *Off Shore Company*, also der Ölfirma, die die Bohrinsel vor der Küste von West Australien leitete, und das andere war der kanadische Generalkonsul mit seiner Frau. Es war ein saukalter Tag. Bruce Kirkwood saß neben mir und die beiden anderen Ehepaare saßen hinter uns. Plötzlich wurde Bruce Kirkwood sehr unruhig. Ich sagte: „Ja, was ist denn?" Er winkte nur ab. Nach dem Spiel sagte er zu den beiden Ehepaaren: „Gehen Sie allein zu meiner Frau zum Abendessen. Mir ist gerade etwas Schreckliches eingefallen. Ich muss sofort wieder ins Büro." Es ging um die Quecksilbervergiftung des südlichen Meeres durch eine amerikanische Firma bei Bunbury. Er sagte mir, dass er mich ins Kloster bringen, danach ins Büro fahren und mich eine Stunde später wieder abholen werde. Ich war sehr glücklich darüber, weil ich total durchgefroren war und eine heiße Dusche nehmen konnte. Auf dem Weg heim zu ihm sagte er mir, dass ich ja den Mund halten und kein Wort über den Motor sagen solle; denn falls man den Motor universell einsetzen würde, könnte man die Ölförderung auf ungefähr ein Drittel reduzieren. Die Ölfirmen leben aber von jedem Öl, das sie aus dem Boden holen; auch dann, wenn zwei Drittel für unsinnige Dinge verschleudert werden müssen. Ihre ganze Kalkulation würde zusammenbrechen und man würde mich glatt umbringen. Ich konnte das nicht recht glauben, aber er sagte, dass ich das sehr ernst nehmen solle, und nannte mir Beispiele. Danach stellte ich die Arbeit an dem Motor völlig ein. Die Erfindung wurde nie veröffentlicht und auch nicht zur Patentierung angemeldet.

Angeregt durch das Interesse von zwei jungen Wissenschaftlern und Technikern in West Australien, Alfons Lemm und Angus Faulkner, und angesichts der bedrohlichen Abnahme der Ölvorkommen in der Welt, nahm ich 2004 das Projekt wieder auf. Ich hatte eine ganze Reihe von guten Ideen, um den Motor zu verbessern. Mein Bruder, der ein hochprofilierter Physiker ist, hielt die Sache für gut, und wir machten drei Patentanmeldungen in der Schweiz, weil dort deutsch gesprochen wird und uns das Prüfungsverfahren als besonders geeignet erschien. Vor ein paar Jahren wurde in Genf eine Organisation namens WIPO (World Intellectual Property Organization) gegründet. Dort kann man eine Anmeldung tätigen und sich auf andere Prioritäten beziehen. Bei der WIPO ist die Prioritätsfrist dreißig Monate. Dagegen gilt die Prioritätsfrist bei anderen Nationalanmeldungen nur ein Jahr. Wir haben versucht, den Motor irgendwie zur Produktion zu bringen, aber bisher ohne Erfolg.

Ich persönlich bin jetzt im 80. Lebensjahr (2007), schwer herzkrank und habe keinerlei Interesse an persönlichem wirtschaftlichen Erfolg oder Ruhm und Ansehen, sondern es geht mir nur darum, dass Gott uns zu Verwaltern der Erde bestellt hat und zur Rechenschaft ziehen wird, wenn wir das nicht tun. Der „Öl Peak" ist derart bedrohlich, dass die Wissenschaftler damit rechnen, dass die Ölquellen weltweit in dreißig Jahren erschöpft sein werden, wenn wir so verschwenderisch weiter wirtschaften wie bisher. Riesige Ölmengen werden heute vergeudet, weil die üblichen Verbrennungsmotoren einen großen Anteil der Erdölfraktionen nicht gebrauchen können. Mein Motor dagegen arbeitet mit den allermeisten Erdölfraktionen, sodass das Rohöl mehrfach so gut genutzt wird wie bisher und damit die Erdölvorräte unseres Planeten vielleicht noch hundert Jahre reichen könnten. Bessere Nutzung der Erdölvorräte könnte freilich auch durch ganz andere Lösungen erreicht werden, die möglicherweise in kommenden Jahren entwickelt werden.

So startete das Projekt. Ich sah schon bald, dass es eine fürchterliche Aufgabe ist, die mir keine Freizeit lässt, sodass ich schon seit Monaten keine Zeit fand, meine sich stapelnden Papierberge abzulegen. Am liebsten hätte ich nur die Sorge, ob ich zum Frühstück ein Ei esse oder mir einen Porridge mache, aber das geht leider nicht. Wenn man in so einer Geschichte drinhängt, kommt man nicht wieder heraus.

Das Buch *Christliche Prophetie und Nuklearenergie*

Das Buch *Christliche Prophetie und Nuklearenergie* war mein erstes Buch. Genau wie viele Theologen hatte ich früher die Apokalypse für eine Aufzeichnung von mythischem Endzeitgeschehen aufgefasst, als symbolische Inhalte, die man nicht zu ernst zu nehmen braucht.

Ich hielt mich mit meiner Mutter in einem Franziskanerinnenkloster in Rattelsdorf auf. Meine Mutter war dort zur Erholung. Sie litt an einer schweren Strahlenbelastung durch ein ärztliches Experiment. Sie war zur Extinktion eines faustgroßen Myoms im Uterus mit Kobald 60 behandelt worden. Alle anderen Frauen – hunderte – starben innerhalb von wenigen Jahren nach einer solchen Behandlung, die Mutter aber nicht.

Ich bereitete gerade einen Vortrag über nuklear-strategische Fragen vor. Auf einmal fiel mir auf, dass das, was in der Apokalypse steht, eine exakte Berichterstattung eines Nuklearkrieges sein könnte. Ich rief meinen Bruder in München an und erwähnte meinen Eindruck. Er meinte, ich solle mir keine Gedanken darüber machen, denn wenn ich in dem Buch ein paar Seiten weiterläse, würde ich schon sehen, dass es keine Relevanz habe. Es war aber nicht so, sondern ich sah, dass in Details genaue Angaben vorlagen, und zwar sowohl in den „Posaunen" als auch in den „Schalen": Die Posaunen berichten über die Anfangsphase eines Nuklearkrieges, mit ganz charakteristischen Worten über die zwei Phasen des Krieges und strategische Gesichtspunkte. Die Schalen – Inhalt der siebten Posaune – beschreiben unheimlich exakt die Endereignisse und deren Seins-vernichtende Folgen. So sah ich mich verpflichtet, dieses Buch zu schreiben.

Ich gab Kopien des fertigen Manuskripts an verschiedene Freunde, auch Kernphysiker. Sie waren alle sehr merkwürdig und tief davon beeindruckt. Es waren einige sehr gefährliche Passagen darin, die „die Sünde gegen den Geist der Rüstung" begingen, indem zur Sprache kam, dass das militärische

System der Kontrolle entglitten war. Man konnte alles sagen, das aber nicht. Ganz gefährlich war die Publikation, dass die USA die beiden A-Bomben überstürzt eingesetzt hatten, obwohl die bedingungslose Kapitulation des japanischen Kaisers schon der US-Regierung vorgelegen hatte, aber die Weiterleitung an den Präsidenten verzögert worden war. Ich gab dem Buch seinen Titel, damit die Sicherheitsbehörden nicht von Anfang an mitbekamen, was darin stand, und damit das Buch publizierbar war. Es wurde mir damals gesagt, dass, wenn ein Buch einen unerwünschten Inhalt hat, man bei bis zu 2000 schon umlaufenden Exemplaren versuchen würde, es zurückzuziehen, aber danach den Versuch als aussichtslos aufgebe. Ich dachte mir, dass ich durch die Wahl des Titels Zeit gewinnen könne.

Das Buch kam Anfang der Sechzigerjahre heraus. 1952 fand die Automatisierung des Gegenschlag-Systems statt. Ich war einer der sieben Berechner der Selbstauslösungswahrscheinlichkeit des Nuklearkrieges. Die anderen waren der russische Generalstab, der Warschauer Pakt, die amerikanische Luftwaffe, der amerikanische Generalstab, die NATO und Professor Carl Friedrich von Weizsäcker. Wir kamen alle auf ähnliche Ergebnisse.

Als das Buch herauskam, sagte mein Bruder zu mir: „Jetzt wirst du nicht mehr lang leben. Jetzt ist der Elefant zur Tür heraus und ist nicht mehr zu stoppen." Papst Pius XII. hatte vor dem Militärkongress der Ärzte und vor der vatikanischen Akademie die Erklärung abgegeben, dass ein Waffensystem, das der Kontrolle entglitten ist (durch Selbstauslösungswahrscheinlichkeit) unsittlich und verwerflich sei. Man rechnete damit, dass daraufhin führende Militärs ihren Dienst kündigen würden. Es traf sozusagen den Nerv des ganzen Abschreckungskonzepts und der westlichen Rüstung. Einige Wochen später gab Präsident John F. Kennedy eine unheimliche Erklärung ab, mit der ich irgendwie abgesichert war. Er sagte: „Wir leben unter einem nuklearen Damoklesschwert, das am dünnsten aller Fäden hängt und das jeden Moment durch eine Fehlkalkulation, durch eine Wahnsinnstat oder durch ein Versagen fallen kann." Das beruhigte uns etwas. Ein halbes Jahr später gab Nikita Chruschtschow auf der Krim eine ähnliche Erklärung ab. Die „Sünde gegen den Geist der Rüstung" war damit weitgehend entschärft.

Das Buch erschien, und die erste Auflage wurde ziemlich schnell verkauft. Inzwischen hat es 28 Auflagen erreicht und ist in viele Sprachen übersetzt worden, auch in japanisch. Es nahm starken Einfluss auf das Militärwesen.

In der Schweiz wurde dann eine Radio-Direktsendung über Nuklearstrategie im Zusammenhang mit meinem Buch *Christliche Prophetie und Nuklearenergie* gewünscht. Ich hatte ein Manuskript des Vortrags an das Regierungsstudio in Bern geschickt, aber es wurde ungeöffnet zurückgesandt. Das hätte mir auffallen sollen. Vom Direktor wurde mir gesagt: „Wir sind ein freier Staat und Sie können sagen, was Sie wollen." Später habe ich aber gemerkt, warum man sich so verhielt. Man wollte sich gegen die NATO absichern und sagen können, dass man nicht wusste, was ich sagen würde, da es eine Direktsendung war.

Ich fuhr also nach Bern, wo man mich im Hotel „Gurtenkulm" einquartierte. Weil kurz vorher eine große Konferenz gewesen war und einige Tage später wieder eine stattfand, nahm man zwischendurch keine Privatgäste an, und ich wohnte dort als einziger Gast – sehr schön.

Zwei Stunden vor der abendlichen Sendung saß ich mit dem Direktor, dem Vizedirektor und dem Programmchef des Senders *Bern / Beromünster* zusammen. Sie rauchten schwere Virginias, und ich merkte, dass sich der Rauch bei mir in den Hals setzte. Als ich das sagte, wurden die Zigarren schnellstens ausgedrückt. Der Sender hatte einen großen Raum als Studio, in dem sich die Mikrofone befanden und in dem 400 Besucher Platz hatten. Der Vortrag war in der Radiozeitschrift bekanntgegeben worden. Der Direktor sagte, dass vielleicht niemand kommen werde, weil gleichzeitig drei andere große Veranstaltungen stattfänden, die für die Leute wichtig seien. Er erwähnte, dass die größten Schauspieler umfielen, wenn sie vor dem nackten Mikrofon sprechen müssten, und wollte wissen, ob ich da auch Befürchtungen hätte. Ich meinte, dass es schon gehen werde.

Inzwischen hatte sich der Raum so gefüllt, dass sie niemand mehr hereinlassen konnten. Da es eine Direktsendung war, wusste ich, dass ich meinen Vortrag auf die Minute genau einhalten musste. Dafür hatte ich einen Trick. Im Manuskript unterstrich ich in jedem Satz die zwei wichtigsten Worte in unterschiedlichen Farben, immer in der Reihenfolge des Spektrums. Oben vermerkte ich die Uhrzeit, wann ich dort ankommen musste. So konnte ich entweder beschleunigen oder bremsen und brachte es auf zwei Minuten genau hin.

Danach fand eine Diskussion statt, die nicht gesendet, aber aufgenommen und dokumentiert wurde. Die Diskussion wurde von dem Vorsitzenden der philosophischen Vereinigung der Schweiz geleitet. Ich war solche Veranstaltungen nicht gewohnt, und man lernt ja immer noch dazu. Es ist ratsam, vor einer Diskussion jemand am Ärmel zu zupfen und ihn zu bitten, eine Frage zu stellen, wenn die Diskussion angeht. Die Frage muss mittlerer Qualität sein, also nicht zu hoch, sonst trauen sich die Leute nicht, weitere Fragen zu stellen, aber auch nicht zu niedrig, sonst fangen all die Quassler zu reden an. Ich hatte das leider nicht gemacht. Der Direktor, der Vizedirektor und der Programmchef saßen nebeneinander in der ersten Reihe auf der Seite. Hinter dem Mittleren der drei Herren vom Sender saß ein Regierungsvermesser. Er stand auf, drehte sich mit dem Rücken zu den Dreien zum Publikum hin und fing an zu reden. Er sagte, dass der Vortrag ja ganz gut gewesen sei, hätte aber etwas Wichtiges vergessen. Es seien böse Geister in den Atomen eingeschlossen, die bei der Atomspaltung herauskämen. Er schimpfte auf den Sender, dass er seine eigenen Vorträge nicht gebracht hatte. Die Drei vom Sender und ich wussten nicht, was wir für ein Gesicht aufsetzen sollten. Der Mann war nicht zu stoppen und verquasselte fast die ganze Diskussionszeit. Mir war es ganz recht, weil ich mich entspannen konnte. Als man mich fragte, was ich dazu zu sagen hätte, sagte ich: „Nachdem keine Frage an mich gestellt wurde, besteht auch keine Veranlassung zu einer Antwort." Danach stand ein Zwingli-Pastor auf, ein langer, schlaksiger Mann. Er hob seine Hände hoch und sagte: „Die Apokalypse ist doch ganz anders zu verstehen. Jeder Buchstabe entspricht einer Ziffer, und man kann aus den Ziffern ablesen, wer gemeint ist. Der Papst ist dabei als der Antichrist herausgekommen." Er verquasselte den Rest der Zeit. Ich sagte abschließend: „Nur gut, dass Sie nicht noch länger gerechnet haben, sonst wäre Ihr eigener Name vielleicht auch noch erschienen." Der Diskussionsleiter hatte vergebens versucht, die Redner zu stoppen, und schliesslich aufgegeben.

Nach der Sendung saß ich mit dem Programmchef in der Kantine. Da wurde er zum Telefon gerufen. Als er zurückkam, sagte er, dass Ludwig von Moos vom Bundesrat für Staatssicherheit angerufen und gesagt habe, dass er den Vortrag gehört habe. Dieser solle wiederholt werden. Ein Termin sei schon für den 30. März vereinbart. Der Vortrag werde aber vom Band abgespielt und ich brauche nicht dabei zu sein. Als wir auf die Uhr schauten, war es schon zu spät für die Bergbahn, und wir mussten nachts im Schneematsch zu meinem Hotel auf dem Berg hinauflaufen.

Man hatte mir zur Wahl gestellt, wie ich wieder nach Hause fahren wolle, ob mit dem Auto oder der Bahn. Ich entschied mich für die Bahn erster Klasse von Bern nach München. Im Zug suchte ich ein leeres Abteil. Überall saßen schon zwei oder drei Leute. Nur in einem einzigen Abteil saß nur ein einzelner Mann. Ich setzte mich auf den freien Fensterplatz. Nach einer Weile fragte mich der Mann: „Sind Sie der Physiker, der vorgestern im Radio gesprochen hat?" – „Ja, woher wissen Sie denn das?" – „In der Radiozeitung war ein Foto von Ihnen." – Irgendwie kamen wir auf Explosivstoffe zu sprechen. Er sagte, Ammonium-Perchlorat sei der wirksamste Oxidator. Ich sagte, dass Ammonium-Nitrat zwar träger sei, aber wegen des Molekulargewichts doch günstiger. Das zündete bei ihm: „Das sage ich ja auch, aber ich kann mich damit nicht durchsetzen." Schließlich fragte ich ihn: „Wer sind Sie eigentlich?" – „Ich bin der Chef der Schweizer militärischen Sprengstoff- und Treibstoff-Technik." – „Ach, da sind Sie ja der Nachfolger von dem berühmten Stettbacher." – „Ja, aber Sie tun mir eine viel zu große Ehre an." Nun hielt er mich wohl für einen Geheimnisträger und vertraute mir die allerneuesten Sachen an, die in der Schweiz an sich unter Geheimhaltung standen. Später konnte ich das Wissen bei dem NATO-Oberkommandierenden Graf von Kielmansegg einsetzen und dadurch Eindruck schinden. Eingangs sagte ich zu General K., dass ich mich grundätzlich nicht an Geheimhaltung bände und er eben nichts sagen solle, was geheim zu halten sei. Sein Adjutant – ein Oberst – war ganz entsetzt. Das hielt aber den General nicht davon ab, über kritische Probleme frei zu sprechen; u. a. darüber, ob Raketen bei einem Atomangriff eine durchglühte Stratosphäre durchlaufen können, was für die Möglichkeit eines Gegenschlags wichtig ist. Er besprach, was er Henry Kissinger – den ich zuvor gesprochen hatte – vorschlagen solle.

Das Buch erreichte riesige Auflagen und kam in verschiedenen Ländern auch in den Generalstab. Es kam zu einem schweren Angriff auf das Buch in der *Prawda* (größte russische Zeitung) und anscheinend auch sonst. Das war eine große Werbung. Russische Wissenschaftler, die in den Westen kamen, kauften sich das Buch und nahmen es mit hinüber. Das Paradoxe an der Geschichte war Folgendes: Weil das Buch mathematische Formeln enthält, traute sich der Staatssicherheitsdienst nicht, es in der Soviet Union zu verbieten. Das Buch *Christliche Prophetie und Nuklearenergie* und später auch *Der Dreieine* waren im ersten und zweiten Rang erlaubt, d. h. Spezialisten und hochrangige Wissenschaftler verwandter Gebiete hatten Zugang dazu. Auch die Staatsbibliotheken mussten die Bücher erwerben. Dort kamen sie aber in die so genannte „Giftabteilung", für die man einen Kommissarsausweis benötigte. In „Mütterchen Russland" genügte aber auch eine Flasche Wodka. Weil jeden zumeist interessierte, was in dieser Abteilung war, war es der wirksamste Weg zur allgemeinen Verbreitung. Ich stellte fest, dass sich solche politischen Systeme selber paralysieren. Je mehr Terror ausgeübt wird, umso mehr gibt es Effekte, mit denen sich die Systeme selbst lahmlegen.

Ich hörte von verschiedenen Seiten, dass das Buch auch von Papst Paul VI. gelesen wurde und er es als Basis seiner Ansprache vor der UNO-Vollversammlung in New York benutzte.

Buddhismus und Christentum

Wie ich schon schrieb, dachte ich bereits als Kind ständig über die Unendlichkeit nach; schon in unserer Zeit in Neustadt, als ich fünf Jahre alt war, und danach in Nürnberg, wo ich mit sechs Jahren in die Schule kam. Ich fragte mich, wie das sein könnte, wenn da ein riesiger Raum ist. Hat der einmal ein Ende? Selbst wenn irgendwo ein Bretterzaun wäre, müsste der ja auch unendlich dick sein usw. Meine Eltern verstanden, dass mich das stark bewegte, aber natürlich konnte niemand eine Antwort auf diese Fragen geben.

Auch in der Physik gab es keine Antwort. Man suchte damals nach der Aufklärung des „Olbers Paradoxon". Wilhelm Olbers (1758–1840) war Arzt und Astronom, der von Napoleon für seine medizinische Tätigkeit für Frankreich ausgezeichnet wurde. Olbers stellte die These auf, dass, wenn es unendlich viele Sterne gäbe, die gleichmäßig im Raum verteilt wären, der Nachthimmel hell wie die Sonnenscheibe sein müsste, denn, in welche Entfernung auch immer man schaute, man würde überall auf eine Sonne schauen. Dieses Paradoxon bewegte alle Physiker sehr und niemand hatte eine Antwort. Erst durch Einstein und die „gekrümmten Räume" lässt sich das Paradoxon erklären. Der Nachthimmel ist schwarz, weil weit entfernte Objekte aus früheren Zeiten sind und der Raum nicht euklidisch ist.

Eine weitere Frage, die mich sehr bewegte, war die des ewigen Heils. Ich dachte mir, dass es doch schön wäre, wenn man eine Sicherheit hätte, dass man alles richtig macht und man dann wirklich erwarten kann, dass man in den Himmel kommt – und nicht, dass man alles falsch macht und es gar nicht merkt und es auch nicht gesagt bekommt.

In Nürnberg, wo wir nur ein Jahr waren, hatte ich einen quälenden Traum, der immer wieder kam. Wir wohnten im fünften Stock eines Wohnblocks mit einem offenen, dunklen Treppenhaus. Im Traum ging ich unten ins Haus hinein und stieg die Treppe zur Wohnung herauf. Auf halbem Weg merkte ich, dass unten der Teufel zur Tür hereinkam und mir folgte. Er ging schneller als ich und kam näher und näher, bevor ich unsere Wohnung erreichte. In dem Moment, wo er direkt hinter mir war, wachte ich schweißgebadet auf. Ich versuchte immer verzweifelt, mich am Einschlafen zu hindern, was natürlich nicht gelang. Schließlich überlegte ich, dass, wenn der Teufel das nächste Mal heraufkommt und direkt hinter mir ist, ich ihm eine runterhaue. Der Traum kam wieder. Ich drehte mich um, konnte aber nichts ausrichten und wachte voller Schrecken auf. Dann kam der Traum noch einmal, und da habe ich ihm wirklich eine runtergehauen und damit war der Traum zu Ende.

In der Schule lernte ich wenig, weil ich mir selbst dauernd Dinge ausdachte. Dabei bewegte mich ganz besonders das Geistig-Spirituelle. Als ich zwölf oder dreizehn war (wir waren inzwischen nach München gezogen), kam öfters ein Pater Johannes Voit bei uns vorbei. Er erzählte uns, dass er für die Afrikamission der „Weißen Väter" tätig sei. Ich dachte mir, dass das der Weg in den Himmel sei, und zeigte großes Interesse für diesen Weg. Ich wäre auch zu großen Opfern bereit gewesen. Pater Voit gab mir Hefte „Die letzte Stunde" zu lesen und dergleichen mehr, sodass Karl sagte: „Der will bei dem Bernhard ein Feuer anzünden." Wenn ich jetzt so zurückdenke, war bei mir natürlich auch die Urwaldromantik mit Löwen und Schlangen und das Abenteuer mit im Spiel. Aber primär war mein Verlangen spirituell orientiert. Ich dachte mir, dass für meine missionarischen Ambitionen eine Klosterschule ein sicherer Weg wäre. So sagte ich zu den Eltern, dass ich gern in die Klosterschule in der berühmten Abtei St. Ottilien gehen möchte. Wir hatten einen Religionslehrer, Prof. Auernhammer, der früher bei den Kürassieren (Schwere Reiter) war. Man konnte es an seinen O-Beinen sehen. Mit ihm sprach ich auch über meine Absicht. Meine Eltern sagten: „Schau mal her. Es sind nur 200 Meter von hier bis in die Schule." Ich berichtete:

„207 Meter bis zum Eingang. Ich habe es genau gemessen, um mein Fernrohr richtig einzustellen." – „… und St. Ottilien ist eine Stunde mit der Bahn entfernt." Meine Mutter suchte Prof. Auernhammer auf und erklärte ihm, dass sie und ihr Mann der Meinung wären, dass ich daheimbleiben solle. Später könne ich mich immer noch entscheiden. Prof. Auernhammer war der gleichen Meinung. Man sieht an meinem Verhalten, dass ich ungemein starke, auf die Transzendenz gerichtete Neigungen hatte. Das war die vordringliche Motivation meines Lebens. Die zweite war, produktive Gedanken zu haben und zu präsentieren.

Ich begann, mich für andere Religionen zu interessieren. Ich wollte wissen, was die Unterschiede sind und ob in allen Lehren etwas Wahres steckt. Schon als Schulbub im Alter von 13 und 14 Jahren lieh ich mir in der Staatsbibliothek von München Bücher auf den Namen meines Vaters aus. Eines Tages sah mich der stellvertretende Schulleiter (der nach dem Krieg mein Abitur durchsetzte) in der Bibliothek. Als ich weg war, wies er sich aus und sagte, dass er gern sehen würde, was ich mir ausleihe. Er fand heraus, dass ich mir u. a. hochinteressante, aus dem Sanskrit übersetzte Originalschriften vom klassischen Buddhismus ausgeliehen hatte. Er rief die Mutter in die Schule und sagte: „Ihr Sohn, statt in der Schule zu lernen, jagt da solchen Dingen nach. Es ist zwar sehr interessant, was er liest, aber er dreht noch ganz durch. Aber was kann ich machen, wenn er die Bücher auf den Namen seines Vaters ausleiht, der Richter ist?" Danach musste ich mir interessante Bücher auf andere Weise besorgen.

Ich war vom klassischen Buddhismus fasziniert und las viel über dieses Thema. Später besorgte ich mir die *Mittlere Sammlung*, in der die Reden Gautama Buddhas genau niedergelegt sind. Der Inhalt bewegte mich zutiefst. Trotzdem hielt ich mich für einen guten Katholiken und ging regelmäßig in die Kirche. Ich hielt mein Interesse nicht für abwegig und empfand das Studium des Buddhismus als zusätzliche Bereicherung. Mein Bruder sagt auch, dass er erst durch den klassischen Buddhismus das richtige Verhältnis zum Christentum gefunden habe.

Mit 16 Jahren, während des Krieges, wurde fast unsere ganze Klasse zur Flak eingezogen. Wir mussten die Kanonen und das Kommando- und Funkmessgerät bedienen. Fast alle Kampfsoldaten waren Schüler. Einige ganz Alte sorgten für Kleider und Verpflegung. Nur die Unteroffiziere und Wachtmeister waren mittleren Alters. Ich bekam einen schweren Leberschaden, wahrscheinlich von den Impfungen. Damals benutzte man die gleiche Nadel für eine Impfung nach der anderen. Man kochte sie zwar immer wieder aus, aber die Hepatitisviren gehen ja erst bei 160 Grad kaputt. Man konnte als Rekonvaleszent beantragen, in ein dafür anerkanntes Heim zu kommen. So kam ich in das Kinderheim „Ingerlhof" auf dem Tegernseer Berg, wo ich als Zehnjähriger schon einmal kurz war. Die Kriegslazarette waren alle hoffnungslos überladen. Außer 35 Jugendlichen, die zum Teil im Krieg verwaist worden waren, hielten sich in dem Heim auch ein Unteroffizier und ein Militärkaplan zur Rekonvaleszenz auf. Ich hatte ein Bett in der Scheune, oberhalb des Haupthauses. Wenn ich in der Früh aufwachte, war das Bett oft voller Schnee, der über Nacht durch die Fugen hereingeblasen worden war. Der Kaplan und der Unteroffizier waren ähnlich untergebracht. Die Kinder schliefen im Haupthaus.

Bevor ich in das Heim kam, hatte ich in der *Neuen Schau* einen Artikel über den Professor für Philosophie in Erlangen, Eugen Herrigel, gelesen. Er war Zenmeister, der persönlich in Japan bei dem Lehrer des japanischen Kaisers Unterricht genommen und die Meisterschaft erworben hatte. Dieser Artikel regte mich sehr an. Ich stand damals unter großem Einfluss des *Achtfachen Wegs* Gautama Buddhas, demgemäß man erst die vier niederen und dann die vier höheren Stufen durchläuft. Die letzen Stufen sind die des „unbegrenzten Raumes", der „unbegrenzten Einsicht" und schließlich des „Nirvana", das nicht fassbar ist. In dem Artikel las ich, dass Eugen Herrigel

Zen gelernt hatte und dass das ein Training in der Richtung war. Das Training zielt auf eine völlige Ablösung vom Ich im Durchlaufen dieser Stufen, aber in abgewandelter Art von dem, was Gautama Buddha sagt. Das Training ist aber gegründet auf dessen Lehre. Der so genannte Zen-Buddhismus kam über China nach Japan und wurde dort adaptiert.

Ich machte auf eigene Faust ein Training, wie ich es mir als richtig vorstellte. Da hatte ich in dem Kinderheim „Ingerlhof" folgendes unheimliche Erlebnis, in dem ich die Entstehung des ersten *Quasars* (Quasi Stellar Radioobjekt) erlebte. Eines Abends setzte ich mich hin und machte eine Meditationsübung. Auf einmal sah ich mich einer extrem weiß leuchtenden Gasblase gegenüber. Ich erkannte auch Einzelheiten, z. B., dass die Zentraltemperatur 5 Milliarden Grad war und dass die Blase aus vielen Milliarden Sonnenmassen bestand und 150 Lichtjahre entfernt unter einem Winkel von 20° war. Ich sah riesige Gasmassen dazuströmen, und dass sie, als sie in die Nähe der Gasblase kamen, weiß aufglühten. Es wurde mir gesagt, dass das der Anfang des Weltalls sei. Das war mir damals unverständlich und passte gar nicht in meine Vorstellungen. Von der Astrophysik war ich geprägt von der richtigen Vorstellung eines expansiven Kosmos. Damit hielt ich dieses extrem starke Erlebnis für eine Halluzination. Ich versuchte, noch einmal vor die Blase zu kommen, um die Gasmassen wegströmen zu sehen. Das gelang – und ich sah die Gasmassen wegströmen, was zwar besser zu einer Expansion passte, aber irgendwie unnatürlich aussah. In einem schwindelerregenden Gefühl merkte ich, dass ich in der Zeit rückwärtslief. Es war wie in einem rückgespulten Film. Real strömten die Gasmassen eben doch kontraktiv zur Blase und vergrößerten diese gewaltig zunehmend. Jahrelang kam ich nicht damit zurecht, bis dann die Quasare entdeckt wurden. Faktisch ist der Anfang des Weltalls doch erst mit der Inhomogenisierung des homogenen, dunklen und absolut unstrukturierten Ur-Plasmas.

Die Absonderlichkeit ging noch weiter. Unten im Haupthaus läutete die

Glocke zum Abendessen. Ich erinnere mich noch, dass ich durch die Tür der Scheune hinausging. Da sah ich das ganze Planetensystem plastisch und konnte u. a. sehen, dass der Saturn weiter entfernt war als der Jupiter. Ich konnte auch tief in die Erdformationen hineinschauen. Es war aber alles für mich völlig selbstverständlich. Ich ging in das Wohnzimmer des Haupthauses. Dort saßen der Militärkaplan und der Unteroffizier und spielten Schach. Ich setzte mich dazu und wusste im Voraus, dass der Kaplan mit einem Springer-Zug und bei dem nächsten Spiel der Unteroffizier mit einem Turm-Zug gewinnen werde. Es kam auch so und auf einmal wurde mir bewusst, dass alles, was sich ereignet hatte, ja ein ganz ungewöhnliches Phänomen war. In dem Moment war es weg.

Ich trainierte jeden Tag die Loslösung von mir selbst. Manchmal musste ich mich zu den Übungen direkt zwingen. Im Verlauf dieses Trainings kamen für mich transzendente Fähigkeiten sehr schnell zustande. Schon nach kurzer Zeit hatte ich das erreicht, wofür Gautama jahrelanges Training angab. Ich hatte immer wieder solche Durchsichten und Einsichten und machte auch eine große Zahl Erfindungen und Entdeckungen; einige ganz unheimliche, die ich in der Akte „13 j" versteckte.

Kurz nach dem Krieg dachte ich mir, dass ich einmal Eugen Herrigel in Erlangen aufsuchen werde. Er hatte dort eine schöne Villa gehabt, die von der amerikanischen Besatzungsmacht konfisziert worden war. Seine Bücher waren einfach zum Fenster hinausgeworfen worden. Er war nachts dorthin gegangen und hatte sie wieder eingesammelt und getrocknet. Er wohnte in einem Laborraum des physikalisch-chemischen Instituts der Universität Erlangen. Als ich zur Tür hineinkam, sagte er zu mir: „Sie werden die Meisterschaft erlangen." All dies wunderte mich sehr. Es waren mir unfassbare Vorgänge. Herrigel sagte, dass man solches Training nicht ohne Führung machen dürfe. Es würde sich ein eigentümlicher Dünkel einstellen und der würde einem zum Verderben werden. Das erlebte ich dann auch. Ich machte einen großen Fehler, über den ich nichts erzählen will, und plötzlich wusste ich, dass ein starker Dämon da war, den ich nicht abschütteln konnte.

Wir hatten eine lange Wohnung mit vier Zimmern. Ganz hinten war das Schlafzimmer meiner Eltern, vorne war das Wohnzimmer, dann kam das so genannte Herrenzimmer, das ich bewohnte, und dann das Kinderzimmer, das Karl gehörte. Eines Abends ging ich ins Wohnzimmer. Meine Mutter wollte ins Bett gehen und kam entsetzt zurück ins Wohnzimmer. Sie sagte: „Da gehen schwere Schritte im Schlafzimmer auf und ab." Mich überkam ein Grauen. Ich wusste schon, womit das zusammenhing. Ich sagte: „Ach, Mutter, nun dreh einmal nicht durch." Ich versuchte sie zu beruhigen, aber es gelang mir nicht recht. Als sie wieder ins Schlafzimmer ging, war der Spuk weg. Monatelang gab es schwere Spukerscheinungen in meinem Zimmer. Jede Nacht um halb zwei kam mir eine dunkle Macht ganz nah. Es waren unheimliche Geräusche. Ich konnte nicht mehr schlafen. Ich sagte mir, dass ich auf Abwegen sei – was auch der Fall war – und dass ich in ein Kloster müsse, um diese Last loszuwerden. Ich begann im ersten Band des Brockhaus nach Klöstern zu suchen und fand dann im zweiten Band die Benediktiner und das Kloster Metten. Es befindet sich an der Grenze des Bayrischen Waldes. Es ist das zweitälteste Kloster Deutschlands und wurde 766 gegründet. Dort fuhr ich hin.

Ich ging durch den Klosterhof auf das Kloster zu. An der Pforte fragte mich der Bruder Engelhard, ein typischer Niederbayer, etwas rau, was ich denn wolle. Ich sagte, dass ich gern meine Seele wieder aufforsten möchte, und ob ich einmal im Kloster wohnen könnte. Er rief den Abt an, der zur Pforte kam und nach dem Grund meines Anliegens fragte. Ich sagte, dass ich das Bedürfnis hätte, wieder ins seelische Gleichgewicht zu kommen. Er fragte, ob ich eine Empfehlung hätte. Ich sagte Ja. Es war ein Schreiben von meinem damaligen Chemielehrer. „Warum vom Chemielehrer?" – „Weil ich in Chemie die besten Noten habe." Die Mönche sagten mir später, dass die Gauner, die in Klöster eindringen, mit erschlichenen Empfehlungen vom Bischof, Minister oder ähnlichen Potentaten kommen. Die Empfehlung vom Chemielehrer war naiv entwaffnend, sodass dem Abt und den Mönchen mein Gesuch sympathisch war.

Ich bekam eine Zelle, was damals ungewöhnlich war. Beim Essen saß ich ganz hinten bei den Brüdern und niemand sprach mit mir. Ich nahm am Klosterleben teil, durfte aber nicht in den Chor, sondern wohnte den Andachten aus der öffentlichen Kirche bei, von der aus der Chor hinter einem Buntglasfenster hinter dem Altar war. Die Mönche hatten ein streng geregeltes Leben. Das mächtige Kloster mit meterdicken Mauern aus dem frühen Mittelalter beeindruckte mich tief. Unten war ein langer Gang, der „Dormitorium" (Schlafraum) hieß: Im Mittelalter war die Bewegung feindlicher Kräfte (Hunnen) rascher als die Information. Daher mussten die Mönche stets kampfbereit sein und schliefen sogar nachts mit bereit liegendem Schwert – für den Fall, dass der Feind die Tore einbrach. Für jeden gestorbenen Mönch war eine Fliese in den Boden eingelassen. An Stellen, die selten betreten wurden, waren diese noch lesbar. Man erlebt gewaltig die Geschichte, wenn man beim Vorbeigehen die Flieseninschriften aus dem 9. Jahrhundert verschwinden und die aus dem 10. Jahrhundert auftauchen sieht. Jetzt, da ich das niederlege, überkommt mich eine tiefe Sehnsucht nach solchem Mönchsleben. Wir in der Welt wissen überhaupt nicht, welch spiritueller Reichtum existiert. – Von der Zeit an hielt ich mich jedes Jahr für zwei Wochen dort auf. Erst im dritten Jahr fing der Novizenmeister, Pater Paul, an, mit mir zu sprechen. Es war irgendwie eine Besonderheit.

Ich kam im Heiligen Jahr 1950 zum ersten Mal nach Metten. Es war 10 Tage vor Ostern. Ich betete viel, wurde aber die dämonischen Mächte zunächst nicht los. Aber dann plötzlich in der Auferstehungsnacht, als ich wieder dem Chorgebet hinter dem Fenster zuhörte, spürte ich die Gegenwart des dreieinen Gottes. Danach verlor ich die Fähigkeiten, die ich mir unbotmäßig durch das Selbsttraining angeeignet hatte. Frevelhafte Aneignung war aber gerade nicht meine Absicht gewesen, sondern ich hatte es im Herrn und mit dem Herrn tun wollen. Es wurde mir deutlich gemacht, dass der Herr solche Fähigkeiten immer nur vorübergehend für die Ausführung eines bestimmten Auftrages gewährt. – Ab jetzt waren solche Fähigkeiten eine Leihgabe Gottes, während sie vorher eine Selbstaneignung waren. Ich hatte den Eindruck, dass Gott will, dass wir diese Fähigkeiten haben, aber nur zur Durchführung Seiner Aufträge: so wie ein Vater einem Sohn sein Vermögen vererbt, aber ihm auch vorher schon für bestimmte Dinge davon geben kann. Der Sohn kann es sich aber auch erzwingen, was des Teufels ist.

Ich erkannte, dass Gott den geschaffenen Geistern völlige Freiheit gegeben hat, sogar die Freiheit, Ihn anzuerkennen oder abzulehnen. Einem Geist wie Luzifer, der Gott ablehnt und souverän sein will, gewährt es Gott. Er gibt ihm ein Universum, in dem alle Ressourcen vorhanden sind. Dort ist dieser Geist der Fürst. Er hat auch übernatürliche Fähigkeiten, die jedoch weltimmanent sind. So eine Welt ist dann nicht mehr geleitet vom Herrn selbst, sondern von Luzifer. Es kommt zu grauenhaften Entartungen. Denn wer Gott nicht dienen will, will erst recht nicht einem anderen dienen. Das heißt, dass die Dienste erzwungen werden müssen. Damit beginnen Machtkämpfe, Gewalttaten, Betrügereien, Lügen, Indoktrination und all die furchtbaren Dinge, in welche die Aktivitäten in dieser Welt unentwegt abzugleiten drohen und abgleiten. Dies können und sollen wir in Christus überwinden. Christus sagt vor Pilatus: „Mein Reich ist nicht von dieser Welt." Das löst auch das so genannte Theodizee-Problem, wieso ein barmherziger Gott eine so furchtbare Welt geschaffen haben konnte und sogar „sah, dass es gut war". Unter diesem gigantischen Aspekt löst sich jede Problematik. (Siehe mein Buch *Offenbarung*)

Der Klassische Buddhismus – der von Gautama selbst – beeindruckte mich zutiefst. Ich empfand damit eine Aufgipfelung weltimmanenter Geistigkeit zu sonst unerreichter Höhe. Dennoch „bekehrte" ich mich nicht zum Buddhismus, ebenso wenig wie der Apostel Thomas, der als einer der zwölf Bodhisattva *(erleuchteter Mensch)* angesehen ist. Faktisch kann man sich auch gar nicht zum Buddhismus bekehren, weil von den Buddhisten jeder als „Buddhist" angesehen wird, der nach den Lehren Gautama Buddhas lebt. So wurden z. B. die katholischen „Guten Hirtinnen" – zusammen mit mir – im berühmten Tempel zum „Goldenen Buddha" in Ipoh/Malaysia mit Ehrerbietung empfangen. In nächstenliebender Fürsorge erfüllen die Schwestern die Forderungen von Jesus Christus und die von Buddha.

Der klassische Buddhismus war für mich – auch für meinen Bruder – eine ungewöhnliche Bereicherung. Der Buddhismus bringt aber nicht die Erlösung, die allein durch Christus in die Welt gekommen ist. In der Verhaftung des Buddhismus mit dieser Welt und einer Vielzahl von Welten verfiel er weitgehend der Macht eben des Fürsten dieser Welt und starker Dämonen; dies sogar in Lhasa/Tibet auf höchster Ebene. Die im Zentrum des nördlichen Buddhismus gewaltig dargestellten Gottheiten sind oft unfassbar grauenhaft. Der Buddhismus ist damit vielfach entartet zu einer Religion der Beschwichtigung der in dieser Welt regierenden Dämonen. Bei Aufgipfelung der klassischen Lehre Gautamas zu sonst unerreichbarer Geistigkeit und gleicher Morallehre wie die von Christus bringt er keine Erlösung. Im essenziellen Gegensatz dazu und in quasi-unbegrenzter Übersteigung bringt nur Christus die Erlösung: im Loskauf aus der Versklavung an den „Fürsten dieser Welt", an diese Welt selbst und in dieser Welt – durch den lebenden und liebenden Gott, den Schöpfer zahlloser Welten. Vor diesem schöpfungsmächtigen, überweltlichen „Wort Gottes" tritt alle welt-eigene, welt-innere Geistigkeit in den Hintergrund. Deshalb haben die christlich-kirchlichen Lehren auch nicht das Niveau des klassisch-buddhistischen Lehrsystems erreicht.

Aber es kam auch in den christlichen Lehrsystemen zu tödlichen Entartungen; zum wohl gefährlichsten Götzendienst: Es kam zu einer Unterwerfung des Wortes Gottes unter ein Logik-Kalkül, das von Sokrates – Plato – Aristoteles begründet und von George Boole für die Mathematik und Physik erschlossen wurde; die so genannte Boole-Logik. Diese ist zwar im gesamten Normalbereich der Welt beherrschend gültig und alle Wissenschaften begründend, geht aber in den Grenzbereichen des Seins ihrer Anwendbarkeit verlustig. So wurde die Klassische Logik in ihre Grenzen verwiesen durch offenere Logik-Kalküle – etwa die Quanten-Logik nach Bose und Fermi –, welche die Welt realistischer zu erfassen ermöglichen. Beschränkt auf den Aspekt der mächtigen Klassischen Logik, sahen die entscheidenden christlichen Theologen in den Evangelien Inkonsequenzen (innere Gegensätze). Diese schienen ihnen unerträglich. Man vermeinte, die in den Evangelien und Apostelbriefen vorgestellte Lehre Christi in ein monolithisches (*aus einem Felsblock bestehendes*) Lehrsystem zwängen zu müssen, um dem klassischen Logik-Kalkül zu genügen. Das im 4. Jahrhundert kanonisierte Neue Testament ist gerade in seiner Nichtkonsistenz von einer genialen Offenheit, in welcher es die gigantische Fülle des geschaffenen Seins offenbart; eines Seins in Vielheit, Lebendigkeit und Freiheit. In dieser Fülle und Offenheit ist die Verkündigung des Wortes Gottes wunderbar adäquat allen säkularen Forschungsergebnissen; von diesen nicht überkommbar. In Unterwerfung der göttlichen Lehre unter ein weltliches Denkkalkül wurden – mit Ignorierungen einerseits und Hinzufügungen andererseits – Lehrsysteme dogmatisch definiert (d. h. wörtlich „eingegrenzt"), die den fortschreitenden Wissenschaften nicht standzuhalten vermögen. Letztendlich geht es aber nicht um Spritualität und auch nicht um Intellektualität, sondern um das Wort Gottes, das in einer ganz einfachen und gewaltigen Weise durch Christus verkündet und durch die Evangelisten und Apostel in die Welt getragen wurde.

Die katholische Kirche wird nicht überleben als Institution, die sich an ihre Lehrdefinitionen (eben wörtlich „Abgrenzungen") als unabdingbare Notwendigkeit festklammert. Die Kirche wird aber überleben als die große Mutter, die – durch allen „Plunder" hindurch – die Lehre Christi ja doch durch zwei Jahrtausende getragen hat und bis zum Ende der Welt, allen Verfolgungen trotzend, weiter durchtragen wird. Sie wird überleben als die unvergleichliche Wohltäterin aller spirituell und materiell Bedürftigen – auf der ganzen Welt.

Öffentliche Auftritte

Ich hatte eine schwere Blockade, die mich daran hinderte, in der Öffentlichkeit zu sprechen. Ich glaube, sie ging auf zwei Kindheitserlebnisse zurück. Wir hatten eine Hausangestellte, namens Elis. Sie hatte ein Verhältnis mit einem verheirateten Mann, einem Gärtner. Als das bekannt wurde, war es eine sehr unangehme Situation für meine Eltern, besonders für meinen Vater als Amtsrichter.

Eines Tages ging Elis mit mir spazieren. Ich war damals knapp vier Jahre alt. Wir gingen über leichte Anhöhen. Da kam über die nächste Anhöhe eine Gruppe Frauen und eine Schar Kinder. Sie hatten Beeren gepflückt. Als sie Elis sahen, fielen sie über sie her und verprügelten sie mit der scharfen Kante der Henkeltöpfchen, mit denen sie die Beeren in Eimer gesammelt hatten. Die Buben packten mich als den bösen Feind und wollten mich fortschleppen. Ich legte mich auf den Boden. Doch sie schleiften mich fort. Ich hörte, wie einer sagte: „Zu deinem Vater." Der Vater war Weichensteller bei der Bahn und arbeitete in der Nähe. Sie schleiften mich in das Weichenstellerhäuschen mit seinen großen Hebeln. Ich dachte, meine letzte Stunde sei gekommen. Als der Vater sah, dass ich der Sohn des Amtsrichters war, gab er den Buben eine Mordsohrfeige. So kehrten wir wieder zurück, ich voran und die anderen Buben heulend hinterher. Elis stand dort in einer Lache zerstampfter Beeren, total blau geschlagen. Dieses Erlebnis, dass man ganz plötzlich überfallen werden kann, ohne zu wissen, warum, hatte sicher eine starke Auswirkung bei mir. Ich hatte immer Angst vor kollektiven Überfällen, nicht auf meine Person, sondern wie sie im Krieg vorkommen.

Das zweite Erlebnis, das vielleicht einen direkteren Bezug zu öffentlichen Auftritten hat, war Folgendes: Ich hatte die erste Volksschulklasse in Nürnberg verbracht. Als die zweite Volksschulklasse begann, waren wir nach München umgezogen. Ich ging dort in die Schule und hatte gute Lehrer. Aber auch gute Lehrer machen Dummheiten und Fehler. Ich hatte mit Geigenunterricht begonnen, hatte aber erst zwei Stunden hinter mir. Der Lehrer in der Schule fragte, ob einer ein Instrument spiele. Ich bekam Angst und dachte mir, dass ich die Antwort nicht verweigern dürfe, und meldete mich. Er fragte, was ich denn spiele, und ich sagte Geige. Er hätte mich fragen sollen, wie ich denn spiele. Stattdessen sagte er: „Dann bist du jetzt in unserem Orchester." Ich musste in eine andere Klasse gehen, wo mehrere Kinder mit verschiedenen Instrumenten versammelt waren. Als ich spielen musste, war es erwartungsgemäß ein totales Fiasko. Der Lehrer machte den Fehler und schimpfte mich aus. Er fragte, was ich mir denn einbilde, ich könne ja überhaupt nichts usw. Die anderen Kinder gröhlten vor Lachen. Es war eine furchtbare Beschämung für mich. Als ich nach Hause kam, sagte ich zu meiner Mutter, dass wir sofort in eine andere Stadt umziehen müssten, was natürlich nicht geschah.

Auf jeden Fall konnte ich überhaupt nicht vor anderen sprechen. Sogar im Physikalisch-Chemischen Institut wurde dies von dem Chef, Prof. Georg Maria Schwab, bemerkt, ohne dass ich etwas gesagt hätte. Er sparte mich als Einzigen aus bei den Referaten, die jeder Doktorand über die verschiedensten Themen geben musste. Man lernte dabei, aber es ging mehr darum, die jungen Wissenschaftler auf öffentliches Vortragen vorzubereiten.

In den mittleren Fünfzigerjahren kam ich auf das gigantische Konzept der Atomabfallbeseitigung im Eisschild Grönlands und wurde 1958 zu einem internationalen Fachsymposium für Gletscherphysik in Chamonix (Schweiz) eingeladen. Ganz unerwartet sagte der Vizepräsident, Prof. Bauer, Straßburg, am Mittwochmorgen der zweiten Woche zu mir, dass mein Vortrag über mein Konzept für Freitag früh um 9 Uhr angesetzt sei, und zwar in Englisch. Es sei der einzige Vortrag, für den ein Kongressbeschluss mit Vorlage bei der UNESCO vorgesehen sei. Weil ich gedacht hatte, dass ich nur zum Lernen eingeladen worden war, hatte ich gar nichts vorbereitet. Es blieb mir keine Zeit, eine Neurose zu entwickeln. Ich arbeitete pausenlos mit Prof. Glen von der Universität Cambridge neben mir, der alles gleich in gutes Englisch brachte. So kam ich über die Blockade hinweg (siehe Kapitel *Kloster Metten*).

Einige Jahre später wurde ich eingeladen, in einer Direktsendung des Schweizer Rundfunks – Studio Bern – einen Vortrag über Nuklearstrategie zu halten. Bei diesem Vortrag, über den ich schon berichtete, hatte ich überhaupt kein Lampenfieber mehr. Der Vortrag war am 9. Januar 1963 und wurde auf Wunsch von Ludwig von Moos, dem Bundesrat für Staatssicherheit (später Staatsoberhaupt) wiederholt, soweit ich mich erinnere, am 30. März 1963. Wie mir einige Jahre später ein damaliger Mitarbeiter des Schweizer Staatsinformationsdienstes sagte, bewirkte dieser Vortrag mit hoher Wahrscheinlichkeit, dass sich die Entscheidung betreffend Atombewaffnung von ganz knapper Mehrheit dafür zu ganzer knapper Mehrheit dagegen verschob.

Die Rundfunkdirektion hatte zugesagt, mir die eingehenden Hörerbriefe zuzusenden. Stattdessen erhielt ich ein Dutzend Zuschriften von empörten Hörern, dass die Rundfunkdirektion ihre Briefe nicht an mich weitergeleitet, sondern nur eine gedruckte Erklärung geschickt habe. Das Wort „gedruckt" fiel mir auf. Auf meine Rückfrage erklärte die Direktion, dass ich die Hörerbriefe schon haben könne. Aber sie würden ein Drittel eines Bahngutcontainers füllen, wären unmöglich zu lesen oder auch nur zu sortieren und ich möge zustimmen, alles in eine Papiermühle zu geben, was ich auch tat. Dieser Vortrag war ein ganz heißes Eisen. Er beging „die Sünde gegen den Geist der Rüstung". Ich kam dann aber doch zu einem „Modus vivendi" mit dem NATO-Generalstab. Ich führte persönliche Gespräche mit Henry Kissinger (damals Sicherheitsberater des US-Präsidenten Johnson) und dem Grafen Kielmannsegg (NATO-Oberkommandierender). Ab jener Zeit habe ich, wo immer ich hinkomme – auch in Ostasien –, einen „Schatten". Ich habe dies immer als sehr nützlich und erfreulich empfunden, sowohl für meinen persönlichen Schutz, aber auch gegen etwaige Denunziationen. In vielen Ländern wurde ich sofort in die Landespolitik und Kultur auf höchster Ebene einbezogen. Ich sprach und tat alles ohnehin in der breiten Öffentlichkeit; alles nur von meinem eigenen Telefon aus bzw. über mein Postamt.

Der Vortrag wurde in dem Buch „*Auf Hoffnung hin*" des Theologieprofessors Johannes Neumann und in einem Sonderheft des Souveränen Maltheser Ritterordens gedruckt.

Bald darauf folgte eine sehr große Veranstaltung an der E. T. H. (Eidgenössische Technische Hochschule) Zürich über mein Atommüll-Beseitigungsprojekt. Sie war initiiert worden von dem Präsidenten der Fakultät Hydro-Biologie, Otto Jaag. Er sollte eine kurze Einführung von 20 Minuten geben, sprach aber 45 Minuten. Der Präsident der Internationalen Grönlandexpedition, Haefeli, Zürich, sollte zur Einleitung meines Vortrags 45 Minuten sprechen, kam aber auf 90 Minuten. Immer wieder wurde auf meinen folgenden Hauptvortrag hingewiesen. Da wird man doch nervös. Dann war mein Vortrag an der Reihe. Schon nach den ersten Worten: „Meine Damen und Herren …" überwand ich jegliche Nervosität.

Die Schweizer Regierung hatte große Kosten auf sich genommen, um Wissenschaftler aus aller Welt einzuladen. Ich hatte von diesen Elefanten der Wissenschaft schon gehört. Wenn man sie dann vor sich sitzen sieht, ist das sehr beeindruckend. Die Veranstaltung dauerte acht Stunden, mit Zeitungs- und Radiointerviews und anschließendem Festessen im Schweizer Zunfthaus. Mein linker Tischnachbar war der Bundesrat für Kernenergie; mein rechter war Prof. Schienz (Direktor der Radiologie). Seit der Zeit weiß ich mehr über die Mangelhaftigkeit militärischer Geheimhaltung bzw. radiologischer Schädigungen von Röntgenärzten und deren Nachkommen.

Damals erlebte ich zum ersten Mal, wie später auch im Royal Melbourne Institute of Technology und bei vielen anderen Universitätsdebatten, dass die Diskussionen sehr hart, aber nicht aggressiv sind. Sie sind von der Sache her kompromisslos, aber nicht gegen die Person gerichtet. Das schätze ich außerordentlich. Weil man durch Kritik ja auch sehr viel lernt, fragt man sich: Inwiefern ist das richtig, was ist die Essenz des Gesagten, wie passt das in mein Konzept? Dann war es zu meinem Erstaunen oft so, dass, wenn ich aufgrund der Argumentationen in Bezug auf mein eigenes Konzept Bedenken bekam, der andere sagte: „Was Sie da geschrieben haben, ist ja auch richtig." Oft hatte ich unter den gleichen Wissenschaftlern, die so kritische Fragen stellten, Unterstützer. So ist da irgendwie einerseits ein intellektueller Ellenbogenkampf, der ja auch sein muss, und andererseits eine offene und irgendwie auch wieder wohlwollende Diskussion.

Zu einem späteren Zeitpunkt musste ich wieder einen meiner Vorträge an der E. T. H halten. Das Thema ist mir entfallen. Im Zug nach Zürich hörte ich, wie ein paar Teenager darüber sprachen, dass „heute" an der E. T. H. ein bedeutender Vortrag gehalten werde, woraufhin ich sagte: „Den halte ich." Die Teenager lachten laut. Sie hielten das für einen Witz. Ich lachte dann auch und klärte sie nicht auf.

Das Auditorium Maximum der E. T. H. war schon voll besetzt, bis auf ein paar Sitze in der ersten Reihe, die freigehalten wurden für den Fall, dass irgendwelche Repräsentanten im letzten Moment kamen. Die Türen zum Auditorium waren wegen Überfüllung schon zu. Ich saß allein im Gang vor dem Saal, um mich etwas zu sammeln. Da sprach mich eine feine ältere Dame an und es entwickelte sich folgendes Gespräch: Sie: „Das ist aber schön, dass sich auch jüngere Leute für den Vortrag interessieren."

Ich: „Aber ich habe noch nicht viele junge Leute gesehen." Sie: „Aber Sie doch." Ich: „Ich werde mich wohl für den Vortrag interessieren müssen." Sie: „Glauben Sie, dass er interessant ist?" Ich: „Diese Frage müssen andere Leute beurteilen. Ich hoffe das freilich." Sie: „Sonst wären Sie ja auch gar nicht da." Ich: „Ganz richtig." Sie: „Meinen Sie, ich verstehe das?" Ich: „Das ist nun noch schwieriger zu beurteilen." Sie: „Ach, wenn Sie es verstehen, werde ich es schon auch verstehen." Ich: „Das ist sehr zu hoffen." Gerade da öffnete der Saaldiener die vordere Tür zum Saal. Ich sagte zu ihm: „Diese Dame hier ist mein Gast." Er nahm sie beim Arm und führte sie in den Saal. Durch den Türspalt beobachtete ich, dass sie ganz nervös nach ihrem Geldbeutel griff und etwas sagte und dass der Saaldiener eine abwehrende Handbewegung machte und sie nach vorne zu einem der freien Repräsentantensitze führte. Sie muss sich wohl sehr gewundert haben, dass der junge Mann der Vortragende war. (*Beim Erzählen dieses Erlebnisses muss Pater Bernhard derart lachen, dass er kaum noch sprechen kann! W. U.*)

Ein anderes Mal wollte man mich nicht in meinen eigenen Vortrag lassen. Der Saaldiener sagte, dass nur geladene Gäste und gediegene Wissenschaftler zugelassen seien. Ich erschien ihm wohl als ein junger Schnösel.

XIV. Internationaler Kongress für Philosophie, Wien, 2.–9. Sept. 1968

Über die Jahre hielt ich viele weitere Vorträge über alle möglichen Themen. Ein Vortrag ist besonders lebendig in meiner Erinnerung. Ich war eingeladen worden, bei dem großen einwöchigen XIV. Internationalen Kongress für Philosophie im September 1968 einen dreiminütigen Vortrag zu halten. Es war eine riesige Veranstaltung mit 6000 Teilnehmern aus aller Welt. Ich wollte nicht gehen, aber Matthias Matschinski drängte mich, die Einladung anzunehmen.

Ich bat meinen Freund Karl Adolf, mit mir dorthin zu fahren. Wir kamen über Traunstein. Es war das erste Mal in meinem Leben, dass ich wieder in meinem Geburtsort war. In Wien war natürlich keine Unterkunft zu haben. Bei früheren Besuchen hatte ich manchmal im *Salzburger Hof* gewohnt. Ich sagte zu Karl Adolf: „Geh doch einmal hinein und frage." Er meinte, dass das keinen Sinn habe, aber schließlich konnte ich ihn doch dazu bewegen. Als er zurückkam, sagte er, dass gerade zwei Zimmer frei geworden seien, weil andere gekündigt hätten. So wohnten wir im *Salzburger Hof.*

Man hatte mir gesagt, dass der Sektionsvorsitzende für meinen Vortrag Prof. Angeheister heiße. Ich fuhr mit der Straßenbahn zum Kongress und stand dicht gedrängt in einer der damals fürchterlichen, kleinen Wiener Straßenbahnen. Ich fragte den Mann neben mir: „Wo geht es denn zum Weltkongress für Philosophie?" Er sagte: „Da steigen Sie mit mir aus. Ich gehe auch dorthin." Dann fragte er mich: „Müssen Sie dort sprechen?" Ich sagte: „Ja, nur drei Minuten." – „Über was sprechen Sie denn?" – „Über die Zeit in der Relativitätsphysik und in der Geschichte. Ich soll mich bei Prof. Angeheister melden." – „Das bin ich!" Dann fügte er hinzu: „Gut, Sie bekommen eine Dreiviertelstunde für Ihren Vortrag, aber am Tag vorher. Es hängt jedoch davon ab, ob es Prof. Remi, einem Jesuiten, gelingt, den Zeitplan zu ändern." Im Kongressgebäude liefen eine Unmenge Leute herum. Ich sah einen Ordensmann daherkommen und sprach ihn an: „Prof. Angeheister hat mir gesagt, ich solle mich an einen Prof. Remi wenden." – „Das bin ich!" So bekam ich die Zeit für einen 3/4-stündigen Vortrag am Tag vor dem ursprünglich angesetzten. Es war einer der wenigen Vorträge, die dann in den Annalen des Kongresses gedruckt und festgehalten wurden.

Am Tag nach meinem Vortrag fuhr ich wieder zum Kongress. Als die Zeit für meinen ursprünglich geplanten, kurzen Vortrag kam und ein anderer Sprecher erschien, fragte ein Mann in der Mitte des Saals ganz aufgeregt; „Warum kommt denn nicht der Vortrag von Philberth?" Prof. Angeheister erwiderte: „Er hat doch gestern einen dreiviertelstündigen Vortrag gehalten und ist wohl auch hier" und schaute im Saal herum. Ich meldete mich nicht, sondern dachte mir, dass ich mir den Mann einmal anschaue, der wohl nur für meinen Vortrag angereist war, sonst hätte er ja gewusst, dass ich am Vortag geredet hatte. Der Mann sah aus wie ein Russe. Später hielt ich mich auf dem Podium auf und der Mann kam zu mir herüber. Er fragte mich, ob er ein Buch *Christliche Prophetie und Nuklearenergie* von mir haben könne. Ich sagte, ja, es sei in jedem Buchladen zu kaufen. Er fragte: „Wieso denn, da sind doch schwere Angriffe gegen die NATO drin." Ich sagte: „Wir sind ein freier Staat. Da kann man selbst solche Dinge sagen." Ich hatte immer ein oder zwei Bücher bei mir und gab ihm ein Exemplar. Ich fragte ihn, wo er wohne, und er sagte: „Am Mont Martre in Frankreich." Nachdem ich ihn in ein intensives Gespräch verwickelt hatte, fragte ich ihn ganz plötzlich: „Wann sind Sie denn von Russland abgereist?" – „Vor zwei Monaten." Da hatte ich die Bestätigung.

Als ich schon wieder daheim war, bekam ich einen anonymen Anruf, in dem es hieß: „Sie sind auf dem Weltkongress für Philosophie von einem Russen angesprochen worden. Ich möchte Sie darauf aufmerksam machen, dass das ein Strohmann von Sacharov ist, der mit Ihnen Kontakt aufnehmen soll." Der Staats-Informations- und Sicherheitsdienst hatte mir zuvor gesagt, dass ich keinen Kontakt mit dem russischen Atomphysiker Andrei Sacharov aufnehmen solle. Es wäre für meinen Bruder und mich gefährlich. Sacharov war einer der Hauptkonstrukteure der Wasserstoffbombe und ein schwerer Systemkritiker. Wenn ich glauben kann, was mir gesagt wurde, scheint Sacharov diesen Mann geschickt zu haben.

Kiew, 1996

Im September 1996 wurde ich gebeten, nach Rom zu kommen. Während meines einwöchigen Aufenthalts (13.–19.9.96) hatte ich so viele Engagements, dass ich noch nicht einmal Zeit hatte, in den Petersdom zu gehen. Ich hatte u. a. Gespräche mit den Kardinälen Stickler (3 Stunden), Ratzinger (45 Min.) und Mayer (2-mal 100 Min.). Es wurden alle möglichen ganz wichtigen Fragen durchgesprochen. Kardinal Stickler hatte einen ganzen Stoß stenografischer Notizen über mein Buch *Offenbarung* dabei, das u. a. auch das Thema Evolution behandelt. Er hatte in Bezug auf einige Punkte meines Buchs andere Ansichten, sagte aber, dass verschiedene Interpretationen auf der kirchlich/christlichen Grundlage besonders wichtig und interessant seien. Es sei wichtig, einen neuen Ausblick zu zeigen. Alle Gespräche waren sehr anstrengend, aber auch außerordentlich erfreulich.

Es wurde mir nicht gesagt, dass Papst Johannes Paul II. bei der Eröffnung der alle fünf Jahre stattfindenden Vollversammlung der Vatikanischen Akademie über Evolution sprechen wolle. Im Oktober kam dann die sensationelle Rede des Papstes pro Evolution. Schon drei Tage später bekam ich den Text der Rede in französisch mit handgeschriebenen Notizen vom Vatikan durchgefaxt. Später wurde ich verschiedentlich beschuldigt, ich hätte den Papst mit dem Pro-Evolutionsgedanken beeinflusst. Der Papst hatte mich zwar gebeten, über die Sachen nachzudenken und zu schreiben, aber es ist nicht so, dass ich an der Evolutionsaussage „schuld" war oder dass ich der Anlass dazu war, was ja positiv wäre. Der Papst wurde danach innerhalb der Kirche sehr angegriffen. Wir wissen ja, dass Leute, die frömmer sind als der Papst selbst, eine größere Gefahr für die Kirche sind als die größten Feinde. Da bat mich Kardinal Stickler, das Buch *Der Souverän* zu schreiben, das der Aussage des Papstes Unterstützung gibt.

Einen Monat später bekamen mein Bruder und ich eine Einladung nach Kiew. Der Direktor der Universitätspresse, Sergej Zverev, hatte dies organisiert. An einem Tag hatten wir gleich drei Einladungen. In der Frühe war ein Empfang an der Universität der orthodoxen Kirche in Kiew. Hier möchte ich einschieben, dass Kiew eigentlich das Zentrum der Orthodoxie ist. Russland gilt als der stärkere, primitive Bruder. In Kiew begann alles.

Dort missionierten Methodius und Cyrill. Die Ikonenmalerei begann dort schon 500 Jahre früher als in Russland. Die Ukraine ist in der Orthodoxie kein Rand-, sondern ein Schlüsselland.

Der Empfang an der Universität war wunderbar. Es wurde ein ziemlicher Kult um uns gemacht. Der Metropolit der Ukraine war persönlich gekommen. Ich hielt eine Rede, kann mich aber nicht mehr erinnern, worüber ich sprach. Anschließend hatten wir Gespräche mit dem Metropolit und den Professoren.

Nachdem wir dort fertig waren, sagte Sergej: „Jetzt waren wir bei den Heiligen und nun gehen wir zu den Sündern." Das war die Akademie für Philosophie in Kiew. Was ich nicht wusste, war, dass diese Akademie das Zentrum der Hauptmarxisten war. Ich nahm auf dem Podium am Kopf eines U-förmigen Tisches mit meinem Bruder und Sergej Zverev (der dolmetschen musste) Platz. Über Eck von mir saß der Präsident und dann folgten weitere Vertreter der Akademie. Der Präsident stellte meinen Bruder und mich dem Publikum vor. Ich schätze, es waren über 100 Professoren da. Sergej flüsterte mir zu, dass die Einführung sehr positiv gewesen sei. Ein alter Mann stand auf. Sergej erklärte uns, dass es einer der führenden Marxisten der Sowjetunion sei. Der Mann fragte mich, was ich von Darwin hielte. Ich sagte zu ihm, dass ich über Darwin und den Darwinismus nicht so gerne spräche, weil das ideologisch zu sehr verbrämt sei, aber ich spräche gern über Evolution und Evolutionstheorien. Es sei der gleiche Grund, warum der Papst vor einem Monat bei seiner Erklärung über Evolution das Wort Darwin nicht in den Mund genommen habe. Der Präsident kam in starke Erregung und sagte: „Wir haben von diesem Vortrag gehört, konnten ihn aber nicht bekommen. Haben Sie ihn?" Ich sagte Ja. – „Hier, in Ihrer Tasche?" – „Ja." – „Könnte ich ihn 50-mal kopieren und dem Plenum geben?" – „Ja, freilich." Er ging hinaus und kam bald darauf mit einem Stoß Kopien zurück, die an die Anwesenden verteilt wurden.

In Bezug auf die Evolution sagte ich, dass Wissenschaftler eigentlich gar keine eigene Meinung hätten, sondern sie stellten alle Meinungen, auch die eigene, vor sich hin und markierten sie mit Wahrscheinlichkeiten. Da sagte der Präsident: „Machen Sie es doch nicht so umständlich. Diejenige, die man mit der größten Wahrscheinlichkeit markiert, ist doch die eigene." Ich gab ihm recht: „Ja, freilich, sonst hätte man sie ja nicht!" – „Also gut, was ist Ihre eigene Meinung?" Ich gab in etwa folgenden Kommentar:

„Uns geht es weniger um die Frage Evolution oder Nicht-Evolution, sondern um die Frage Kreation oder Nicht-Kreation. Wenn man die Frage nach Kreation positiv beantwortet hat, kann die Kreation ja evolutiv sein." Ich fragte: „Darf ich Gott als Arbeitshypothese unterstellen?" Als das bejaht wurde, fuhr ich fort: „Wenn es einen Gott geben sollte, der alles geschaffen hat, hat Er als souveräner Gesetzgeber geschaffen. Das können Gesetze sein, die eine Evolution ermöglichen oder herbeiführen. Es gibt verschiedene Formen der Evolution. Es gibt die totale Selbstevolution durch Zufall und Notwendigkeit, wie es Jaques Monod vorgetragen hat. Dann gibt es eine Evolution, wie ich sie vertrete. Das ist die Lenk-Evolution. Dann gibt es noch Evolutionen, die nach bestimmten Ordnungsprinzipien ablaufen und die dann verschieden formuliert werden." Jemand fragte: „Halten Sie eine Evolution für wahrscheinlich?" – „Ja. Ich sehe kaum eine andere Denkmöglichkeit. Von primären Schöpfungsakten, dass es sozusagen einen Knall gibt und z. B. eine neue Spezies da ist, halte ich nicht viel. Es ist nicht ganz unmöglich, aber die Wahrscheinlichkeit ist sehr klein. Die höchste Wahrscheinlichkeit ist für eine Lenk-Evolution. Haben Sie schon einmal ein physikalisch-chemisches System gesehen, das tot ist, aber durch eine Lenkung aktionsfähig wird?" Es war fragendes Schweigen. Ich fuhr fort: „Im Moment sehe ich mehr als 100 solcher Systeme hier vor mir. Sie alle und ich auch sind solche Systeme. Wir sind Organismen, die, wenn sie nicht gelenkt würden, tot wären. Sie werden von geistigen Mächtigkeiten gesteuert. Man kann versuchen, Letztere materialistisch zu erklären, was aber sehr schwierig ist. Sie können durchaus weltimmanent sein, also dieser Welt angehören. Durch Wissenschaftler, Erfinder, Konstrukteure, Politiker und ihre Entschlüsse werden Entwicklungen gesetzt und weitergeführt."

Der Präsident sagte, dass das eine sehr interessante Denkmöglichkeit sei. Sergej flüsterte mir zur: „So etwas haben die hier noch nie gehört." Die Gegnerschaft gegen den Glauben besteht meist deshalb, weil man immer wieder engstirniges Zeug hört, was den Gläubigen als unfehlbares, unveränderliches und vom Hl. Geist gegebenes Lehramt aufgenötigt wird. Ich erklärte dem Plenum, dass ich mich ganz zur katholischen Kirche bekenne und dazugehöre und dass das, was ich sage, zwar im Rahmen der Kirche sei, aber nicht direktes Lehrsystem. Dann kam ich auf die Frage zurück, wie ich mir eine Schöpfung durch den hypothetisch unterstellten Gott denke. Dazu sagte ich: „Als Gesetzgeber."

Einer der Teilnehmer bemerkte, dass die Gesetze doch auch evolutiv entstanden sein könnten. Nach kurzem Nachdenken fügte er hinzu, dass dann aber auch die Gesetze für die evolutive Entwicklung der Gesetze evolutiv seien müssten, und das würde in einen unendlichen Regress führen und wäre keine Lösung. Es war allen klar, dass eine evolutive Entstehung der Naturgesetze keine Denkmöglichkeit bietet. Ich sagte dazu, dass die Gesetze auch, und vor allem, Gesetze eben für eine Evolution zu sein scheinen; konkret für eine Lenkevolution.

Ein jüngerer Professor meldete sich zu Wort und sagte: „Eine Arbeitshypothese, dass Gott existiert und als Gesetzgeber geschaffen hat, ist nicht falsifizierbar." Da verlor ein anderer Teilnehmer die Beherrschung, stand – ohne das Wort vom Präsidenten erhalten zu haben – auf und sagte: „Ja, aber wir müssen alles daransetzen, um diese Hypothese zu falsifizieren." Alles war ruhig und nach einer kurzen Pause fügte er hinzu: „Ich glaube nicht, dass wir das können, aber wenn es nach allen Anstrengungen nicht gelingen sollte, wäre das ein wichtiges Faktum." Alles in allem war es eine ausgezeichnete Diskussion. Man sprach darüber, mich zu einem Mitglied der Akademie zu machen, aber Sergej griff das nicht auf und so wurde nichts daraus.

Das Treffen an der Akademie war gegen zwei Uhr vorbei und um drei Uhr waren wir bei dem Patriarchen Filaret eingeladen. Außer uns war noch ein sehr liebenswürdiger Herr dabei, der auch immer wieder Beiträge zu dem Gespräch leistete. Später erfuhr ich, dass es der Erzbischof von Moskau war, der eigens für das Gespräch gekommen war. Ich merkte, dass der Patriarch eine große Freude über die Diskussionen an der Akademie und auch vorher an der Universität hatte. Später erfuhr ich, dass zwei Jahre früher Kardinal Ratzinger einen Besuch gemacht hatte, dass bei den Gesprächen aber nicht viel herausgekommen war, weil sie zu offiziell waren und niemand sich etwas zu sagen traute, was dann sofort dokumentiert worden wäre. Ich erklärte dem Patriarchen, dass ich nicht im Auftrag der Kirche da sei; ich wisse nicht einmal, ob dem Papst überhaupt bekannt sei, dass ich da bin. Das öffnete die Schleusen für eine völlig freie und ungenierte Unterhaltung. Wir sprachen auch über die Verbindlichkeit der Dogmen. Ich sagte, dass eine Vereinigung der Römischen und Orthodoxen Kirche auf der gemeinsamen Basis von Christus immer möglich sei und man alles andere, was dazugekommen sei, nicht zum verpflichtenden Glaubenszwang erheben dürfe, weder auf der einen noch auf der anderen Seite. Umgekehrt wäre es wegen eines riesigen Heeres von Gläubigen praktisch nicht möglich, Dogmen, wenn man ihrer leid sei, einfach fallen zu lassen. Das heißt, man sollte solche Fragen einfach offenlassen. Ich fügte hinzu, dass in den konkreten Formulierungen unserer Dogmen auch sehr positive und bereichernde Elemente seien, die man ja auch nicht einfach über Bord werfen möchte.

Der Erzbischof von Moskau wollte, dass ich gleich am nächsten Tag mit ihm nach Moskau fliege, aber ich war einfach zu erschöpft. In Kiew fand zu der Zeit gerade eine weltberühmte Ikonenausstellung statt, die mein Bruder und Sergej besuchten, während ich total ermüdet auf dem Bett lag. Jetzt tut es mir leid, dass ich die Einladung nach Moskau nicht annahm.

Rote Zellen

Gelegentlich kam ich in Kontakt mit den so genannten „Roten Zellen". Es waren kommunistische Jugendorganistionen in Westdeutschland, die von der Sowjetunion über die Ostzone organisiert wurden. Wie wir später erfuhren, lockten sie auf ganz unheimliche Art junge Leute an. Ein Beispiel: Ein junger Mensch begeistert sich für den Naturschutz. Er wird gebeten, ein paar Aufnahmen von einer Autobahnbaustelle zu machen. Man dankt ihm für die Fotos und sagt, dass er der Organisation einen großen Dienst getan habe, denn im Hintergrund sei eine geheime Forschungsstelle zu sehen. Aber falls er deswegen mit den Behörden in Schwierigkeiten kommen sollte, würde man ihm rechtlich beistehen. Oder man bittet ein Mitglied, an einem Zeitungskiosk Zeitungen mit einem unerwünschten Inhalt zu stehlen. Auf diese Weise werden junge Leute immer tiefer in kriminelle Handlungen verwickelt. Dann wird ihnen gesagt, dass sie einen hervorragenden Rechtsschutz bekommen würden, wenn sie in der Organisation blieben und weiter mitarbeiteten. Wenn sie nicht mehr mitmachen wollen, droht man ihnen mit einer Anzeige bei den Bundesbehörden. Ich habe die dauernde Angst der jungen Leute erlebt. Deswegen habe ich sie auch nie gehasst, sondern hatte ein tiefes Mitgefühl für sie. Sie haben das anscheinend auch gespürt, und ich kam erstaunlich gut mit ihnen zu Rande.

Einmal hielt ich einen Vortrag über Evolution und Schöpfung in dem Auditorium Maximum der Universität von Freiburg. Der ganze Saal war besetzt. Vorne saßen der Direktor und die Professoren. Mir fiel auf, dass sie ganz nervös waren. Später hörte ich, dass ein paar Wochen vorher der Direktor von den Radikalen so zusammengeschlagen worden war, dass er einen Schädelbasisbruch erlitt und im Rollstuhl landete. Ich sah, dass etwa

50 solcher wenig Vertrauen erweckenden Leute im Saal waren. Aber unter den 600 Studenten waren sie nur eine Minderheit. Ich begann meinen Vortrag und wurde mit einer Frage von einem der Radikalen unterbrochen. Es war eine Frage, die zum Thema gehörte, und ich sagte, dass ich mich über das Interesse freue, und antwortete kurz. Dann wurde ich wieder unterbrochen. Die Studenten riefen, dass ich mit dem Vortrag fortfahren solle. Die Fragen könnten anschließend gestellt werden. Nach dem Vortrag war eine längere Pause und danach ging es noch einmal ein oder zwei Stunden weiter. Da waren nur noch etwa zweihundert Studenten da, aber die Radikalen vollzählig. Sie zeigten großes Interesse.

Später erfuhr ich, dass zwei Dutzend Radikale nach meinem Vortrag und der positiven Begegnung mit mir aus der Roten Zelle austreten wollten. Zwei von ihnen wurden Priester und erzählten uns genauer, was damals geschah. Die ostzonale Organistion hielt den Radikalen vor, dass sie bei dem Vortrag nicht attakiert hätten. Sie wurden schwer bedroht und es wurde ihnen gesagt, dass man sie wegen aller ihrer ungesetzlichen Taten anzeigen werde. Wir versprachen denjenigen, die sich nicht in die Knie zwingen ließen, uns für sie einzusetzen und uns um eine Art Amnestie zu bemühen. Mehrere von ihnen fanden den Weg zurück ins normale Leben. Ich lernte, wie solche teuflischen Systeme die Leute einfangen. Sie appellieren an den Idealismus junger Menschen und dann bringen sie diese mehr und mehr unter ihre Kontrolle.

Auf internationalen Konferenzen, an denen auch russische und polnische Delegationen teilnahmen, wusste man, dass auch immer ein oder zwei Kommissare zur Kontrolle der Wissenschaftler dabei waren. Sie waren Wissenschaftler, an welche Spitzenwissenschaftler hochwertig Publizierbares abtreten mussten, damit sie auch zu Kongressen eingeladen wurden. Ich betrachtete die Arbeit von einem, den ich im Verdacht hatte, er sei ein Kommissar, und sagte: „Herr Kollege, es ist sehr interessant, was Sie schreiben, aber könnten Sie mir einen Absatz auf Seite 25 erklären?" Als er es nicht konnte, dachte ich mir meinen Teil. Wenn man mit solchen Kommissaren ganz allein und auf dreißig Meter kein Mensch in der Nähe war, sprachen sie ganz frei. Einer sagte mir: „Sehen Sie, ich bin Systemgegner und habe einige unvorsichtige Bemerkungen gemacht. Da hieß es, dass ich diese Dienste zu machen hätte und wenn ich mich weigerte, würde mir gezeigt, wie meine Frau und Kinder gefoltert werden." Er tat mir abgrundtief leid. Er sagte zu mir – was mir auch der Verbindungsmann des KGB zur Roten Armee, A. Myakow, alias Wagner, bestätigte –, dass die jungen Idealisten, die für so ein System gekämpft haben, aus vier Gründen vernichtet werden. Das war bei Hitler und Mussolini nicht anders:

1. Es sind Idealisten, und wenn sie die Wirklichkeit sehen, sind sie zutiefst enttäuscht.
2. Sie sind auf Untergrundkampf trainiert und als Enttäuschte die gefährlichsten Gegner.
3. Sie beanspruchen wichtige Positionen, die man ihnen versprochen hatte. Aber für solche Positionen sind andere vorgesehen, die über Leichen gehen.
4. Sie werden benutzt, um auf ganz raffinierte Weise andere Personen in ein Geschehnis hineinzubeziehen, die auch vernichtet werden sollen.

Zum Beispiel verspricht man einem jungen Pionier eine hohe Stelle, aber weit entfernt von seinem Wohnort. Er wird mit großen Ehren verabschiedet und steigt in den Zug, z. B. nach Berlin, Sofia, Bukarest oder sonst einem weit entfernten Ort. Bei einer Zwischenstation kommt ein Kommissar ins Abteil und sagt ihm, dass die kommunistische Partei eine Ehrenveranstaltung für ihn vorbereitet habe. Die Person, die auch vernichtet werden soll, ist auch eingeladen. Der Pionier steigt aus dem Zug und wird der Person vorgestellt. Alle gewöhnlichen Reisenden, die gerade auf dem Bahnsteig sind, sehen das und das Ganze wird fotografiert. Dann werden die beiden in verschiedenen Autos weggefahren. Der große Pionier verschwindet, und der andere fährt heim. Nach einigen Wochen bekommt der andere von den gewöhnlichen Gerichten eine Strafanzeige wegen Mord. Es kommt zur Verhandlung. Die Zeugen, die die Begrüßung auf dem Bahnsteig gesehen hatten, sagen gegen ihn aus, und er verschwindet im Gefängnis. Dies ist nur eine von einer großen Palette von Möglichkeiten, unerwünschte Menschen zu beseitigen.

Einmal hielt ich einen Vortrag in Bonn. Gleich anschließend brachte man mich zum Flughafen, weil ich einen Flug nach Frankfurt und dann weiter nach Singapur gebucht hatte. Ich sah, dass wieder eine ganze Reihe Radikale anwesend waren. Da ich gleich nach dem Vortrag Deutschland verlassen würde, hatte ich den Mut, diese vier Punkte zu nennen. Ich sah, wie mich einige mit einem Ausdruck des Entsetzens anschauten. Danach kam ein ziemlich harter Bursche auf mich zu. Ich bin mir heute noch nicht sicher, ob er einer der Leiter war. Er machte einen sehr intelligenten Eindruck. Ich weiß nicht, ob er Zweifel an seiner Position bekommen hatte, oder ob er ein anderes Ziel verfolgte. Vielleicht ist er aber einsichtig geworden. Wie arm diese bemitleidenswerten Menschen in den Klauen einer solchen Organisation sind, geht aus Folgendem hervor: Anscheinend weil die Radikalen in der Auseinandersetzung mit mir bei meinen Vorträgen immer Eigentore geschossen hatten, erhielten sie die Anweisung, bei späteren Vorträgen still zu sein. Von da an herrschte ängstliches Schweigen, obwohl ich sogar kitzelte: „Sie wollten doch etwas beitragen?" Wenn ihnen gesagt worden war, „randalieren", randalierten sie; wenn es geheißen hatte, „haltet das Maul", hielten sie das Maul.

Unmittelbar nach der Wiedervereinigung Deutschlands wurde ich von Bonn über die Konrad-Adenauer-Stiftung gewonnen, die Gespräche mit ostzonalen Universitäten aufzunehmen: an der Ernst Moritz Arndt Universität in Greifswald. Ich war der erste westdeutsche Wissenschaftler, der dort sprach. Am nächsten Tag sprach ich noch zu 800 Schülern des Lilienthal-Gymnasiums. Ich merkte, dass dort eine ganz andere Stimmung herrschte, als bei uns in Westdeutschland. Niemand traute sich, etwas zu fragen. Unter dem Druck totalitärer Staaten eignet man sich eben Überlebensstrategien an. Danach sprach ich noch in der Stadthalle einer Nachbarstadt. Es waren viele ostzonale Journalisten da. In der Zeitung war am nächsten Tag zu lesen: „Es ist interessant, wie dieser Münchener seine Botschaft an den Mann bringt: humorvoll, mit messerscharfem Verstand und einem sagenhaften Wissen. Am liebsten hat es der Mann, wenn man nicht seiner Meinung ist, und er sich auf Streitgespräche einlassen kann." Das war das absolute Novum in der früheren Ostzone Deutschlands.

Zeitgradient und Relativität

Schon als Schulbub bewegte mich die Frage, dass es eine Lorentz-Kontraktion als Raum-Kontraktion gibt, aber eine Einstein-Dilatation, die als „Zeit"-Dilatation interpretiert wird. Das relativistisch invariante „Linienelement" – eine fundamentale Größe – zeigt Proportionalität der Zeitkomponente mit der Raumkomponente: Etwa Erhöhung des r-Wertes ist zwangsläufig gleiche Erhöhung des t-Wertes. Zeit und Raum verhalten sich gleichartig. Darüber forschte und dachte ich jahrelang nach und kam tatsächlich auf die Lösung, dass auch die Zeit kontrahiert, aber die Verstreichung die Zeit-Kontraktion zur Einstein-Dilatation überkompensiert; eine Zeitdilatation vortäuschend. Als Verstreichung benannte ich das Maß des Zeitgradienten. Quantenphysikalisch bedeutet die Vergrößerung der Masse eines bewegten Objekts eine Verkürzung der Materiewellen-Schwingungsdauer. Das war auch der schwere Konflikt zwischen der Quantenphysik und der Relativitätsphysik. In der Relativitätsphysik wird behauptet, bei einer Bewegung würde sich die Zeit verlängern; in der Quantenphysik erhöht sich aber bei einer Bewegung mit der Masse auch die Materiewellen-Frequenz und das ist eben eine verkürzte Schwingungsdauer. Diesen großen Konflikt in der Physik konnte man nicht bewältigen und war nicht in der Lage, quantenphysikalische Ergebnisse mit der Relativitätsphysik in Einklang zu bringen, und umgekehrt.

Genauer zum Zeitgradient: Geschwindigkeit ist Verschiebung pro Zeit eines Gegenstandes relativ zum anderen. Bewegung ist der Vorgang und Geschwindigkeit ist das Maß des Vorgangs. Wenn man sagt, das Auto bewegt sich mit einer Geschwindigkeit von 100 km pro Stunde, heißt das, dass das Auto sich gegenüber der Straße, gegenüber mir, der ich jetzt hier stehe, jede Stunde kontinuierlich um hundert Kilometer verschiebt. Ich dachte mir, dass, wenn Raum und Zeit parallel laufen, es ein Analogon dafür geben müsste, nämlich, dass es umgekehrt eine Verschiebung der Zeit pro Strecke geben müsste. Das ist tatsächlich so. Mit der Verschiebung der Zeit pro Strecke (das entspricht einem Gradienten) ist die Zeit in Bewegungsrichtung in die Zukunft und in Gegenbewegungsrichtung in die Vergangenheit verschoben.

Als Beispiel für die angebliche Zeitdilatation wird immer folgendes Phänomen mit der Ultrastrahlung gebracht: Wenn ein kosmischer Ultrastrahl in die Erdatmosphäre einfällt, wird in 600 km Höhe ein Myon erzeugt, das den Boden unten erreicht. Obwohl es sich fast mit Lichtgeschwindigkeit bewegt, müsste es unterwegs längst zerfallen, weil es nur zweimillionstel Sekunden lebt. Aber es kommt auf den Boden runter. Man sagt fälschlicherweise, dass die Zeit selbst verlängert sei. Tatsächlich ist es aber so, dass sich der zum Myon gehörige Zeitablauf verkürzt, dass aber längs der Bewegungsstrecke, die das Myon läuft, eine Verschiebung der Zeit als solcher ist. Man kann das auch so ausdrücken: Der Zeitablauf des Myon-Systems ist kontrahiert, die Alterung des Myons längs der durchlaufenen Strecke ist dilatiert.

Mein Bruder hatte dauernd Gründe gegen die Arbeit mit dem Zeitgradienten. Wie auch andere, so argumentierte er, dass das nur „Umformulierung" sei, indem alles nur raumzeitliche Projektionen seien, die je nach der Art der Projektion dieses oder jenes Verhältnis erscheinen ließen. Das stimmt zwar. Aber es gibt darunter eben eine, und nur eine Projektion, die absolut ausgezeichnet ist: die Streckenmessung vorne und hinten im selben Moment (Zeitpunkt). Dies gilt für die Länge einer Strecke, die im Bezugssystem im selben Moment gemessen ist, und analog für die Länge einer Dauer, die im Bezugssystem am selben Ort gemessen ist.

Was mit dem Raum jedem Schüler verständlich ist, wird im Zeit-Raum-vertauschten Analogon sogar Spitzenwissenschaftlern schier unbegreiflich. Ein Beispiel eines alltäglichen Raum-Verhältnisses: Markiert man auf dem

Gleis bei einem darüberfahrenden Zug die Stelle des Scheinwerfers später als die Stelle des Schlusslichtes, so sieht doch jeder eine zur Zuglänge hinzukommende Fahrtstrecke. Die Gleiswärter messen nur dann die Zuglänge allein, wenn sie auf dem Gleis die Scheinwerferstelle im selben Moment markieren wie die Schlusslichtstelle. Die vom Zugschaffner im Zug selbst gemessene Zuglänge ist die Absolut-Strecke. Die Länge zwischen den Markierungsstellen der Gleiswärter ist deren Relational-Strecke; d.h. eben: Strecke bezogen auf das Gleis. Diese relationale Zuglänge aber ist umso kürzer, je schneller der Zug fährt. Diese Verkürzung ergibt sich mit der Lorentzkontraktion von $(1-v^2/c^2)^{1/2}$. Sie ist als eine Kontraktion des Raumes in sich ansehbar und als „Raum-Kontraktion" bezeichenbar.

Analog ist es mit der Zeit. Nur eine Dauer, deren Anfang und Ende am selben Ort markiert ist, ergibt eine Dauer ohne Raum-Einfluss. Diese Relational-Dauern sind aber – analog der Strecken – mit $(1-v^2/c^2)^{1/2}$ kontrahiert. Man kann somit nur diese relationale Dauerkontraktion als eine Kontraktion der Zeit für sich ansehen und nur von einer Zeitkontraktion sprechen.

Die Einstein-Dilatation ist eine konkrete Dauerverlängerung, falls die relationale Dauer längs einer Fortbewegungsstrecke markiert wird; d. h. wenn der räumliche Einfluss der Fortbewegungsstrecke dazukommt. Diese Bewegungsstrecke vom fast c-bewegten Myon ist die Strecke vom Stratosphärenrand zur Erdoberfläche. Analog zu diesem gemessenen Phänomen sagt man, dass ein fortbewegter Astronaut bei seiner Rückkehr weniger alt sei als sein ruhend verbliebener Zwillingsbruder. Mir immer noch verdächtig, ignoriert dieses Analogon die Beschleunigungen bei Start, Umkehr und Landung.

Die Einstellung meines Bruders änderte sich, als von der Pariser Akademie der Wissenschaften eine Anfrage kam – nachdem dort vier Jahre vorher

(1959) meine Arbeit über die Atomabfallbeseitigung vom französischen Hochkommissar für Kernenergie präsentiert worden war –, ob ich nicht wieder einmal etwas zu publizieren hätte. Das war eine große Ehre. Jeder Wissenschaftler reißt sich darum, von der Pariser Akademie der Wissenschaften publiziert zu werden. Meinem Bruder gelang es, mein Konzept in einer Topformulierung dort präsentieren zu lassen. (Das war auch der Grund, warum mein Bruder von der Sorbonne, der Universität von Paris, Privilegien in Bezug auf seine Doktorarbeit erhielt.) Als Louis de Broglie, Entdecker der Materiewelle und Nobelpreisträger für Physik und „Sécrétaire Perpétuel" der Pariser Akademie der Wissenschaften die Arbeit sah, hatte er eine solche Freude daran, dass er sie persönlich präsentieren wollte und einen anderen Wissenschaftler ersuchte, ihm die Präsentation zu überlassen. Für mich war es ein großes Glück, denn de Broglie ist ja neben Einstein, Bohr und Heisenberg einer der ganz Großen der Physik. Weil das die erste diesbezügliche hochwissenschaftliche Veröffentlichung war, wird der Zeitgradient jetzt oft mit dem französischen Wort *gradient de temps* bezeichnet. In meinem philosophischen Buch *Der Dreieine* (1970) bin ich erneut darauf eingegangen.

Ich hatte damals folgende interessante Einsicht: Mit je weniger Voraussetzungen, in gewissem Sinn Axiomen, man eine Wissenschaft etabliert, umso allgemeiner ist sie, aber umso weniger geeignet, das Spezielle zu erfassen. Jede Bedingung ist eine Einschränkung, eine Definition (finis = Grenze, Definition = Eingrenzung). Wenn die Dogmen Definitionen sind und als solche bezeichnet werden, heißt das, dass es eingegrenzte, abgegrenzte, beschränkte Angelegenheiten sind. Dies wird nur nicht zur Kenntnis genommen. Irgendwie passt diese Problematik mit der denkwürdigen Beschreibung des Wortes „Experte" zusammen, als einem, der Vieles von Wenigem weiß, bis er schließlich Alles von Nichts mehr weiß. Konkret konnte ich nachweisen, dass allein mit der Voraussetzung eines Zeitgradienten, mit der endlichen

Verstreichung $w=v/c^2$, alle Phänomene der Relativitätsphysik vollständig erfassbar und beschreibbar sind; dies auch noch in voller Übereinstimmung mit der Quantenphysik.

1964 kam es zur Publikation meiner Arbeit auf der Königlichen Akademie von Belgien in Brüssel. Sie wurde von F. Simonart präsentiert und hat zwei Teile. Der erste befasst sich mit dem Zeitgradient und der zweite mit der Zeitkontraktion. Leider entgleiste sie fürchterlich dadurch, dass man in der Druckerei das Zeichen Kappa als x las und setzte. Irgendwie kam es vor der Veröffentlichung nicht zum Korrekturlesen durch mich. Angeblich hat Simonart den Text zwar fahnengelesen, aber mit seinen alten Augen den Fehler nicht entdeckt. Alles war dadurch unverständlich. Als ich dann eine Korrekturliste – schwarz von Berichtigungen – an die Akademie sandte, schrieb der Präsident ganz unglücklich an mich. Ich erhielt die Erlaubnis, in der Form der Akademie-Sonderdrucke eine richtige Fassung drucken zu lassen. Wir haben heute (2009) noch einen ganzen Stapel davon. Dieser Privatsonderdruck ist aus dem Archiv der Erzdiozöse München erhältlich. Dieser Lapsus ist vermutlich der wichtigste Grund, warum dieses Gedankengut nicht in das Bewusstsein der breiten Physik gelangte.

Der Zeitgradient ist ein die Relationalphysik grundlegender Vektor. Er ist das Raum/Zeit-vertauschte Analogon zur Geschwindigkeit. Wie die Geschwindigkeit das Maß (m/s) der Bewegung ist, so ist der Zeitgradient das Maß s/m der „Verstreichung". Bewegung ist die Verschiebung einer Stelle im Raum mit der Zeit (m/s). Verstreichung ist Verschiebung eines Moments in der Zeit mit dem Raum (s/m).

Ich sage „Relationalphysik" zu einer der drei Zweige der Physik, der üblicherweise als „Relativitätsphysik" bezeichnet wird. Diese Bezeichnung ist fataler- und irreführenderweise falsch. Das wurde mir damals von einem bedeutenden Philosophen auf dem Weltkongress für Philosophie in Wien

(1968) gesagt. Er sagte, dass es sich nicht um eine Relativität, sondern um eine Relationalität handle.

Es wird öfters gesagt, dass ich Einsteins Ergebnisse als falsch erwiesen hätte. Das ist unrichtig; im Gegenteil: Wie die Grundaussagen der Quantenphysik, so habe ich auch die der Relativitätsphysik sogar als Basis meiner Ausweitung genommen; d. h. wie axiomatisch unterstellt. Für falsch halte ich aber die existenzielle Interpretation der relationalen Gegebenheiten von Einsteins Relativitätsphysik. Einstein selbst, der sich gegen die Bezeichnung „Zeit-Dilatation" verwahrte, scheint dies schon empfunden zu haben.

Es gibt kein Relativitätsprinzip, kein spezielles und kein allgemeines. „Relativitätsprinzip" wäre die „Gleichberechtigung aller Bezugssysteme zur Beschreibung physikalischer Zustände und Vorgänge". Die Erkenntnis, dass tatsächlich kein Relativitätsprinzip existiert, war für Einstein tief enttäuschend. Er kam aber gegen die in der Zwischenzeit eingeführte falsche Bezeichnung „Relativitätsphysik" nicht mehr auf. Die gewaltige Erkenntnis war eben nicht die einer prinzipiellen Relativität, sondern die der Gleichförmigkeit der mathematischen Transformationen, welche Beschreibungen in einem System in die eines anderen Systems überführen; d. h. transformieren. Ob diese transformierten Werte real existieren bzw reagieren, ist eine ganz andere Kategorie. Dazu ein Beispiel: Mit einer perfekten Umrechnungstabelle für Geldwährungen hat man noch kein Geld und ist noch nicht zahlungsfähig.

Die falsche Bezeichnung „Relativitätsphysik" hat fürchterliche Verwüstungen in der Theologie bewirkt. Einerseits sehen die Theologen von oben herab auf das Wesentliche in den Wissenschaften und in der Naturwissenschaft, andererseits begreifen sie nicht, um was es überhaupt geht. So haben sie auch nicht erkannt, dass es hier gar nicht um Relativismus, sondern um Relationalismus geht, also Physik der Relation von einem Zustand zu einem anderen Zustand; ob es nun ein verschiedener Bewegungszustand ist oder ein bestimmter Zustand in verschiedenen Tiefen der Gravitation. Philosophen und Theologen sagen, dass die Physiker die Relativität bewiesen hätten. Das ist gar nicht der Fall. Es hieß, dass es sogar gelungen sei, auch rotierende Systeme als relativ nachzuweisen, in dem Sinne, dass sie eine gleichberechtigte Naturbeschreibung gäben. Existenziell und aktuell ist dies barer Unsinn: Ein Kind steigt für 50 Cent auf ein Karussellpferd; der Besitzer drückt den Startknopf; und alle Umwelt rotiert relativ zum Kind-System, die Galaxien mit Rotationsenergien trillionfach der existenziellen Energie des gesamten Weltalls. Wenn man einen Relativitätsphysiker nach der Beschreibung der Energie-Verhältnisse fragt, winkt er resigniert ab. Gerade in Bezug auf die Energie – d. h. der Basis physikalischer Existenz, insbesondere des Weltalls – ist eben keine gleichwertige Beschreibung gegeben. Was gelang und was wirklich etwas Großartiges war, ist, dass man die Transformations-Schemen angeben konnte. Physikalisch raum-zeitliche Phänomene erscheinen in Bezug auf einen Standpunkt mit je einem Wert, in Bezug auf einen anderen Standpunkt mit je einem andern Wert. Transformationen sind mathematische Formeln, welche die einen in die anderen Werte transformieren, d. h. überführen, umformulieren, umrechnen. Die Seinsfrage, die der Philosph und Theologe stellt, ist in der relationalen Orientierung überhaupt keine Frage.

Die auf gleichförmig bewegte lokale Systeme beschränkte „Spezielle Relativitätsphysik" drückt die Relationen zwischen zueinander bewegten Systemen durch die Lorentz-Transformation aus. Diese Relationalität begründet sich in einer Relativität, auf die schon Leonardo da Vinci hingewiesen hat: Im Inneren von zwei kleinen Schiffen, die relativ zueinander bewegt sind, gelten die gleichen Naturgesetze (er sprach von einem auf dem Meer lagernden Schiff und einem über das Meer fahrenden Schiff). Dies ist auch richtig, aber nur eben im Inneren des Schiffes. Dies wird zum grotesken Unsinn in Einbezug des Ozeans, der ganzen Erde und gar des Weltall. Eine

Stunde bläst ein Wind, ein auf dem Meer lagerndes Schiff kommt in Fahrt – und in Quasi-Relativität wird die ganze Umwelt auf supergigantische Bewegungsenergien beschleunigt. Durch innerhalb eines solchen Systems angestellte Messungen lässt sich praktisch nicht feststellen, ob das System ruht oder sich bewegt. Aber sogar dies gilt insofern nicht genau, weil das Schiff auf einer mit dem Erdradius gekrümmten Meeresoberfläche bewegt ist, womit u. a. zusätzlich Fliehkräfte auftreten. Das ist praktisch gänzlich unbedeutend, aber prinzipiell entscheidend wichtig:

Eine prinzipielle Un-Unterscheidbarkeit ist zwar auch noch nicht hinreichend für die Postulierung einer Relativität, aber notwendig. Wenn prinzipiell keine Un-Unterscheidbarkeit gegeben ist, dann ist die Postulierung eines Relativitätsprinzips notwendigerweise nicht möglich, also Unsinn.

Erstaunlich ist die Fortpflanzung des Lichts im Vakuum. Licht bewegt sich nicht, wie man früher dachte, in einem als „Äther" bezeichneten absoluten Medium, sondern es bewegt sich als elektromagnetische Welle ohne Medium und hat in allen Systemen dieselbe invariante Geschwindigkeit c. Die die Lorentz-Transformation sowie die relativistische und die ganze Physik beherrschende Vakuum-Lichtgeschwindigkeit c von 299 792 458 m/s ist als Invarianz-Geschwindigkeit keine relative, sondern eine absolute Größe. Die als relativistisch interpretierte Relationalität stützt sich also auf Relativität, die sich ihrerseits auf Absolutes stützt. Relationalität, Relativität und Absolutheit bilden zusammen eine hierarchische Ordnung.

Rotierende Systeme sind nicht relativ, sondern haben absoluten Bezug: Fliehkräfte treten auf, wenn ein System in Bezug auf die kosmischen Massen rotiert. Selbst gleichförmig bewegte Systeme verlieren ihre Relativität umso mehr, je größer sie werden. Systeme mit kosmischen Dimensionen haben – im Aspekt vor allem der Energie – keinen relativen, sondern einen absoluten Bezug; nämlich den Bezug auf die Gesamtmasse und die Gesamtstruktur des Kosmos als Ganzem.

Es sind verschiedene „Weltall" denkbar, die sich voneinander durch eine unterschiedliche Größe v/c^2 ihres arteigenen Zeitgradienten unterscheiden. In der klassischen Physik war – natürlich unhinterfragt – unterstellt, dass nur eine unendlich große Geschwindigkeit invariant sei. Die herkömmliche klassische Physik ist somit eine Relationalphysik mit zu null verschwindender Verstreichung, d. h. ohne Zeitgradient. Denn der Zeitgradient ist Geschwindigkeit geteilt durch das Quadrat der Invarianzgeschwindigkeit. Unsere Welt hat jedoch mit der Lichtgeschwindigkeit c des endlichen Wertes *299 792 458 m/s* eine quasi-unendliche Invarianzgeschwindigkeit und damit eine endlich große Verstreichung $w = v/c^2$. Der immer wieder in der Physik auftretende Faktor c^2/v (z. B. bei Materiewellen) erscheint formal als Überlichtgeschwindigkeit. In Wirklichkeit ist er reziproke Verstreichung; also ganz anderer Natur. Was ohne den Zeitgradienten sehr kompliziert und vertrackt ausgedrückt werden muss, ergibt sich mit ihm ganz zwanglos.

Aufgrund des Zeitgradienten erkannte und publizierte ich (1964), dass die Einstein-Dilatation keine Zeit-Dilatation, sondern eine Dilatation der Alterung von Objekten längs Bewegungsstrecken ist: In einem relativ zu mir bewegten Nukleon ist dessen Materie-Schwingungsdauer verkürzt. Dies ist, weil in Relation zu mir, zur Ruheenergie noch die kinetische Energie dazu kommt. Diese Energievergrößerung resultiert quantenphysikalisch in erhöhter Frequenz. Das ist eben die Verkürzung, d. h. Kontraktion der relationalen Schwingungsdauer. Der im Nukleon selbst – d. h. im Nukleon-System zwangsläufig an der Stelle des Nukleons selbst – gegebene Zeitwert ist die einzige Absolut-Dauer; mit dem auch längsten Dauerwert. Z. B. für die Materiewelle eines Neutrons ist dies die im Neutron selbst gegebene Schwingungsdauer T_0. Jedoch an Gegenständen, denen gegenüber das Neutron mit der Geschwindigkeit v bewegt ist, erscheint und wirkt das Neutron mit seiner jeweiligen Relational-Dauer

T_v. Diese Relational-Dauern sind immer kürzer als die originale Absolut-Dauer. Zeitlich wie räumlich ist das Verhältnis immer kleiner als 1 und wird mit $v = c$ zu null.

Relationalwert dividiert durch Absolutwert ist gleich der „Kontraktion" $(1-v^2/c^2)^{1/2}$.

Im Gegensatz zur herrschenden Meinung ist also in bewegten Systemen der Zeitablauf kontrahiert. Das schrieb ich an Werner Heisenberg, mit dem ich in gutem Verhältnis stand und mit dem ich gelegentlich korrespondiert hatte. Ich legte meine beiden genannten Akademiearbeiten bei. Er schrieb zurück, dass er die Arbeiten mit Prof. Mitter aus Göttingen genau durchgegangen sei. Sie seien zu dem Schluss gekommen, dass das, was ich schreibe, richtig sei und dass es im Grund genommen das sei, was man machen sollte, aber leider sei die geschichtliche Entwicklung der Relativitätsphysik auf ein falsches Gleis gekommen und alles sei derartig darauf ausgerichtet, dass man es nicht mehr ändern könne. Ich schrieb ihm zurück: „Ihre Argumentation erinnert mich an den denkwürdigen Dialog zwischen meiner Großmutter und ihrem schwerhörigen Schneider: Großmutter: „Der Anzug ist zu weit." Schneider: „Der weitet sich noch." Die Großmutter lauter: „Er ist doch sowieso schon zu weit." Der Schneider: „Oh, der geht auch noch ein." Also, wenn es nicht so geht, dann eben umgekehrt. Professor Heisenberg war beleidigt. Ich hatte damals noch nicht begriffen, dass sich ein Student bei einem so großen Physiker schon einmal so einen Witz erlauben kann, aber ein Kollege nicht bei einem anderen Kollegen. Man sah mich schon als Kollegen an, und da muss man sehr delikat sein. Es war einer der vielen Fehler, die ich gemacht habe. Nach einem Jahr tat mir das Ganze sehr leid und ich schrieb ihm, dass es mir aus zwei Gründen leidtue, erstens, weil es nicht die Großmutter mit dem schwerhörigen Schneider war, sondern – wie meine Mutter berichtigte – die Urgroßmutter, und zweitens sollte man solche Witze überhaupt nicht machen. Aber es war nichts mehr zu machen. Er war völlig verprellt.

Später, kurz vor seinem Tod, trafen Karl und ich ihn nochmals. Es ging um seine „Weltformel", bei der ich sah, dass sie wegen des fehlenden Zeitgradienten nicht funkionierte. Das Gespräch startete irgendwie unangenehm gespannt: „Nur zehn Minuten". Es klang dann aber nach zwei Stunden in einem menschlich sehr schönen, tief ergreifenden Verstehen aus. Er sprach erbittert davon, dass „im zweiten Stock des von ihm gegründeten Max-Planck-Instituts (wo wir gerade mit ihm saßen) eine ‚Fremdenverkehrs-Attraktion für amerikanische Wissenschafts-Touristen' sei: er, der alte Heisenberg." Oft werden alte Giganten als störend empfunden. Als wir durch sein Vorzimmer weggingen, kam er nach, fasste mich von hinten an der Hand und sagte erschütternd: „Meine jungen Freunde, lassen sie sich nicht durch einen Alten, Verbitterten entmutigen. Gehen Sie Ihren Weg unbeirrt weiter."

Die Präsentation des Zeitgradienten durch die Spitzenpersönlichkeit der Pariser Akademie der Wissenschaften, die unbestritten als Spitzenakademie der Welt gilt, war ein gewaltiges Faktum. Es war für mich geradezu ein Zwang, die Verallgemeinerung zu versuchen, d.h. die Gravitation einzubeziehen – wie man die Erweiterung der speziellen zur allgemeinen Relativitätsphysik versucht hatte. So ging ich mit vollem Einsatz daran, die Relational-Zusammenhänge von Bewegungen und Schwerefeldern zusammenzufassen. Nach zwei Jahrzehnten Ringen gelang mir das zwar auch, hatte sich aber zu der großen Tragödie in Karls und meinem Leben entwickelt – und am 2. August 1998 den furchtbaren Herzinfarkt ausgelöst, der mein ganzes Leben veränderte.

Der Herr hatte meinen Bruder und mich zusammengegeben, um Seinen Auftrag durchzuführen, den Er mir glasklar vor Augen gestellt hatte. Wir bekamen dazu auch grundverschiedene Begabungen. Mir war Schau,

Konzept und Struktur zugewiesen; meinem Bruder Erarbeitung, Einführung und Etablierung. Nur mein Bruder bekam die für die Erarbeitung nötigen Fähigkeiten, Kenntnisse und Positionen. Der Herr untersagte mir, jegliche Titel, Ränge, Auszeichnungen und Anstellungen anzunehmen. Meinem Bruder wurde alles auf höchstem Niveau nachgeworfen. Er sagte und sagt – in einem geradezu kitschigen Bruderkult –, dass er alles aufgrund meines Verhältnisses zum Herrn habe. Umgekehrt ist sicher, dass ich ohne meinen Bruder eine wissenschaftlich gescheiterte Existenz wäre. Vielleicht wäre ich mit meinen Ideen einfach als ein exzentrischer Wahnsinniger eingestuft worden. Zwar machte ich die ersten Formulierungen noch selber, aber so dilettantisch, dass ohne die großartigen Ausarbeitungen und Darstellungen meines Bruders keine einzige der Spitzenpublikationen erfolgt wäre. Weil ich dies auch gerechterweise betonte, wurde auch mir ein „Bruderkult" vorgeworfen: Bei einer profilierten Einladung sagte die auf mich allergisch gewordene Frau eines AEG-Direktors: „Dauernd schieben Sie Ihren Bruder mit Lobeshymnen vor; das machen Sie doch alles selber." Ja und nein!

Eine wesenhafte Schau in wissenschaftlichen Schriften zu erfassen, ist etwa mit der Beschreibung der Erlebnisse auf einer Urlaubsreise zu vergleichen: Sie schauen auf eine großartige Gegend. Sie sehen alle Einzelheiten fern und nah und erleben wunderbare Stimmungen. Heimgekommen gibt Ihnen Ihre Familie ein Stück Papier, auf dem Sie alles so beschreiben sollen, dass es auch die Familie treu erfassen kann. Ein hoffnungsloses Ansinnen. Wenn prinzipiell neue Aspekte geschaut werden, die das etablierte Fachsystem zwar einbeziehen, aber mit ganz neuen Einsichten erweitern, ist es kaum menschenmöglich, dies in den Fachkonsens einzuführen, indem das Fach-Establishment eben noch gar nicht die Begriffe und Worte für die Beschreibung des zu Erweiternden verfügbar hat und erst noch etablieren müsste. So war es eben auch mit der Erweiterung der Klassischen Physik zur Quantenphysik bzw. zur Relativitätsphysik: Erst jahrzehntelanges Ringen und Kämpfen konnte den Durchbruch vollziehen und unermessliche Bereicherung erzielen.

Meine Schau öffnet eine nochmalige Erweiterung und Bereicherung zu einer – neben der Quanten- und Relativitätsphysik – dritten Physik, der Existenzphysik. Nun stehen da zwei Leutchen, die wahnwitzigerweise ein derart gigantisches Projekt in Angriff nehmen. Gerade weil mein Bruder im etablierten Fachdenken so sehr gut trainiert und erkenntnisreich ist – was für so eine Aufgabe notwendig ist –, war es ihm umso schwerer, sich darüber hinwegsetzend und zugleich es nutzend, auf das erforderliche neuartige Denken überzugehen. Nach drei Jahrzehnten fürchterlicher Debatten – oft sehr aggressiv – gelang es ihm aber dann doch, das Neuartige und Erweiternde zu erfassen und zu formulieren. Meine eigenen Darstellungen waren tatsächlich voller Unzulänglichkeiten und Fehler, zu denen ich mich dann doch verleiten ließ. Ich glaube, dass er heute die Sache viel besser im Griff hat als ich selbst. Es ist wie ein Witz, mit 79 bzw. 82 Jahren zu versuchen, das in Jahrzehnten nicht Erreichte nachzuholen.

Mein Bruder kaufte einen Computer, in dessen Funktionen er sich mühselig einarbeitet. Dieses Opfer brachte er nur, um über das Internet seine Erarbeitung meiner Schau und die Profilierung meiner einfachen Darstellungen nun doch noch der Wissenschaft zuzuführen.

Karl Philberths Kommentar:

Früher hat die Physik im geistigen Raum so manche intellektuelle und spirituelle Verwüstung angerichtet: Der mechanistische Materialismus ließ keinen Platz für menschliche Willensfreiheit und göttliches Wirken. Die klassische Physik war gefangen in eingleisigem Denken, dem Komplementaritäten auf der materiellen und der geistigen Ebene fremd waren. Einsteins Relativitätstheorie wurde anfangs oft als Rechtfertigung eines universellen Relativismus angesehen. All diese Irrtümer sind inzwischen durch die Erkenntnisse der

Quantenphysik und ein vertieftes Verstehen der Relativitätsphysik aus dem Weg geräumt. Christlicher Glaube und physikalisches Wissen stehen heute im Einklang miteinander. Als Beispiel sei kurz gezeigt, wie sich auf der Ebene der Physik die geistigen Wahrheiten spiegeln, welche in den drei Leitsätzen des *Artikels 234* aus dem *Katechismus der Katholischen Kirche* ausgedrückt sind:

„234 Das Mysterium der heiligsten Dreifaltigkeit ist das zentrale Geheimnis des christlichen Glaubens und Lebens. Es ist das Mysterium des inneren Lebens Gottes, der Urgrund aller anderen Glaubensmysterien und das Licht, das diese erhellt. Es ist in der ‚Hierarchie der Glaubenswahrheiten‘ (DCG 43) die grundlegendste und wesentlichste …"

Gott ist der Dreieine, Er ist in den drei Personen von Vater, Sohn und Heiligem Geist ein einziger Gott. Das leuchtet abbildlich in den verschiedenen Ebenen Seiner Schöpfung auf, auch in der niedrigsten Ebene, nämlich der Physik. Diese besteht aus drei sich komplementär ergänzenden und sich gegenseitig durchdringenden Zweigen: Quanten-, Relativitäts- und Existenz-Physik. Der letztgenannte Zweig ist der jüngste, er erfasst das den ganzen Kosmos beherrschende Wechselspiel von Sein und Nichts. Die den Mikrokosmos bestimmende Komplementarität von Welle und Teilchen bedarf angesichts der modernen Wechselwirkungstheorien einer Ergänzung. Ihre drei Aspekte sind: Welle, Teilchen, Austauschquant. So ist die Physik als Ganzes und in mindestens einem ihrer Teilgebiete durch eine dreifaltige Komplementarität gekennzeichnet. Dem geistig Interessierten fällt es nicht schwer, darin das Werk eines dreieinen Schöpfers zu sehen.

Im oben genannten *Artikel 234* und außerdem im *Artikel 90* ist die „Hierarchie der Wahrheiten" betont. Diese ist grundlegend wichtig für die Akzeptanz der christlichen Verkündigung in der modernen Welt. Die kirchlichen Aussagen sind hierarchisch aufgebaut und haben damit verschiedenes Gewicht. Die Kirche ist gut beraten, wenn sie sich diesbezüglich an das Wort von Augustinus hält: „Im Unwichtigen Freiheit, im Wichtigen Einheit, in allem aber die Liebe." Die Missachtung dieser Wahrheit hat grausige Folgen: Die Verabsolutierung von Unwichtigem führt zur Unglaubwürdigkeit und zur lieblosen Ablehnung anderer christlicher Konfessionen. Die Relativierung von Wichtigem führt zum Verrat an Gottes absoluter Wahrheit. Es gibt nur eine absolute Wahrheit, nämlich den von Jesus Christus geoffenbarten dreieinen Gott. Möge der Herr Seine Kirche davor bewahren, dass sie – in Umkehrung des Leitsatzes von Augustinus – die absolute Anerkennung randständiger Aussagen einfordert und auf der anderen Seite im interreligiösen Dialog einem unheimlichen Relativismus huldigt. Jesus Christus hat nie gesagt, dass alle Religionen an denselben Gott glauben und dass alle Wege zu Gott gleichberechtigt sind.

Auch diesbezüglich spiegeln sich die Wahrheiten der höchsten Ebene im physikalischen Geschehen. Um das zu zeigen, möchte ich nochmals die hierarchische Ordnung von Relationalität, Relativität und absolutem Sein aufgreifen: Fast jedes Phänomen beschreibt sich von unterschiedlichen Beobachtungsstandpunkten aus in verschiedener Weise. Die relativistische Physik gibt Formeln an, welche diese verschiedenen Beschreibungen aufeinander abbilden, also in Relation zueinander bringen. Unter speziellen Umständen (Inertialsysteme) und in engen Grenzen (etwa im Inneren eines Schiffes) sind die verschiedenen Aussagen der Beobachter gleichberechtigt und kein Beobachter kann aufgrund seiner Messungen sagen, dass er den absoluten Standpunkt einnimmt. Die Fülle solcher in lokalen Bereichen gültigen Freiheiten, Spielräume und Relativitäten ermöglicht lebendige Vielfalt. Diese ist eingebettet in die übergeordnete raumzeitliche und energetische Struktur des Kosmos. Der kosmische Raum und die kosmische Zeit repräsentieren den absoluten Raum und die absolute Zeit, nach denen schon Isaac Newton gesucht hat. Im Kleinen entfalten sich Relationalitäten und Relativitäten, im Großen und Letzten herrscht das absolute Sein. Das gilt für die geistige Welt ebenso wie für die materielle Welt.

Mein Vater

Der Vater meines Vaters wuchs unter bitter armen Verhältnissen auf. Das fraß sich in ihm fest. Er lebte dauernd unter der Angstvorstellung, dass sein Sohn Joseph – mein Vater – auf dem Gymnasium die Aufnahmeprüfung nicht bestehen könnte. Er meinte, dass er meinen Vater, dessen Lehrer er in der Grundschule war, zu ausreichenden Leistungen antreiben müsse, indem er ihn bis Ende der dritten Klasse oft schlug. Als man mir das erzählte, konnte ich das nicht verstehen. Erst später wurde mir klar, warum er sich so verhielt. Er wurde von der nackten Angst motiviert, seine Kinder könnten nicht auf ein menschenwürdiges Niveau kommen.

In Bamberg war ein Kaplan Müller, der aus einfachsten Verhältnissen kam. Er predigte im Dom so gut, dass er sich den Neid der Domherren und Prälaten zuzog. Sie setzten ihm so zu, dass er dahinsiechte und früh starb. „Die haben ihn umgebracht", sagten die Leute, die ihn liebten und verehrten. Auf Bitten meiner Großmutter ließ er meinen Vater kommen. Danach sagte er zu meinem Großvater: „Ihr Joseph rechnet ja schon wie in der 3. Klasse Gymnasium. Er hat weit reichende Kenntnisse, aber er ist sehr ängstlich und nervös." Danach schlug mein Großvater meinen Vater kein einziges Mal mehr in den restlichen 1¼ Jahren der Grundschule.

Damals war der Ort Schneid im Frankenwald, wo meine Großeltern wohnten, gelegentlich durch Schnee völlig von der Außenwelt abgeschnitten (einmal 6 Wochen lang); es gab noch keine Schneeräummaschinen und Helikopter. Die Leute waren medizinisch auf den Schullehrer angewiesen. Mein Großvater war medizinisch so gebildet und geschickt, dass er von dem bekannten Bamberger Chirurgen Lobenhofer ein eindrucksvolles Anerkennungsschreiben erhielt.

35 Jahre nach dem Tod meines Großvaters (er starb ein halbes Jahr nach meiner Geburt) kam ich in die zwei Ortschaften, wo er Lehrer gewesen war.

Einige Dorfleute liefen zusammen und sagten: „Was? Sie sind der Enkel vom Herrn Oberlehrer? Wir sind ihm ja so dankbar." Ich sagte danach zu meinem Vater: „Die Orte sahen so sauber aus." Darauf sagte mein Vater: „Es war eben der Großvater, der hinter alldem stand. Er konnte alles. Die Kinder lernten bei ihm z. B. sogar Landvermessung. Beim Militär wurden sie bald Unteroffiziere." Da sah ich plötzlich die Dinge ganz anders. Mit der Beurteilung der Erziehung damals kommen wir heute nicht zurecht.

Mein Vater wurde 1897 geboren. Die ganze Situation in meiner väterlich-großelterlichen Familie versteht man nur aus der Vorgeschichte. Wenn mein Vater zu mir sagte: „Dein Urgroßvater war Waldarbeiter, dein Großvater war Lehrer, dein Vater ist Richter – und du musst es noch weiterbringen", ärgerte ich mich und zweifelte, ob ich es überhaupt so weit schaffen würde.

Schon als Karl und ich Kinder waren, hieß es ständig: „Die Aufnahmeprüfung, die Aufnahmeprüfung, die Aufnahmeprüfung!", sodass ich schon meinte, damit sei fürs Leben ausgesorgt. Ich war während der Prüfung so aufgeregt, dass ich vor Zittern kaum schreiben konnte. Der beaufsichtigende Studienrat fragte mich: „Was ist denn mit dir los?" Ich bestand auch nur knapp. Karl, der 2½ Jahre jünger ist als ich, bekam Zweifel, ob er überhaupt bestehen würde. Angst ist eben keine Motivierung. Als ich heimkam und der Mutter berichtete, dass ich die Prüfung bestanden habe, sagte sie: „Das ist nur die Aufnahme in eine Schule." Da wusste ich schon, dass der ganze Zirkus wieder von Neuem angehen würde.

Während des 1. Weltkriegs war mein Vater Leutnant und verlor durch einen französischen Scharfschützen das eine Auge. Deshalb wurde er Verwalter eines Großlagerhauses am Rhein. Er wohnte als Untermieter bei einer Frau Höllriegel im Hause meines Großvaters mütterlicherseits. Dort lernte er die Mutter kennen, die er später heiratete. Er begann ein Jurastudium und schnitt beim Examen als einer der Besten ab. Während des Studiums war mein Vater Mitglied des AGV (Allgemeiner Gesangs-Verein). Es war die größte Studentenverbindung Deutschlands, in der ein Großteil der späteren Minister und höheren Beamten Mitglied waren. Mein Vater wurde wegen seiner Intelligenz als ein kommender Star angesehen und wurde zum ersten Vorsitzenden gewählt. Er war durch die zusätzliche Arbeit völlig überlastet und bekam schwere Magenbeschwerden. Nach Beendigung des Studiums trat er in den Staatsdienst ein und arbeitete für 1½ Jahre als Staatsanwalt in Traunstein. Sobald er die Stelle hatte, heiratete er meine Mutter. Neun Monate später wurde ich geboren. Die weiteren Stationen seiner Laufbahn waren: Amtsrichter in Neustadt, zweiter Staatsanwalt in Nürnberg und schließlich ab 1933 erst Landgerichtsrat und dann Oberlandesgerichtsrat in München.

Während des 2. Weltkriegs zog sich mein Vater den Hass der NSDAP-Partei zu, insbesondere wegen des so genannten „Amann-Prozesses". In München gab es einen mondänen Jagdclub, in dem auch Hitler und die zwei Reichsleiter Amann und Müller verkehrten. Eines Tages zog dort ein Staatsanwalt namens Geier vom Leder und sagte, dass Hitler ein herge-laufener Malergeselle sei. Es kam zur Strafanzeige durch Amann. Mein Vater war in einem normalen Senat Strafrichter. Der Vorsitzende des Senats, wo die Angelegenheit zur Verhandlung anstand, wurde plötzlich krank. Sein Vertreter war „zufällig" gerade in Urlaub gefahren und nicht auffindbar. Deshalb musste mein Vater den Prozess übernehmen, obwohl er zu einem anderen Senat gehörte. Reichsleiter Amann kam persönlich mit dem Chef der Münchener Gestapo zur Verhandlung. Mein Vater führte Zeu-genvernehmungen durch. Unter anderem war auch ein Gutachter von der psychiatrischen Klinik vorgeladen. Es ging darum, ob etwas, was in einem pathologischen Rausch, d. h. in schwer betrunkenem Zustand, gesagt wird, die Meinung einer Person ist oder nicht. Der Psychiater, der Angst hatte, wandt sich heraus, indem er sagte: „Es kann die eigene Meinung sein, muss es aber nicht." Amann wurde aggressiv. Als sich das Gericht zurückzog, rief der Präsident an und fragte meinen Vater, wie es ausgehen werde. Mein Vater sagte: „Wohl mit Freispruch." Der Präsident schrie: „Unmöglich!" Mein Vater ging wieder in den Saal und sagte: „Nach dem alten Grundsatz „in dubio pro reo" (im Zweifelsfall zu Gunsten des Angeklagten) …" Der Gestapochef flüsterte Amann etwas ins Ohr. Anscheinend übersetzte er für dieses Rindvieh. Der fing zu brüllen an. Er ging vor, packte meinen Vater am Kragen und schrie: „Wir holen euch schon noch runter, euch schwarze Bonzen." Andere Richter sagten hinterher, dass er so geschrien habe, dass man ihn im oberen Stockwerk des Justizpalastes gehört habe. Aber mit Hilfe von drei anwesenden Gerichtsschutzleuten, die meinem Vater unterstellt waren, konnte sich mein Vater aus dem Würgegriff des Reichsleiters frei machen und die Verhandlung schließen, obwohl Letzterer in Begleitung des Chefs der Münchner Gestapo im Generalsrang war.

Danach kam der Befehl, dass das Verfahren sofort wieder aufzunehmen sei und mit der „gebührenden Verurteilung" zu enden habe. Die Verhandlung wurde wieder aufgegriffen, aber der Gutachter von der psychiatrischen Klinik hatte sich „verdünnisiert" und war nicht aufzufinden. Mein Vater sagte, dass er ohne den Gutachter die Verhandlung nicht weiterführen könne, und schloss das Verfahren. Er kam am frühen Nachmittag heim, war kreidebleich und legte sich aufs Sofa. Er sagte zu uns: „Ich habe die ganze Familie vernichtet. Sie werden uns ausrotten." Ich versuchte ihn zu trösten: „Du hast genau das gemacht, was du nach deinem richterlichen Gewissen für richtig hieltst."

Später am Nachmittag kam ein Wachtmeister vom Gericht, brachte eine Fahrkarte und sagte, dass mein Vater nach Berlin reisen müsse, um sich beim Reichsminister Gürtner für sein „undeutsches" Verhalten zu verantworten. Der Zug fahre um 10.07 Uhr nachts vom Münchener Hauptbahnhof ab. Mein Vater machte sich pünktlich auf den Weg zum Bahnhof – und um 11

Uhr nachts war er wieder daheim. Er sagte zu uns: „Es war ganz merkwürdig. Als ich an der Lokomotive vorbei zum Zug ging, kam mir ein Mann entgegen und sagte unauffällig: ‚Kehren Sie um. Die wissen von nichts.'

Es hatte sich Folgendes zugetragen: Der Oberlandesgerichts-Präsident Dürr – der sich übrigens immer als „Parteianwärter Dürr" vorstellte, worüber man sich allgemein lustig machte, was aber sehr vernünftig war, denn bis zum Schluss war er nicht bei der NSDAP, sondern nur Anwärter – setzte sich wirklich für seine Richter gegen die Partei ein. Er hatte den Schutzmann beauftragt, die Fahrkarte für den bestimmten Zug zu besorgen, weil angeblich ein Anruf aus Berlin gekommen war, dass mein Vater dort vorstellig werden solle. Um vier Uhr nachmittags rief Dürr im Reichsministerium für Justiz in Berlin an und sagte, dass er gerne genau ausführen möchte, was ihm angewiesen worden sei; er habe noch eine Rückfrage. Die Sekretärin sagte zu ihm, dass sie von nichts wisse, aber sie könne ja den Reichsminister Gürtner fragen. Der Reichsminister sagte, dass nichts bekannt sei. Darauf hin veranlasste Dürr, dass mein Vater am Zug unauffällig gewarnt wurde. Wahrscheinlich sollte mein Vater auf der Fahrt ermordet werden. Wer den Anruf, dass mein Vater nach Berlin kommen solle, gemacht hatte, wissen wir bis heute nicht.

Am Tag darauf hielt der Generalgouverneur von Polen namens Frank, von dem man nie richtig wusste, wo er stand, zufällig an der Technischen Hochschule einen Vortrag über Rechtspflege im Dritten Reich. Er donnerte: „Ein Rechtsbruch, wie er gestern in München passiert ist, darf nie wieder geschehen." Niemand wusste, wie er das meinte, ob er von Amann oder meinem Vater sprach. Hitler befahl daraufhin, dass über die ganze Angelegenheit Gras zu wachsen habe, und sie wurde ab da totgeschwiegen.

Zu seinem großen Unglück wurde mein Vater später (1942) als Beisitzer an das Sondergericht (Gericht für Volks- und Landesverrat) berufen. Er wehrte sich, aber Präsident Dürr kommandierte ihn dazu. Vermutlich wollte Dürr damit dieses „Blutgericht" mit einem gerechten Richter besetzen, um das Schlimmste zu vermeiden. Als mein Vater diese Stelle nicht annehmen wollte, wurde er angewiesen, seine Pensionierung einzureichen; er würde mit vollem Endgehalt pensioniert. Damals galt noch das Gesetz aus der Königszeit, dass sich kein Richter gegen seinen Willen versetzen oder pensionieren lassen brauche. Das sollte die Rechtsprechung sicherstellen. Hitler wollte immer vom Reichsjustizminister Gürtner, dass dieses Gesetz geändert würde. Gürtner sagte dazu: „Ja, mein Führer, ja mein Führer", machte aber nichts. Als der Krieg vorüber war, sagte mir sein Sohn, dass sein Vater einmal früh ins Ministerium ging und dort nicht ankam. Später hieß es, dass er durch „Feindeinwirkung" umgekommen sei, obwohl an dem Tag nichts Besonderes geschah. Man hat ihn einfach beseitigt.

Mein Vater sagte, dass er sich auf Grund obigen Gesetzes nicht pensionieren lasse. Die Partei konnte gegen den Rechtsapparat insofern nicht aufkommen, als Gürtner nicht so zog, wie Hitler es wollte, nämlich, dass die Partei von sich aus Richter beseitigen konnte. Wenn ein Richter aber aus anderen Gründen ausfiel, z. B. aus Krankheits- oder Altersgründen, konnte die Partei Druck ausüben, sodass ein parteihöriger Richter an die Stelle kam. Mein Vater sah es als seine moralische Verpflichtung an, weiterhin seinen Dienst als Richter durchzuführen.

Ich als Sohn konnte seine Einstellung nicht verstehen. Sie regte mich schrecklich auf, sodass ich einmal sogar vor Zorn einen Stuhl zertrümmerte. Erst nach dem Krieg verstand ich ihn, als über dutzend Leute zu uns kamen und sich bei ihm bedankten, dass sie noch am Leben seien. Er hatte sie am Sondergericht zu Gefängnis verurteilt.

Hier möchte ich folgende Begebenheit einschieben: Im Jahr 1941 oder 42 kam eine Frau zu uns und sagte, sie möchte meinen Vater sprechen. Ich sagte: „Mein Vater ist jetzt im Dienst. Wie heißen Sie denn und um was handelt es sich?" Sie wandt sich und wollte es nicht sagen, aber ich sagte

zu ihr: „Wenn Sie es nicht sagen wollen, kann ich nichts machen." Danach
sagte sie mir ihren Namen. Sie wolle wissen, wo denn ihr Mann sei. Der sei
doch von meinem Vater freigesprochen. Als mein Vater heimkam, sagte ich:
„Du, da war die Frau soundso da." Mein Vater sagte erfreut: „Ja, ihr Mann
wurde vor drei Wochen freigesprochen." Ich sagte: „Ja, schon recht, aber der
kam bis heute nicht heim." Mein Vater wurde sehr nachdenklich und sagte,
dass schon einmal ein Staatsanwalt und andere Richter Ähnliches erfahren
hätten: dass, wenn ein Mensch, der der Partei nicht passte, freigesprochen
wurde, er auf der Straße abgefangen und beseitigt wurde. Sie meinten, es
wäre besser für die Angeklagten, wenn man sie so lange wie man meinte,
dass der Krieg noch dauern werde, einsperren ließe. Da seien sie sicher.
Aus den Staatsgefängnissen konnte die Partei niemand herausholen. Es gab
damals schwere Kontroversen zwischen der Staatspolizei, der Gestapo und
der Partei. Die Richter setzten sich inoffiziell zusammen und besprachen,
dass es das Beste für die Menschen sei, wenn man sie ins Gefängnis schicke.
Die Leute, die sich später bei meinem Vater bedankten, waren sich darüber
im Klaren.

Dazu eine interessante Einschiebung. Jedes Jahr war ich für zwei Wochen Gast im Benediktinerkloster Metten, wo ich im Konvent wohnte. Ich
besuchte einmal den Pater Norbert auf der Außenstelle Edenstetten. Er war
ein besonderer Verehrer des hl. Josefs. Er sagte mir, dass er 1942 wegen
„staatsgefährdender Äußerungen" vom Sondergericht verurteilt werden sollte. Edenstetten lag genau auf der Zuständigkeitsgrenze München/Bayreuth.
Der Konvent betete, dass der Fall nach München komme. Dies geschah,
weil der Sonderrichter in Bayreuth schwer erkrankte. Pater Norbert sagte:
„Ich wurde dort freigesprochen. Der Richter hieß Josef." Es stellte sich heraus, dass dies mein Vater war.

Zur Durchführung des Prozesses gegen Geier wurde dann der Landge-
richtsdirektor K. beordert. Der verurteilte Geier zu fünf Jahren Gefängnis,

was man ihm sehr übel nahm. Zu dem Zeitpunkt hatte es sich noch nicht herumgesprochen, dass man im Gefängnis am sichersten war. Geier kam nach Stadelheim in das offizielle Gefängnis. Es war für Hitler und die Partei nicht möglich, ihn herauszubringen. Schließlich begnadigte Hitler ihn, woraufhin Geier sofort Antrag auf Strafverlängerung stellte, weil er „sich schuldig fühle". Aber im Gefängnis sagte man ihm, dass man ihn bei einer Begnadigung nicht behalten könne, und so kam er wieder auf freien Fuß. Nach einigen Wochen machte mein Vater etwas, das ihn weiterhin sehr unbeliebt machte. Er gab eine Verfügung „Nachforschung auf Verbleib" heraus. Eine solche Verfügung konnte ein Richter aus Sicherheitsgründen ausstellen, wenn jemand verurteilt und aus dem Gefängnis entlassen worden war. Es stellte sich heraus, dass Geier angeblich sein Verhalten so schwer bereut habe, dass er sich freiwillig an die Front nach Nordnorwegen gemeldet habe. Er sei abgefahren, aber nicht dort angekommen: Er sei auf dem „Feld der Ehre gefallen".

Nach Beendigung des 2. Weltkriegs zwischen 1945 und 1949 gab es nur noch wenige deutsche Richter und Staatsanwälte. Die amerikanischen Besatzer warfen den höheren Richtern vor, Massenmörder zu sein, und gingen zum Teil mit Konzentrationslager gegen sie vor. In dieser Zeit arbeitete mein Vater mehrere Jahre als Hilfsarbeiter in einer Gärtnerei. 1949 nahm er seine Arbeit als Richter wieder auf.

Mein Vater wollte mit uns immer über alle möglichen Fragen sprechen, die ihn beschäftigten. Er war sehr gebildet. Einmal stritten wir uns vier Stunden lang über die Frage, ob Napoleon ein großer Mann war oder ob Prinz Philip ein Prinzgemahl sei. Das waren Dinge, die mich überhaupt nicht interessierten. Er wollte einfach, dass zum Schluss gleiche Meinung herrschte. Es war ihm völlig unerträglich, dass eine Frage offenblieb: Einer meint dies, einer meint das. Gegebenenfalls änderte er auch seine Meinung. Er war nicht rechthaberisch. Wenn man nicht einer Meinung war, meinte er, dass wir – Karl und ich – es nur nicht verstanden hätten, und holte wieder weit aus. Später wurde mir klar, dass für einen Richter die Meinung, dass Verschiedenes richtig sein könnte, völlig unmöglich ist. Er muss doch Recht sprechen. Mein Vater litt immer schrecklich unter der Vorstellung, dass er Fehlurteile fällen könne. Er arbeitete bis spät in die Nacht und putschte sich mit Rauchen auf. Wenn meine Mutter den Qualm aufsteigen sah, geriet sie in Panik.

Mein Vater hatte eine ängstliche Natur. Er verstand es nie, sich durchzusetzen, was wohl auf das ländliche Milieu zurückzuführen ist, in dem er aufwuchs. Er machte immer alle Arbeit selber. Dafür konnte man ihn so gut brauchen, dass man ihn nicht beförderte. Immer wieder wurde ihm von Präsident Eichhorn gesagt: „Du musst wegen Beförderung auf das Ministerium gehen. Es ist heute nicht mehr so, dass, wenn einer gut arbeitet, er automatisch befördert wird." Das war meinem Vater aber zuwider. Nach seinem Schlaganfall wollte man ihn noch zum Senatspräsidenten befördern, wenn er auch nur noch einige Wochen pro forma im Amt bliebe. Der Amtsarzt rief meine Mutter an, was er tun solle. Meine Mutter sagte, er solle nach seinem ärztlichen Gewissen handeln. So erlaubte es der Amtsarzt nicht, dass mein Vater noch einige Wochen auch nur passiv im Amt blieb. Er starb 1965 im Alter von 68 Jahren.

Meine Mutter

Meine Mutter Klara wurde 1903 in Ludwigshafen in der Pfalz geboren. Dort war ihr Großvater Hufschmied gewesen. Er heiratete ein zartes Mädchen, das sich dann zu einer kräftigen und resoluten Person entwickelte. Sie gebar 14 Kinder. Mein Großvater war in der Mitte dieser 14 Kinder. Er wurde, – wie es damals weithin üblich war, verheiratet. Doch sie führten eine gute Ehe. Er war selbstständig als Bauschreiner und hatte mehrere Angestellte.

Als der Erste Weltkrieg kam, wurde mein Großvater eingezogen. Damals sah es mit der Familienunterstützung von Kriegsteilnehmern noch schlecht aus. Es waren Hungerjahre für die Familie und meine Mutter war sehr schwächlich. Sie ging zunächst auf das Gymnasium. Doch ihr Vater befürchtete, er könne im Krieg fallen und meine Mutter müsse dann als ältestes und hochbegabtes Kind das Geschäft übernehmen. Darum nahm er sie aus dem Gymnasium heraus und schickte sie auf die Handelsschule, die sie erfolgreich abschloss. Sie hatte ein sehr gutes Gedächtnis und großes Talent zum Erzählen. Selbst als sie über 90 war, erzählte sie noch neue Geschichten aus lang vergangenen Zeiten, zurück bis zur Zeit des Urgroßvaters. Es waren viele lustige Geschichten dabei, und wenn wir zwei spazieren gingen, lachten wir fortgesetzt. Die unerhörte Reichhaltigkeit ihrer Erzählungen und Geschichten haben mich sehr stark angeregt. Man weiß ja heute in der Psychologie, dass Kinder in den ersten Jahren ihres Lebens sehr stark geformt werden durch eine starke Zuwendung ihrer Mutter, durch ihre Erzählungen, Informationen und praktischen Weisheiten.

Auch nach dem Ersten Weltkrieg kamen harte Jahre für die Familie meiner Mutter. Es gab ein furchtbares Unglück bei der *Badischen Annilin und Soda Fabrik,* als 4800 Tonnen Ammonium-Nitrat-Sulfat detonierten und einen Krater von 120 m Tiefe schufen. Überall waren die Fenster zerbrochen, die mein Großvater reparieren musste. Der Schaden sollte von der Firma bezahlt werden. Aber deren Juristen verstanden es, sich so lange mit der Stadt herumzustreiten, bis die Inflation das Geld dahinraffte. So hatten mein Großvater und viele andere Handwerker einen Teil des Explosionsschadens aus eigener Tasche bezahlt.

Gegen Ende des Ersten Weltkrieges, als mein Vater als Untermieter im Haus meines Großvaters wohnte, lernte er meine Mutter kennen und verliebte sich in sie. Sobald er eine Anstellung hatte heiratete, er sie.

Ich wurde in Traunstein geboren. Es war ein vornehmes Beamtenstädtchen. Aber die Mutter meines Vaters wollte, dass die junge Familie nach Neustadt bei Coburg zog, obwohl es eine richtige Proletarierstadt war. Aber es war näher an Rattelsdorf, wo sie als Witwe lebte. Meine Großmutter war eine schwierige Frau. Damals konnte man sich als Kinder viel weniger über die Wünsche der Eltern hinwegsetzen, als heute.

Der Präsident des Gerichts war überrascht, dass sich mein Vater mit seinen Qualifikationen nach Neustadt meldete. In Neustadt gab es viele Kommunisten. Richter standen ganz oben auf ihrer Hassliste. Der Vorgänger meines Vaters hatte wegen ihres Verhaltens einen Nervenzusammenbruch erlitten und sich versetzen lassen. Gleich in der ersten Verhandlung meines Vaters fingen die Kommunisten zu randalieren an. Aber mein Vater ließ sich nicht beirren. Er wurde sehr beliebt. Später hörte ich von jemand, der ihn noch kannte, dass sie nie einen gerechteren und strengeren Richter gehabt hätten als ihn. In Neustadt wurde mein Bruder Karl geboren (1929).

Wenige Jahre später ging mein Vater an das Gericht in Nürnberg, wo er für 1½ Jahre zweiter Staatsanwalt war. Als wir in Nürnberg lebten, gab es unerhört starke kommunistische Bewegungen in Deutschland. Im Herbst 1932 hörten wir auf einmal das Stampfen von den Stiefeln marschierender Männer. Meine Eltern schauten ängstlich aus dem Fenster unserer Mansardenwohnung. Sie sahen Polizisten und Soldaten der Reichswehr, die sich nicht trauten, etwas gegen die aufmarschierenden Kommunisten zu unternehmen. Der Aufzug dauerte drei Stunden lang. Die Männer marschierten in Zwölferreihen und führten sogar schwere Waffen mit sich. Es war eine offene Machtdemonstration. Polizei und Reichswehr waren machtlos. Meine Mutter sagte, dass das Scheußlichste die rechts und links mitlaufenden Kommunistenweiber gewesen seien, die geschrien hätten: „Nieder mit den Schwarzen, nieder mit der Reaktion." Das war die Stimmung in Deutschland vor der Machtübernahme Hitlers.

Meine Mutter, die ja keine akademische Schulausbildung hatte, las bei allen meinen Arbeiten Korrektur. Einmal, bei einer komplizierten Formel, sagte sie: „Da stimmt was nicht." Ich schaute mir die Formel an und fand erst nichts. Aber sie beharrte darauf, dass etwas nicht stimme. Hinterher stellte sich heraus, dass ein Exponent falsch saß. Meine Mutter hatte eine Art sechsten Sinn. Zum Beispiel rief sie mich einmal, als ich mich in Australien aufhielt, an und sagte: „Bernhard, du wirst doch nicht mit einer neuen Erfindung anfangen?" Da hatte ich gerade mit der Arbeit begonnen und das hat sich auf sie übertragen. Ein anderes Mal rief sie an und sagte: „Du, wenn da einer kommt und will das und das, sei sehr vorsichtig, das ist eine schlechte Sache." Eine Stunde später kam der Mann, und ich war gewarnt. Meine Mutter nahm starken Anteil an unserem Leben und unserer Arbeit und leistete dadurch einen unerhört konstruktiven Beitrag. Wir verdanken ihr unsagbar viel, wahrscheinlich auch unsere geistige Beweglichkeit und Vielschichtigkeit.

Da fällt mir ein lustiges Erlebnis ein. An der Technischen Hochschule in München war eine Konferenz, an der mein Bruder und ich teilnahmen. Wir sagten der Mutter, dass wir mittags wieder zu Haus sein würden. Als wir nachmittags noch nicht zurück waren, rief sie die Polizei an und sagte: „Meine Buben sind in die Stadt gefahren und nicht wieder zurückgekommen." Der Schutzmann sagte: „Ich kann ja mal nachschauen, aber so weit ich weiß ist kein Unfall gemeldet worden. Weshalb sind ihre Buben denn in die Stadt gefahren?" – „Sie sind Physiker und nehmen an einer Konferenz teil." – „Wie alt sind denn Ihre Buben?" – „40 und 42 Jahre. Aber bisher waren sie immer pünktlich, wenn sie gesagt haben, wann sie zurück kommen." – „Liebe Frau", sagte der Schutzmann, „dann müssen Sie aber sehr brave Söhne haben!"

In einigen Sachen wurde meine Mutter indirekt sogar politisch aktiv. Zum Beispiel sagte sie einmal zu mir: „Du, Bernhard, schau dir mal diese Notiz in der Zeitung an." Es waren nur drei Zeilen in der Süddeutschen Zeitung. Es ging um die Auslegung von Patentschriften 18 Monate nach der Anmeldung. Sie sagte, dass ihr das ganz unheimlich vorkomme, obwohl sie keine Ahnung vom Patentrecht hatte. Ich rief sofort Präsident Häuser vom Patentamt an. Er bat mich vorbeizukommen. Ich gab ihm die Notiz. Er sagte: „Es ist mir als Präsident nichts davon gesagt worden. Das hat M. durchgesetzt." M. war der Präsident des Rechtsausschusses des Bundestags, der für solche Fragen zuständig war. Ich sagte zu Häuser : „In Amerika kann jede ‚juristische Person' zwei Jahre zurück schwören – das haben die Amerikaner mit Gewalt durchgesetzt –, dass sie schon eine ähnliche Idee hatte. Wenn wir alle Anmeldungen nach 18 Monaten auslegen müssen, brauchen sich amerikanische Firmen nur die Anmeldungen kommen zu lassen und herumzufragen: ‚Haben Sie nicht auch schon so eine Idee gehabt?' Da fast jede Idee schon einmal von irgendjemand anderem überlegt wurde, braucht man noch nicht einmal einen reinen Meineid zu schwören." – Danach ging ein durch meine Mutter ausgelöster schrecklicher Kampf an. Aber die gesetzliche Bestimmung konnte nicht abgewendet werden. Daraufhin entwickelte ein gewisser Bernhard Philberth die so genannte „Philberth-Strategie", wie man da vorgehen kann, indem man völlig legal Rechte nach Ostasien verkauft und dadurch die Rückschwör-Klausel in Amerika paralysiert. Häuser kämpfte sein Leben lang gegen die Auslegung von Patentschriften.

Er sagte zu mir: „Sie müssen mir Zeit lassen, Ihre Vorschläge durchzuführen." Er machte auch gute Fortschritte, bis er in den Ruhestand ging.

Meine Mutter hatte auch in anderer Weise Einfluss auf mein Leben. Einmal bekam ich vom Patentamt eine Einladung zu einer Veranstaltung des
Arbeitgeberverbandes im Hilton Hotel in München. Ich war sehr erschöpft
von meiner Arbeit und hatte keine Lust, dort hinzugehen, zumal ich einige Tage später wieder nach Ostasien und Australien reisen wollte. Meine
Mutter bestand darauf, dass Karl und ich an der Veranstaltung teilnahmen.
Es waren etwa 40 Leute anwesend. Ich saß am Tisch zwischen dem Staatsse-
kretär und Wirtschaftsminister. Der Präsident des bayrischen Arbeitgeberverbandes eröffnete die Veranstaltung, indem er zitierte: *„Die Jahre bangen
Forschens in der Nacht, mit ihrem drängenden Verlangen, ihrem Schwanken
zwischen Zuversicht und Erschöpfung, schließlichem Hinaustreten in das Licht
– nur die es erfahren haben, können es verstehen."* Ich dachte mir, dass mir das
sehr bekannt vorkam. Der Präsident fuhr fort: „Dieses Zitat Einsteins steht
in dem Buch ‚*Überleben ohne Erfindungen*' von Herrn Bernhard Philberth,
und wir haben die große Freude und Ehre, ihn und seinen Bruder heute bei
uns zu haben." Es gab großen Applaus. Es wäre schlimm gewesen, wenn ich
nicht hingegangen wäre.

Ein anderes Mal hatte ich eine Einladung von Häuser zu einem Treffen der führenden Patentexperten der ganzen Welt im Hotel *Vier Jahreszei-
ten*. Ich wollte nicht gehen, aber meine Mutter sagte sehr energisch: „Da
wird hingegangen!" Schon allein aus Nervenschonungsgründen musste ich
da hin. Als vierter Sprecher hielt Häuser einen Vortrag von einer halben
Stunde und die halbe Zeit sprach er über die Zusammenarbeit mit mir.
Zum Schluss sagte er: „Herr Philberth ist vor allen Dingen ein hervorragen-
der Seelsorger." Die Teilnehmer, besonders die Asiaten, horchten auf und
schauten ganz gespannt auf mich. So etwas hatten sie in so einem Zusammenhang noch nie gehört.

Die Mutter war jahrelang schwer krank. Sie litt an einer schweren Strahlenbelastung durch ein ärztliches Experiment. Sie war zur Extinktion eines faustgroßen Myoms im Uterus mit Kobald 60 behandelt worden und litt schwer an den Folgeerscheinungen. Jede Nacht ging ich ein oder zwei Mal zu ihrem Zimmer und horchte, ob sie noch atmete. Die Mutter wollte das aber nicht, schloss die Tür ab und ließ den Schlüssel innen stecken. Es waren reine Faxen von ihr. Man konnte über den Punkt nicht logisch mit ihr sprechen. Ich sägte hinten in den Schlüssel einen Schlitz. So konnte ich ihn von außen mit Hilfe eines Schraubenziehers drehen, die Tür leise öffnen und horchen, ob sie noch lebte. Oft musste sie wochenlang ins Krankenhaus.

Im Frühjahr 1963 war sie wieder einmal im Krankenhaus. Am Karfreitag bekam mein Vater plötzlich fürchterliche Schmerzen im Rücken. Mein Bruder meinte, es sei ein Hexenschuss und besorgte ein ABC-Pflaster. Als die Schmerzen nicht nachließen fuhren sie mit dem Taxi zum *Krankenhaus Rechts der Isar*. Das Krankenhaus besteht aus drei riesigen Gebäudekomplexen, die verschiedene Abteilungen beherbergen. Sie stoßen gerade dort zusammen, wo meine Mutter in dem einen Komplex unten im ersten Zimmer links von der Treppe lag, während mein Vater in dem anderen Komplex im ersten Stock im ersten Zimmer rechts von der Treppe lag. Der Arzt stellte fest, dass mein Vater Bauchspeicheldrüsenkrebs hatte. Er sagte, dass das nicht sofort zum Tod führen würde, aber dass es zu erwarten sei, dass es in einigen Wochen mit ihm zu Ende gehe. Bei meiner Mutter dagegen war fast als sicher angenommen worden, dass sie schon bald sterben werde. Mein Vater starb jedoch schon in der Nacht des Ostersonntags. Meine Mutter sagte uns danach, dass sie am Ostersonntagabend plötzlich eine laute, wunderschöne Glocke hörte, die langsam immer leiser wurde. Da wusste sie, dass der Vater jetzt gestorben war. Sie wurde in das Zimmer des Vaters gebracht, wo er tot auf dem Boden lag. Er hatte wohl die Krankenschwester nicht stören wollen, als er aus dem Bett wollte.

Meine Mutter konnte natürlich nicht an der armseligen Beerdigung teilnehmen. Wir sagten niemand etwas vom Tod meines Vaters, aber es sprach sich herum und es kamen an die 40 Leute. Ich weilte zu der Zeit gerade im Kloster von Plankstetten, wo ich an einem Buch arbeitete. Der Subprior kam mit einer Leichenbittermine in mein Zimmer. Da wusste ich schon, was das bedeutete. Ich dachte, meine Mutter sei gestorben. In der Nacht vor der Beerdigung, als ich wieder in München war, rief um zehn Uhr nachts ein Freund von uns an und wollte kondolieren. Ich dachte nichts anderes, als dass es das Krankenhaus sei und dass die Mutter jetzt auch tot sei. Nur zwei Mal in meinem Leben erlitt ich solch einen Schock, dass ich mehrere Stunden zitternd am Boden lag. (Das zweite Mal war es bei einer pastoralen Sache in Melbourne.) Ich sagte zu dem Freund: „Du Depp" und legte den Hörer auf. Seit der Zeit kondoliere ich nicht mehr telefonisch direkt nach einem Todesfall. – Meine Mutter erholte sich wieder und lebte noch viele Jahre. Sie starb 2006 im Alter von 103 Jahren.

Ich bin meinen Eltern zutiefst dankbar, dass sie mich immer unterstützt haben. In der Schule schlug ich mich ziemlich schlecht durch, weil ich dauernd eigene Gedanken hatte und schon mit 13 Jahren eine Erfindung machte, die dem Reichsminister für Rüstung vorgelegt wurde. In einer Art war dies besonders für meine Mutter ein Gräuel. Als ich noch Student war, hatte ich schon über 20 Patente, die von meinen Eltern finanziert werden mussten. Die Richterkollegen meines Vaters warnten ihn oft und sagten: „Herr Kollege, wie können Sie das nur zulassen?" Aber in dieser Hinsicht waren meine Eltern außerordentlich großzügig, obwohl sie mein Vorgehen missbilligten und immer wieder eine entsprechende Bemerkung machten. Wir lebten ziemlich ärmlich in einer Mietwohnung. Aber ihre Großzügigkeit leitete die spätere großartige Entwicklung in die Wege. Erst als ich 45 Jahre alt war und unsere Erfindungen über eine Milliarde Umsatz erreichten, konnten wir unsere Schulden abtragen. Danach hatten wir auf einmal Geld.

Seelsorge

Bei unserer Kurzausbildung zum Priester wurden wir durch den damaligen Generalvikar, Prälat Dr. Karl Hofmann, der dazu vorzeitig in den Ruhestand ging, auf großartige Weise in die Probleme der pastoralen Arbeit eingewiesen. Wenn ich irgendwelche späteren Fragen hatte, konnte ich ihn als väterlichen Freund von überall in der Welt anrufen.

Neben der Sakramentenverwaltung hat der Priester einen ebenso großen anderen Arbeitsbereich, nämlich den der pastoralen Arbeit. Prälat Hofmann warnte uns, dass wir dort auf ein Problem stoßen würden: den pastoralen Neid. Weil die Seelsorge so enorm wichtig ist, haben Priester immer die Bedenken, ob ihre pastorale Arbeit gut genug ist oder ob sie Versager sind. Es ist auch in der Tat äußerst schwierig, ohne die Gnade des Herrn, der den Angesprochenen begegnet, Menschen spirituell zu helfen.

Wir, d. h. mein Bruder und ich, haben drei Gruppen von pastoraler Arbeit. Eine ist die kollektive pastorale Arbeit, bei der wir in Vorträgen in großen Auditorien die Menschen ansprechen. Besonders schön ist es, wenn junge Leute oder Menschen mit anderen Ansichten anwesend sind. Dabei ist es ganz wichtig, dass man Bedenken und Kritiken bereitwillig aufgreift, um sie dann vernünftig und die Gegenseite respektierend durchzusprechen. Mit frommen Sprüchen abwimmeln ist ganz miserabel.

Ein konkreter Fall: Ich war Referent über Genetik, insbesondere über die Gefahr der genetischen Degeneration, bei einer Konferenz der Gynäkologen-Professoren von West- und Osteuropa in Ulm. Anschließend war eine Pressekonferenz. Die Professoren und ich saßen an der einen Seite eines langen Tisches und die Journalisten uns gegenüber an der anderen Seite. Eine junge Journalistin sprach mich an: „Ich bin ja auch gegen die Abtreibung, aber könnte denn nicht eine werdende Mutter aus Angst, ihr geliebtes Kind in diese beängstigende Welt zu bringen, dazu motiviert werden?" Dr.

Siegfried Ernst – Gründer der Europäischen Ärzteaktion – nahm mir das Wort weg und sprach u. a. über die Liebe und den Schutz Gottes. Alles schaute auf mich und ich sagte: „Was Dr. Ernst sagte, ist ja alles schön und richtig. Dennoch verstehe ich Ihre Argumentation gut. Ich sehe keine objektivierbare Lösung." Dafür war man mir sehr dankbar.

Bei Vorträgen hat man alle möglichen Leute gegenüber, die ganz verschieden angesprochen werden sollten. Es ist so ähnlich wie das Problem, das Eltern mit ihren Kindern haben. Es gibt Kinder, die man durch Tadel und durch Drohung zu guter Arbeit veranlassen kann, und andere, die man dadurch zerstören würde. Ihnen muss man Mut machen und sagen: „Es ist doch alles ganz gut, wie du es machst." Was für den einen gut ist, ist für den anderen schlecht, und umgekehrt. Bei großen Vorträgen ist es nicht anders. Aber anscheinend bin ich alles in allem recht gut angekommen.

Einmal in Erlangen wollten Studenten einen Vortrag von mir haben. Das war noch vor meiner Ordination zum Priester. Die Theologen wendeten sich gegen mich, und die Universität weigerte sich, einen Vorlesungsraum zur Verfügung zu stellen. Als die Studenten drohten, dass sie dann die Stadthalle mieten würden, lenkte man ein und ich konnte zwar nicht im Auditorium Maximum, aber in einem von Studenten völlig überfüllten großen Vorlesungsraum sprechen. Als mich der Vorsitzende des Allgemeinen Studenten Ausschusses (ASTA), Bunsmann, an der Bahn abholte, sagte er im Auto zu mir: „Es gibt in Deutschland nur drei Leute, die uns Studenten im Glauben halten. Das sind Siegfried Buchholz (*Generaldirektor der BASF, der nichts mit Theologie zu tun hatte, aber die Leute missionarisch ansprach*), Hans Rohrbach (*Professor für Physik und Ordinarius in Mainz*) und der Dritte sitzt hier im Auto."

Hier möchte ich einschieben, dass die einzigen Bedenken, die der Papst und andere im Vatikan hatten, mich zu weihen, die Sorge war, dass ich vielleicht, wenn ich beruflich Priester und Seelsorger wäre, nicht mehr die seelsorgerische Effizienz hätte, wie ich sie vorher bei den Studenten und später auch in der Industrie hatte. Oft hatte ich anstrengende Patentverhandlungen – fast immer ein, zwei, manchmal auch drei Stunden lang – mit kaufmännischen und technischen Direktoren, Produktionsleitern und Patentabteilungschefs. Fast immer wurde dann von einem der Industriebosse mit einem Witz zu spirituellen Gesprächen übergeleitet. Auf meine Gastaufenthalte im Benediktinerkloster anspielend, hörte ich etwa dutzendmal: „Ist der hl. Benedikt ein billiges, gutes Wirtshaus?" Ich sagte dann: „Ja, was mich ja auch antriebe, aber es ist eben noch einiges mehr." Das war dann der Startschuss für wirklich gute, spirituelle Gespräche, aber eben im Denkstil der Industriegesellschaft. Führende Industrieleute, wie der Chef der I. T. T. Europa, der immer angeflogen kam, wenn ich eine seiner Firmen besuchte, begannen meine Bücher zu lesen und sprachen über ihre Reaktion darauf. Man kann sagen, dass es ein seelsorgerisches Gebiet kollektiver Art auf der Ebene des Ingenieur- und Industriewesens war. Die Bedenken des Vatikans haben sich somit nicht erfüllt.

Bei der kollektiven Seelsorge habe ich immer wieder bemerkt, dass es nicht gut ist, wenn man die Schwierigkeiten, die die Kirche in sich hat, und die Fehler, die in der Kirchengeschichte gemacht worden sind, ignoriert. Man sagt immer, dass diese Dinge den Leuten gar nicht bewusst seien und man solle sie nicht anrühren, weil es bei den Menschen zu einer Verunsicherung führen würde. Ich persönlich signalisiere solche Dinge mit einer kurzen Bemerkung. Dann merke ich an den Gesichtern des Publikums und vielleicht auch an kurzen Wortmeldungen, dass man die Probleme irgendwie verdrängt hat, aber dass sie doch jeder weiß und große Schwierigkeiten hat, damit zurechtzukommen. Die Leute sind glücklich, wenn die Dinge einmal angesprochen werden, aber nicht im Sinne einer destruktiven Kritik: „Die machen ja alles falsch, die Hornochsen", sondern in dem Sinn, dass man sagt: Solche Fehler sind immer passiert und werden auch immer passieren, aber in der Geschichte der Kirche doch relativ wenig im Vergleich zu Staaten und Militär- und Industrieapparaten, und dass die Kirche trotz all diesem doch eine große und schöne Führungsrolle hat, und dass ohne die Kirche mit all ihren Misslichkeiten heute kein Mensch mehr etwas über Jesus Christus wüßte. Das gilt natürlich nicht nur für die katholische Kirche, sondern auch für all die Abspaltungen, die ja auch Christus verkünden und ins Bewusstsein der Menschen bringen.

Mir fiel bei anderen Rednern auf, dass das Schlechteste, was man machen kann, ist, dass man solche Probleme überspielt und versucht, sich aus der Geschichte herauszuhalten und dadurch völlig unglaubwürdig wird. Romano Guardini, der damals berühmteste Theologe Europas, hatte da so einen Trick. Er hielt Vorträge, die leicht verständlich und unmittelbar überzeugend waren, und dann fing er auf einmal an, im Fachjargon zu reden, und niemand konnte ihm mehr richtig folgen. Ich sprach ihn einmal daraufhin an und sagte: „Herr Professor, Sie sind doch bekannt dafür, dass Sie so klar und leicht verständlich reden und dann kommen Sie auf einmal mit so vertrakten theologischen Formulierungen." Er sagte darauf: „Im ersten Teil bringe ich frei und offen meine Ansichten, und im zweiten Teil schütze ich mich gegen die Fachmeinungen in Rom. Ich kann dann sagen, dass ich ja genau aufgeführt habe, wie man das zu verstehen hat." So hat jeder seine eigenen Methoden, an die Dinge heranzugehen.

Bei der individuellen pastoralen Arbeit nimmt man sich einzelner Menschen an. Hier hat die Betreuung von gefährdeten oder gebrochenen Ehen den Hauptanteil. So war es jedenfalls bei mir und meinem Bruder. Ich glaube, ich habe einige Dutzend Ehen in meinen Händen gehabt. Wir haben fast zwei Dutzend Patenkinder aus solchen gescheiterten und verzweifelten ehelichen Verbindungen.

Wenn ich so zurückblicke, kann ich sagen, dass ich etwa ein Drittel gebrochener Ehen wieder reparieren konnte, und die Ehen waren dann besser als vorher. Bei einem Drittel hat es vielleicht etwas Fortschritt gegeben, aber nicht viel. Und bei einem Drittel hatte ich überhaupt keinen Erfolg, und in einigen Fällen habe ich es, glaube ich, sogar schlechter gemacht, was hoffentlich nur Vermutungen und selbstkritische Einschätzungen sind. Die Fürsorge für Ehen hat sich in einigen Fällen über viele Jahre hingezogen, in einem Fall sieben Jahre, in einem anderen fünf. In anderen Fällen war sie sehr kurz und beschränkte sich auf kurze Bemerkungen. Wenn bei längerer seelsorglicher Betreuung beide Partner gemeinsam über mich zu schimpfen anfingen, freute ich mich und wusste: Den Fall habe ich mit Erfolg abgeschlossen. Der Stolz des Menschen macht es ihm sehr schwer, sich einzugestehen, dass er Hilfe braucht, und zuzugeben, dass er durch die Hilfe vorangekommen ist. So sucht er andere Argumente, um sich diese Vorstellung vom Leib zu halten. Gerade bei der Ehebetreuung heißt es dann sogar: „Ohne den wären wir viel leichter zurechtgekommen" und: „Wir hatten ja gar kein echtes Problem"; dies gerade von Leuten, die mich entnervend lange in Anspruch genommen hatten. Dann ist ein wirklicher Erfolg erzielt worden. Es fällt vielen Priestern sehr schwer, und mir war es auch nicht leicht, dass man um der guten Sache willen hier völlig zurücktritt und auf Würdigung und Dank verzichtet.

Zurück zum pastoralen Neid. Ich sagte zu Prälat Hofmann, dass ich nicht recht glauben könne, dass es den gibt. Da sagte er: „Hören Sie sich an, was ich Ihnen sage, damit Sie nicht schockiert sind, wenn Sie darauf stoßen, und damit Sie wissen, dass es ein bekanntes Phänomen ist, mit dem man irgendwie zurechtkommen muss." Pastoralen Neid habe ich selbst wohl nicht gehabt, und ob ich dem begegnet bin, kann ich nicht sicher sagen, weil man ja nicht merkt, was andere empfinden. Aber ich habe starke Kritik erfahren. Insbesondere Leute, die ganz aggressiv über das, was man sagt, schimpfen, sind Leute, denen es wirklich ein Anliegen ist und die in der Sache eine Bedeutung sehen. Das heißt, es sind die, mit denen man eigentlich mehr Kontakt haben sollte.

Das Gleiche gilt für die Gemeindearbeit. Fünfmal habe ich eine Gemeinde geleitet, aber nur für kurze Zeit, weil der Hl. Vater wollte, dass ich meine Bücher schreibe. Unter einigen tausend Gemeindemitgliedern gibt es immer einige Querulanten und Kritikaster oder Leute, die immer versuchen, ihre Meinung durchzusetzen, und einem vorhalten, dass man sich verantwortungslos verhalte, und einem sagen, wie man es richtig zu machen hätte. Ich sagte zu meinen Nachfolgern, dass, wenn es ähnlich viele gäbe, die sich auch so verhielten, aber genau das Gegenteil wollten, man wisse, dass man einigermaßen richtig liege. Ich machte die Feststellung und sagte das auch meinen Nachfolgern, dass die Leute, die alles schwer kritisieren und an allem etwas auszusetzen haben, diejenigen sind, die einem am meisten helfen, wenn man jemand braucht, weil sie engagiert sind. Die anderen, die nie etwas kritisieren, aber immer schön brav in die Kirche kommen, sind oft gleichgültig und es ist ihnen egal, was man sagt.

Auf diese praktischen Dinge der pastoralen Arbeit wird, glaube ich, in den Seminaren zu wenig hingewiesen. Früher waren junge Priester erst fünf bis zehn Jahre lang Kapläne, bis sie die eigene Pfarrei bekamen. Sie konnten sehen, wie der alte Pfarrer mit den Problemen umging, was er aber auch erst nach Jahren gelernt hatte, und waren dagegen gewappnet. Der Vatikan wollte immer wieder, dass ich diesbezüglich in Priesterseminaren spreche, und dass ich den Leuten vermittle, wie man damit zurechtkommt, wenn es Kritiken, Agressionen und Intrigen gibt. Wie schon gesagt: Von denjenigen, die einem als Kritikaster nach außen besonders mies erscheinen, kann man wirklich Hilfe erwarten, wenn man sie braucht. Dagegen, wenn man den Fehler macht und beleidigt ist über die großenteils unberechtigte Kritik, hat man niemand mehr, der einem hilft, wenn Not am Mann ist. Das waren im Wesentlichen meine Erfahrungen und auch die meines Bruders.

Nun ist es natürlich so, dass heute bei dem entsetzlichen Priestermangel ein junger Mann nach dem Studium oft sofort eine Pfarrei anvertraut bekommt, ohne vorher als Kaplan vorbereitet zu werden. Wenn dann Kritiken von allen Seiten kommen, bekommt er schwere Zweifel an seiner pastoralen Fähigkeit und denkt, dass er den falschen Beruf ergriffen hat. Natürlich ist das Zölibat bei der katholischen Kirche, dass man wegen der Priesterschaft auf Nachkommen verzichtet, ein ganz elementarer Verlust, den man auf sich nimmt. In unserem Fall stirbt nicht nur die Familie, sondern auch der Name in Deutschland aus. Wenn Kritiken kommen, die zum Teil sehr aggressiv und bösartig ausschauen (ohne dass man weiß, ob sie wirklich bösartig sind) und der junge Priester die psychologischen Zusammenhänge nicht kennt, verlässt er die Priesterschaft, obwohl er vielleicht besonders geeignet gewesen wäre. Kommt auch noch eine attraktive Frau dazwischen, ist der Bruch geschehen. Aber die meisten solcher Ehen, die ich kenne, sind, mit einer Ausnahme, nicht glücklich. Ich war sogar beauftragt, schon bevor ich Priester war, mich um diejenigen, darunter ein Jesuit und ein Ortspfarrer, die die Priesterschaft verlassen hatten, zu kümmern und in Erfahrung zu bringen, was die Veranlassung dazu war. Die Hauptgründe habe ich schon erwähnt.

Ein ganz wichtiges Problem für einen Pfarrer ist die Fürsorge für Gemeindemitglieder: „Die Kranken bedürfen des Arztes und nicht die Gesunden." Das sagte Christus zu den Pharisäern, die sich beklagten, dass er mit Zöllnern und Sündern Gemeinschaft hielt. Überall, das gehört zur Menschheit dazu, gibt es Eifersucht unter den Leuten: „Der nimmt sich dem und dem an und mich ignoriert er." Oder: „Mit dem und dem spricht er dauernd und mit mir nicht." Natürlich, wenn man die Leute in der Kirche sieht oder ihnen auf der Straße oder in Clubs begegnet, kennt man ja die furchtbaren Probleme nicht, mit denen manche zu kämpfen haben. Gerade diejenigen, die große Schwierigkeiten in ihrem Leben haben, bemühen sich umso mehr, nach außen eine gute Fassade aufzubauen. Das heißt, dass der Vorwurf, der dem Pfarrer gemacht wird, dass er sich nur um diese kümmere, noch nicht einmal mit dem Argument „Der Arzt nimmt sich der Kranken und nicht der Gesunden an" entschuldigt werden kann, weil man die Leute bloßstellen würde. Man muss diese Kritik, diese Eifersucht, diese Aggressionen ebenfalls im Sinne eines Opfers tragen, das man bringt. Aber das lernt man auch erst nach vielen Jahren in den Griff zu bekommen, wenn überhaupt. Auf diese Möglichkeiten sollte mehr hingewiesen werden. Als junger Priester, der ohne Erfahrung voll in den Beruf geworfen wird, kann man diese Probleme nur bewältigen, wenn sie einem wenigstens einmal gesagt worden sind. Ich kann es schon als einen Erfolg für mich verbuchen, dass ich mit einer Reihe von jungen Priestern (einer war einen ganzen Tag bei uns in Puchheim) darüber gesprochen habe und dass sie alle standgehalten und keine Zweifel an ihrer Berufung bekommen haben. So hat die pastorale Betreuung auch diesen Charakter gehabt, speziell bei mir.

Ich wurde von der Kirche schon vor meiner Ordination ersucht, mich derjenigen anzunehmen, die aus Wirtschafts-, Forschungs- oder Militärkreisen kamen und eine religiöse Berufung fühlten. Ich hatte eine ganze Reihe solcher Fälle. Darunter war eine führende Dame aus der NASA, ein Industriedirektor und verschiedene andere, die auf ihrem Gebiet sehr erfolgreich waren. Es war merkwürdig, dass sie alle in möglichst strenge Orden eintreten wollten. Ich brachte folgendes Argument dagegen, das mir von der Kirche schon gesagt worden war, hatte aber nicht viel Erfolg damit. Es hieß, dass es verschieden hohes religiöses Leben gebe. Das niedrigste ist das, was mein Bruder und ich haben, nämlich, dass wir unmittelbar dem Papst unterstellt sind. Auf dieser Stufe bewahrt man sich die größte individuelle Freiheit. Die nächst höhere Stufe ist der Säkularpriester, der der Obedienz seines Bischofs untersteht. Auf einer noch höheren Ebene sind die einfachen Orden, wie die Benediktiner, die Franziskaner usw., die schon unter strengeren Regulativen stehen, und an der Spitze sind die Orden mit ganz strenger Askese, wie die Karmeliter und die Trappisten.

Es war nun die Meinung dieser erfolgreichen Leute, die meistens schon Ende dreißig bis Mitte vierzig waren, dass sie auf der religiösen Ebene auch als Erfolgsmensch anfangen könnten, indem sie gleich in die strengsten Orden gingen. Das Schlimme ist, dass es mir kaum gelungen ist, sie davon zu überzeugen, dass das nicht der richtige Weg ist. Es ist nämlich so: Nach der kirchlichen Regel kann man von einer niederen religiösen Stufe auf eine höhere auch gegen den Willen seines Oberen kommen, wenn man auf der höheren Ebene von den dortigen Mönchen und Oberen angenommen wird. Zum Beispiel, wenn ein Säkularpriester ein Ordenspriester werden will, kann ihn sein Bischof nicht daran hindern.

Ich kannte zwei Menschen, die für mein Leben wichtig geworden waren. Das waren Baron Dietrich von Stockhausen und Dr. Lehmann Dronke, ein Doktor der Chemie. Sie studierten in Regensburg unter Bischof Rudolf Graber Theologie und wurden ganz hervorragende Priester. Beide äußerten den Wunsch, Augustinerchorherren zu werden. Den Augustiner-Chorherren-Orden gab es zu der Zeit in Deutschland nicht mehr und Lehmann Dronke rief ihn wieder ins Leben, einige Tage bevor er nach kirchlicher Regel nach dreihundert Jahren endgültig abgelaufen wäre. Bischof Rudolf verbot es, weil er die guten Priester nicht verlieren wollte. Er wurde aber von Rom gemaßregelt, er wisse doch, dass er dazu nicht das Recht habe.

Das gilt auch für den Wechsel von den Benediktinern zu den Zisterziensern oder den Zisterziensern zu den Trappisten. Aber von oben auf eine niedrigere Stufe runterzukommen, ist äußerst schwierig. Man braucht Dispensen dafür, und es muss in Rom entschieden werden. Ich sagte zu den Leuten: „Jetzt fangen Sie doch erst einmal mit einem einfacheren religiösen Leben an. Es ist schwer genug, sich da hereinzufinden. Gerade, wenn man so großen Erfolg gehabt hat, ist es schwer, sich den Vorstellungen eines Oberen oder einer Oberin auszuliefern. Es ist besser für das Heil der Seele, wenn man auf einer niederen Stufe in Demut anfängt und das Leben wirklich erfüllt, als wenn man in einer Art Hochmut gleich auf der höchsten Stufe in einem ganz strengen Orden anfangen will und das dann nicht durchhält." Es gelang mir aber meist nicht, die Leute zu überzeugen, und einige konnten das harte Leben in einem strengen Orden einfach nicht durchstehen.

In einem Fall trat eine sehr erfolgreiche Chefin von einer internationalen Forschungsinstitution gegen die Warnung anderer in den Karmeliterorden in Regensburg ein. Es wurde eine Tragödie. Die Oberin sagte: „Ich weiß ja, dass sie viel intelligenter ist und bessere Einsicht in die Dinge hat als ich, aber ich muss doch meine Kommunität führen und habe die Verantwortung dafür. Ich muss erreichen, dass das gemacht wird, was ich sage." Es führte zu schweren Konflikten. Für die Novizin gab es keine für sie wirklich befriedigende Arbeit. Es gehört gerade bei den ganz strengen Orden dazu und ist dort das Ideal, dass man demütig auf der niedersten Ebene arbeitet. Aber das ist nicht befriedigend für jemand, der weiß, dass er viel mehr leisten könnte.

Aus diesem Grund gibt uns die allerniedrigste Stufe der Papst-Unmittelbarkeit, auf der mein Bruder und ich und vielleicht einige wenige mehr sind, die größten Möglichkeiten, wirklich breitbandig tätig zu werden. Dieser Weihetitel ist eine große Ausnahme, der früher nur für zweite Söhne von Souveränen gegeben wurde.

Ich sagte einmal zu Papst Johannes Paul II., er solle mir doch Befehle geben. Ich sagte dies, weil ich die furchtbare Verantwortung loswerden wollte, alles selbst entscheiden zu müssen. Er sagte mir, dass mir die Kardinäle die Antwort geben würden. Das waren Kardinal Joseph Ratzinger, der damals der Kardinalpräfekt der Glaubenskongregation war, und Kardinal Augustin Mayer, Kardinalpräfekt für Sakramente und Liturgie. Sie sagten beide unabhängig voneinander, dass der Papst genau wisse, was ich mache.

Es wäre ihm recht und er möchte nichts dazu sagen, auch wenn er in dem einen oder anderen Fall anderer Meinung wäre, um die Arbeiten nicht zu behindern. So stand ich wieder mit der ganzen Verantwortung auf dem eigenen Buckel da. Die Menschen meinen, dass die Gehorsamsverpflichtung eine schwere Belastung ist, und das ist auch so, aber für so große Sachen die eigene Verantwortung zu haben, kann noch schwieriger sein, sodass man froh wäre, wenn ein Vorgesetzter sie einem abnehmen und sagen würde: „Sie machen dies, das und jenes."

Zum Beispiel Bischof Manfred Müller in Regensburg: Er war als Nachfolger von Bischof Rudolf Graber unser formales Oberhaupt, obwohl wir ihm gegenüber nicht zu Gehorsam verpflichtet waren. Als ich ihn einmal traf, sagte er: „Herr Confrater, Sie müssen sich viel mehr schonen, Sie reiben sich viel zu sehr auf. Wir brauchen Sie noch für lange Zeit für wichtige Probleme." Aber dann fügte er hinzu: „Also das Problem wäre natürlich äußerst wichtig, und das auch, und ein drittes und viertes …" Ich sagte daraufhin: „Exzellenz, der Tag hat bloß 24 Stunden. Ich muss ja auch hin und wieder schlafen. Es ist unmöglich, dass ich das alles mache. Geben Sie mir Anweisung, was ich tun soll." Er fragte zurück: „Wie sind Sie geweiht? Rite?" Es war nur eine rhetorische Frage, denn er wusste die Antwort genau. „Nein", sagte ich, „ad titulum patrimonii". Er schlug die Hände über dem Kopf zusammen und sagte: „Gott sei Dank, dass ich Ihnen keine Anweisungen geben muss."

Seine Eminenz, Joseph Kardinal Ratzinger, wünschte, dass ich in allen Ländern, in die ich kam, Kontakt aufnähme mit dem jeweiligen Ordinarius, d. h. dem leitenden Bischof, Erzbischof oder Kardinal. Auf meine Bitte um offizielle Bevollmächtigung sagte er: „Besser inoffiziell." Tatsächlich macht es eine inoffizielle Begegnung einfacher, frei und damit fruchtbar zu reden. Ich erlebte das insbesondere mit dem Orthodoxen Patriarchen Filaret in der Unkraine und dem Orthodoxen Erzbischof von Moskau; sowie u.a. in Malaysia, Singapur und den Philippinen, wo ich ersucht wurde, in den Priesterseminaren, Universitäten und sonstigen Instituten zu sprechen. Es waren fruchtbare Gespräche, die auch für mich schön und bereichernd waren.

Dann setzte nach Jahren ein pfiffiger Rechtsexperte des Vatikans durch, dass ich (oder Karl) zwar dem örtlichen Ordinarius, in dessen Bereich ich jeweils sei, als formalen Oberen hätte, dass dieser aber – falls er mir Anweisungen gäbe und ich diese ausführen würde – für meine Altersversorgung aufzukommen hätte. Damit war alles aus. Kein Ordinarius wagte mehr, mich um etwas, wie z. B. Ansprachen, zu ersuchen. Auch meine Beteuerungen, dass er diesbezüglich keine Sorge zu haben brauche, weil ich es nicht beanspruchen würde, halfen nichts.

Die Kirche und mein Glaube

Zum Abschluss dieser Memoiren möchte ich noch kurz über meine Gedanken zur Kirche und über meinen Glauben sprechen.

Mir wird oft von interessierten Menschen die grundsätzliche Frage gestellt: „Was ist die Kirche?" Die Menschen sind verunsichert, wenn sie erfahren, dass offensichtlich verschiedene Verkündigungen falsch sind. Markante Beispiele dazu sind der Eid, den Galilei zu schwören gezwungen wurde, oder die Einteilung in „organische" und „anorganische" chemische Verbindungen, woraus törichterweise große theologische Fehlverkündigungen hervorgingen und was sich sogar bis heute großindustriell in den wesenverfehlenden Bezeichnungen „Organo- bzw. Anorgano-Chemie" festgefahren hat.

Zur Frage nach dem Wesen der Kirche habe ich ein eigenes Konzept. Ich sage den Menschen, dass auch die Kirche Seele mit Geist und Leib ist. So wie der einzelne Mensch, *hat* die Kirche keine Seele, sondern *ist* Seele. Allgemein hat alles geschaffene Sein drei Komponenten als Abbild des dreieinen, endlosen und ewigen Gottes, der alles geschaffen hat.

Der Mensch hat keine Seele, sondern existiert und lebt als Seele, die unsterblich ist; d. h. sie vergeht nicht mit dem Tod. Sie hat aber kein ewiges Leben. Dies erhalten wir erst durch den Herrn, im Anteil an Seinem ewigen Leben.

Der als Seele daseiende Mensch besitzt einen Geist und einen Körper. Geist und Körper sind nicht menschliches Dasein, sondern sind Eigentum des als Seele daseienden Menschen. Der Geist, den der Mensch besitzt, erscheint als menschlich-spirituelle Kapazität, mit u. a. aktiver Intelligenz. Der Körper, den der Mensch besitzt, erscheint als menschlich-biologisches System, mit u. a. Fleisch und Blut in gegenständlicher Gestalt. Als Besitztümer sind Geist und Körper veränderlich. Wenn sich die Intelligenz durch einen Schlaganfall oder Altersdementia oder eine Gehirnverletzung verdüstert, ist der Mensch immer noch als Seele unverändert da. Er kann sich nur nicht über dieses Besitztum genügend manifestieren. Ebenso ist es mit dem Körper. Er ist Besitztum der Seele, so ähnlich wie ein Haus Besitztum des Eigentümers ist. Wenn ein Haus verfällt, schafft sich der Eigentümer eben ein neues an. Wenn der Körper verfällt, ersteht der Seele ein neuer Körper.

Auch die Kirche *ist* in drei Komponenten; gleichsam als Seele mit Geist und Körper.

Die „Seele" der Kirche, in der sie existiert und lebt, ist die christlich-apostolische Verkündigung, basierend auf den kanonisierten Schriften, die im vierten Jahrhundert festgelegt wurden. Dieses ist die Wesenskomponente der Kirche, in der sie existiert und da ist. Sie ist das Wort Gottes und verkündet eine unveränderliche Wahrheit, an der wir treu festhalten können und müssen. Unsere Kirche hat diese Lehre Christi, wie sie über die Apostel zu uns gekommen ist, über zwei Jahrtausende vermittelt. Sie ist also unsere geistige Mutter, ohne die es heute überhaupt kein Wissen über Jesus Christus mehr gäbe. Sie gibt uns Rückhalt und vermittelt uns die Heilsgewissheit durch Jesus Christus, in Jesus Christus. Dies ist die eine Seite der Kirche, die wir lieben und ehren und der wir die Treue halten sollen bis zur Hingabe des eigenen Lebens.

Die zweite Komponente der Kirche, ihr „Geist" (nicht zu verwechseln mit dem Heiligen Geist), ist ihre Intelligenz, die sich in ihrem philosophisch-theologischen System manifestiert. Alle Aussagen, Definitionen und Lehrmeinungen, die da vorgestellt werden, gehören dieser zweiten Komponente an.

Die dritte Komponente der Kirche, ihr „Körper", ist der administrative, ökonomische Apparat – also die Gebäude, die Organisationen, die Strukturen der Orden, die Finanzverwaltungen etc. Wenn man der Kirche zum Vorwurf macht, dass sie Besitztümer und Liegenschaften hat, muss man zurückfragen, wie sie denn sonst ihre Funktion in der Welt durchführen könnte.

Sowohl das theologische System als auch dieser administrative Apparat sind dringend notwendig, aber als Zubehör, nicht als Basis. Sie sind zwar von Gott-Geist inspiriert bzw. von Gott-Vater betreut, sind aber prinzipiell veränderlich: wie ein Wasserfall als stationärer Prozess. „Es gibt nur eine Wahrheit." Diese ist aber nicht in Definitionen (d. h. Eingrenzungen), sondern im Sein Gottes. Jesus Christus sagt darum nicht: Ich zeige euch den Weg, Ich sage euch die Wahrheit, Ich gebe euch das Leben, sondern er offenbart: „Ich *bin* der Weg, die Wahrheit und das Leben." Christus ist wahrer Mensch und wahrer Gott. Er ist von Gott-Vater in Gott-Geist „gezeugt", nicht geschaffen. Und eben dieses ewige, eine, unveränderliche Sein Gottes begründet die Vielheit, Verschiedenheit und Freiheit der gesamten Schöpfung.

Wenn man die Fehler und Versager der Kirche sieht und mit Recht beanstandet, muss man sich klar sein: Die „Kirche Gottes bei den Menschen" ist diejenige Organisation, die als Einzige in der Welt alle Rassen und Kulturen, alle Bildungszweige und Niveaus, alle Menschen jeder Eigenart und Situierung beheimatet. Und die Kirche balanciert diese Beweglichkeit und Freiheit besser, als jedwelche staatliche, politische, militärische, industrielle oder wissenschaftliche Institution es je vermocht hätte.

Die Dreiheit der Kirche sehe ich als kleines Abbild der gigantischen Dreiheit in Gott selbst, in Gott als dem DREIEINEN:

Gott ist der Dreieine in den drei Personen Gott-Vater, Gott-Sohn und Gott-Geist. Alles Seiende ist geschaffen vom Vater, verwirklicht im Sohn und durchweht vom Geist. Dieses Seiende umfasst die Fülle der unabzählbar vielen kosmischen Welten, darunter himmlische Welten, höllische Welten und Entscheidungswelten. Jede dieser Welten hat eine andere materielle und geistige Struktur, ist ein gesondertes Fürstentum.

Die Fürsten der himmlischen Welten sind heilige Engel, die liebevoll anerkennen, dass ihr Fürstentum vom Vater erschaffen, im Sohn verwirklicht und vom Geist durchweht ist. Sie sind in vollem Einklang mit Gottes Willen; in ihnen ist Gottes Geist gegenwärtig. Die Fürsten der höllischen Welten sind abtrünnige Engel, die leugnen, dass ihr Fürstentum vom Vater erschaffen, im Sohn verwirklicht und vom Geist durchweht ist. Paradoxerweise hassen sie Gott, obwohl sie sein Dasein verneinen. In den Entscheidungswelten sind sowohl gute als auch böse Fürsten potentiell gegenwärtig; sie regieren über diejenigen, die sich in freier Wahl für die einen oder die anderen entscheiden.

Der Sohn ist voll in Einklang mit Gott-Vater in Gott-Geist. Er ist wahrer Gott in voller Erfüllung des Willen Gottes: *„Ich bin nicht vom Himmel herabgekommen, um meinen Willen zu tun, sondern den Willen dessen, der mich gesandt hat"* (Joh 6,38). Freimütig bekennt der Sohn: *„Der Vater ist größer als ich"* (Joh 14,28). Es hat dem Vater gefallen, alles Seiende durch seinen Sohn zu verwirklichen, es durch ihn zu erschaffen. Das ist durch viele Bibelstellen belegt. So heißt es im Prolog des Johannesevangeliums: *„und ohne das ‚Wort‘ wurde nichts, was geworden ist."* In den Paulusbriefen ist betont, dass alles in ihm, durch ihn und auf ihn hin erschaffen wurde (Kol 1,16; 1 Kor 8,6; Hebr 1,2).

„Mein Reich ist nicht von dieser Welt", sagt Jesus zu Pilatus. *„Ich bin ein König. Ich bin dazu geboren und dazu in die Welt gekommen, dass ich für die Wahrheit Zeugnis ablege. Jeder, der aus der Wahrheit ist, hört auf meine Stimme"* (Joh 18,36.37). Aus Liebe zu uns Menschen hat es dem Sohn Gottes gefallen, Fürst und König derjenigen himmlischen Welt zu sein, die unsere irdische Entscheidungswelt durchdringt. So ist also der Sohn Gottes der Herr alles geschaffenen Seins und als unser Erlöser Jesus Christus zugleich der König der uns Menschen zu Kindern Gottes machenden geistigen Welt. Welch wunderbares Geheimnis der göttlichen Liebe!

Gott-Vater und Gott-Geist sind die beiden anderen Komponenten des ungeschaffenen Gottes, der IST, weil Er IST. Dieses offenbarte Gott dem Mose, ausgedrückt als „*JAHWE*". Gott, der als Einziger im Nichts thront, ist allein der absolut Seiende; der Herr über das Sein und das Nichts. Er ist der absolut Andere gegenüber allem von Ihm geschaffenen Sein. Er thront auf den Cherubinen, den vier Wesen Gottes: der Allgegenwart, des All-Wissens, der Allmächtigkeit und des All-Lebens.

(Die vier vorletzten Absätze hat Karl Philberth in Anlehnung an Gedanken seines Bruders formuliert. Die anderen Absätze sind original von Bernhard Philberth.)

Ich werde oft gefragt, wie ich mir einen persönlichen Gott vorstelle. Dazu möchte ich folgendes Erlebnis schildern: Das von Pfarrer Arnold Dannenmann gegründete Christliche Jugenddorfwerk Deutschland, das mit 87000 Schülern und 4000 Präfekten und Lehrern 10% der gesamten bundesdeutschen Erziehungsarbeit leistete, hielt viermal im Jahr große Tagungen ab. Dazu wurden immer große Redner eingeladen, darunter der Präsident des Arbeitgeberverbands, Hanns-Martin Schleyer, den ich dort ein halbes Jahr vor seiner Ermordung kennenlernte, und der Bundestagspräsident. Ich wurde auch öfters gebeten zu sprechen.

Einmal war Professor Hans Schäfer eingeladen. Er war damals der Präsident der so genannten Paulusgesellschaft und förderte das Gespräch zwischen Naturwissenschaft und Theologie. Ich glaube, er war Professor für Physiologie in Erlangen. Er sprach über das Thema Gott und Materie und führte aus, inwieweit der Begriff Gott identisch sei mit dem der Materie, z.B. dass Allgegenwart auch durch die Wellenmechanik gegeben sei, usw. und so fort. Es war sehr interessant und implizit war dann sozusagen, dass es gleich ist, ob man an Gott glaubt oder an die Materie, weil die Qualitäten gleich sind.

In der Diskussion sagte ich zu ihm, dass ich mich frage, ob das auch hinsichtlich der Personalität gelte. Er holte weit aus und beschrieb, wie der Begriff der Personalität in den verschiedenen Disziplinen der Soziologie, der Psychologie und der Anthropologie verschieden interpretiert wird. Das war sehr interessant, aber berührte nicht das, worauf es mir ankam. Ich sagte zu ihm: „Herr Professor, was Sie ausgeführt haben, hat mich sehr bereichert, aber weil wir ja kein Lexikon über die verschiedenen Definitionen der Personalität schreiben wollen, möchte ich die Frage der Personalität reduzieren auf ein ansprechbares „Ich / Du", sodass ich zu Gott sagen kann: „Ich sage zu Dir" und Er kann zu mir sagen: „Ich, Gott, sage zu Dir." Da musste er kapitulieren und sagte: „In dem Punkt nicht." Ich sagte: „Und genau auf den Punkt kommt es an."

Die Diskussionen dauerten noch mehrere Stunden. Er verschaffte sich noch einen großartigen Abtritt, indem er sagte: „Ich danke dem Kollegen Philberth, dass es mir gelungen ist, meine Konzepte klar darzustellen." Frau Dannenmann sagte hinterher zu mir, dass er sie mit seinem Intellekt alle umgeworfen hätte. Deswegen hätten sie mich ja auch eingeladen.

Ich möchte hier noch hinzufügen, dass es bei dem Ich-Du-Verhältnis zu Gott ganz verschiedene Stufen gibt. Die normale ist die, dass man einfach betet in der Hoffnung, dass Gott es aufnimmt. Eine höhere Stufe ist die, dass man zu Gott spricht und dass man das Gefühl hat, dass Er es gehört hat. Die dritte ist die, dass das Gefühl zur vollen Sicherheit wird. Die höchste Stufe ist die der Präsenz Gottes, die u. a. Mose hatte.

Meine eigene Erfahrung mit einem persönlichen Gott sind fünf Erlebnisse, in denen ich die Präsenz Gottes erfuhr, über die ich schon ausführlich berichtete. Das erste Mal war in Metten, als mir der Herr das Projekt der Atomabfallbeseitigung zeigte und ich das Allerheiligste durch die Mauer sah; das zweite Mal war im Hyde-Park in Perth, wo mir die Unendlichkeit und Ewigkeit gezeigt wurde, was ich in dem Buch *Der Dreieine* niederlegte; das dritte Mal war das Erlebnis mit der Rieseneidechse in der Einsiedelei im Outback von Australien; und das letzte Mal war die Präsenz 1978 am 2. Adventsonntag um ca. 11 Uhr auf dem Westlichen Twin Peak in den Porongurups (Australien). Das liegt am 2. Adventssonntag dieses Jahres (2010) 32 Jahre zurück. Seitdem habe ich keine Präsenz des Herrn mehr gehabt.

Dazwischen hatte ich noch eine Präsenz, an die ich mich nicht mehr erinnern kann, außer dass ich sie in einem Zug nach Pennant Hills in Sydney hatte (1977) und dass sie ganz erstaunliche Folgen hatte. Ich wohnte zu der Zeit im Redemptoristenkloster in Pennant Hills im Norden Sydneys. Nach der Präsenz lebte ich einige Wochen lang wie in einem Trance. Wenn ich aß, stach ich mir mit der Gabel in den Mund. Es war alles ganz ungewöhnlich; z. B. man machte mich darauf aufmerksam, dass ein Chauffeur mit dem Wagen auf mich wartete. Ich sagte: „Wieso denn?" – „Sie halten doch einen Vortrag an der Universität." Oder es hieß: „Sie werden jetzt in ein Gymnasium abgeholt." Dort hielt ich einen Vortrag vor den Schülern und Lehrern. Die Direktorin schrieb mir nach einem Jahr, dass die Schüler sich immer noch auf den Vortrag beziehen würden. Sie könne das insofern kaum fassen, weil ich die meiste Zeit ins Deutsche verfallen sei. Mein Kommentar dazu ist, dass es anscheinend eine direkte Geist/Geist-Übertragung war, wo die Worte sozusagen nur eine Art von Couvert waren. Ähnlich war es bei einem Vortrag in der großen katholischen Schule an der Bondi Junction, wo sich der damalige Erzbischof James Carrol incognito in den Saal gesetzt hatte, weil er hören wollte, was ich zu sagen hatte, wonach die tiefe Verbundenheit und Freundschaft mit ihm aufkam. Die Direktorin sagte mir später, dass es völlig unbegreiflich sei, wieso der Vortrag so eine Schlagkraft bei den Schülern hatte.

Danach hatte ich ein Interview mit dem Chefredakteur des *Catholic Weekly*, Jö Morley. Er schrieb einen zwei Seiten langen Artikel über Karls und meine Tätigkeit. Viele Jahre später sagte er mir, dass es das faszinierendste Interview seines Lebens war.

Es war pastoral die effektivste Zeit, die ich je hatte, aber alles ging seltsam an mir vorbei.

Mein Leben war irgendwie nüchtern und unemotional. Oft kamen tiefe Einsichten mit brachialer Gewalt in mein Bewusstsein und hielten mich für lange Zeit gefangen, sodass ich nicht einfach abschalten konnte, um etwas anderes zu erledigen. Die Menschen können das nicht verstehen. Sie sagen: „Die Steuererklärung ist doch jetzt viel wichtiger und muss gemacht werden." Das geht halt nicht. Man kann einer Frau, die ein Kind gebiert, auch nicht sagen: „Warten Sie noch zwei Wochen damit."

Zum Schluss möchte ich noch etwas niederlegen, was mich in letzter Zeit beschäftigt hat. Früher machte ich eine Erfindung nach der anderen. Ich hatte eine ganze Reihe von tiefen Durchsichten. Jetzt, wo ich alt bin, steigern sich die Durchsichten mehr und mehr, wie in einer Art Torschlusspanik. Anscheinend öffnet sich das Bewusstsein zur Transzendenz umso mehr, je hinfälliger der Körper wird. Es war für mich immer ein ganz grauenhaftes Problem, dass ich nicht dazu kam, dieses Wissen zu verwerten. Ich hielt es dem Herrn vor und erhielt die Antwort, dass ich Ihn doch dauernd als den Offenbarungsmächtigen anrufe und anbete und so zeige Er mir die Dinge. Damit hätte ich aber nicht die Möglichkeit und Verpflichtung, das Gesehene in dieser Welt auch aufzuzeigen. Das leuchtet mir ein, denn es wäre doch eine ziemlich armselige Geschichte, wenn der Herr einem nur das zeigen würde, was man auch rein von der Zeit und den Umständen her niederlegen kann. Das tröstet mich sehr darüber hinweg, dass das, was ich vorher immer als eine schwere Unterlassung aufgefasst habe, im gütigen Plan des Herrn war.

Pater Bernhard Philberth verstarb am 8. August 2010. Er starb in Melbourne in Australien und ist dort auch begraben. Seine letzten Jahre hat er dort gelebt und gewirkt. Die folgenden drei Kapitel stammen nicht mehr von ihm selbst, sondern von seinem Bruder Karl Philberth. In den zwei nächsten

Kapiteln hat Karl Philberth Aufzeichnungen seines Bruders Bernhard wiedergegeben oder referiert, die sich nach dessen Tod gefunden haben.

Anmerkung zum Thema Seele: Am 25.10.08 besuchte Bernhard Philberth seine Freunde Friederun und Leo Pelekies. Sie sprachen über die Seele und Friederun bat ihn aufzuschreiben, was er ihnen erklärt hatte. Er schrieb Folgendes auf:

Der Mensch   ist   eine Seele.
Diese Seele   hat   einen Leib.
Diese Seele   hat   einen Geist.

Die unsterbliche Seele hat Leib und Geist als <u>veränderliches Eigentum</u>.

****

Genaues Anologon auf unterster Ebene (der physikalische Bereich):

Die physikalisch-materielle Existenz   ist   Energie.
Diese Energie   hat   Masse $m = E/c^2$.
Diese Energie   hat   Frequenz $= E/h$.

****

Die Energie ist immer gequantelt; in 1 Billion verschiedener Größe.

        Analog hat und ist die Seele eine Individualität

****

Physikalisch-materiell existieren <u>Ruhe</u>massen und <u>Strahlungs</u>massen (grundsätzlich c-bewegt).

Analog existieren Seelen als Besitzer von <u>grobstofflichen</u> Körpern und von <u>astral</u>artigen Körpern (als Engel und Dämonen).

„Der Buchstabe tötet, der Geist aber macht lebendig."

(Beitrag von Karl Philberth)

Dieses Bibelzitat stammt aus dem 3. Kapitel des 2. Briefes von Paulus an die Korinther. Es passt glänzend als zusammenfassendes Leitwort für Bernhards Bibelauslegungen und Gedanken zu den Dogmen. Er konnte über diese Themen vor seinen jungen und alten Zuhörern so überzeugend sprechen, dass sich Vorbehalte der Hörer gegen Bibelstellen oder katholischen Lehraussagen oft auflösten und einem „Aha-Erlebnis" Platz machten. Lassen wir ihn nachfolgend selbst zu Wort kommen – allerdings in stellenweise gekürzter Form. Solche Kürzungen scheinen angemessen, weil sonst der Rahmen dieses Buchs gesprengt würde und weil manche seiner Betrachtungen mehr für die innerkatholische Fachdiskussion als für einen allgemeinen Leserkreis gedacht sind. Zudem sind einige seiner diesbezüglichen Konzepte bereits in seinem Buch *Offenbarung* veröffentlicht. Lassen wir ihn nun also sprechen:

Bernhard Philberth: „Die höchsten kirchlichen Autoritäten wollten nicht, dass ich für meine Publikationen um das Imprimatur ansuche. Als ich einmal längere Zeit mit Joseph Kardinal Ratzinger sprach, hatte ich das Manuskript für das Buch Offenbarung dabei. Ich sagte, dass ich wünsche, er – als höchste Instanz – würde es ansehen. Er machte während anderer wichtiger Gespräche eine Handbewegung, dass ich es auf die Ecke des Tisches legen solle. Als ich wegging, folgte mir sein erster Privatsekretär Msgr. Josef Clemens, mit den Worten: ‚Herr Konfrater, Sie haben etwas liegen lassen' und gab mir das Manuskript zurück.

Meine Einstellung zur Kirche wird von Progressiven als ‚ultra-konservativ' und von Konservativen als ‚extrem progressiv' beschimpft. Als ich dann nach Herausgabe des Buches Offenbarung wieder zu Kardinal Ratzinger kam, erschien zuvor Msgr. Clemens schmunzelnd: ‚Mit dem Buch werden Sie von bei-

238

den Seiten angegriffen werden. Aber damit sind Sie in guter Gesellschaft, denn das widerfährt auch Seiner Eminenz (Ratzinger) und sogar dem Papst (Johannes Paul II.).'

Mein Verhältnis zu unserer Kirche sei nachfolgend mit der Betrachtung einiger in der Kirche umgehenden Verkündigungen und Formulierungen dargestellt:

Zur Inkonsistenz der Heiligen Schrift:

Inkonsistenz bezeichnet das Nicht-Übereinstimmen von wichtigen Aussagen in den Schriften des Neuen Bundes, d. h. in den vier Evangelien, auch einbezogen die Apostelbriefe und die Apokalypse. Die faktische Inkonsistenz sogar in essentiell Wichtigem erscheint den meisten Theologen nicht bewältigbar. Ich sehe es jedoch für unabdingbar an, die Heilige Schrift, so wie sie ist, als Basis rechten Christ-Glaubens zu nehmen, ungeachtet der Schwierigkeiten der Theologen damit. Die unveränderte Schrift hat Vorrang vor der Theologie. Freilich bin ich mir klar, dass dies eine persönlich freigewählte Glaubensbasis ist.

Ich halte es für abwegig, aufgrund der Inkonsistenz der Evangelien den Gläubigen ein Lehrsystem mit erzwungener innerer Einheitlichkeit aufzudrängen. Damit erstarrt die kirchliche Lehre zu einem theologischen System. Zudem ist ein konsistentes Lehrsystem nur konstruierbar, indem man dafür unpassend scheinende Aussagen der Evangelien ignoriert und eigene Meinungen zufügt. Darin sehe ich eine intolerable Verfälschung der christlich-apostolischen Lehre.

Ich bin mir sicher, dass eine Inkonsistenz der Bibel überhaupt nur in unserem engen Aspekt erscheint. Immer höhere Aspekte, die uns, geleitet von der Bibel, nur nach und nach erlangbar sind, öffnen die Sicht von gigantischer Vielheit und Freiheit. Die Inkonsistenz zeigt die Glaubwürdigkeit im Wesen, in dem die Evangelien in sich und zueinander konsistent sind.

Dies wird schon am simplen Beispiel der mitgekreuzigten Schächer klar:

Ein Beobachter hörte den einen höhnen und dachte, ,jetzt fangen die auch noch an, Jesus zu verhöhnen, und wandte dann seine Aufmerksamkeit viel wichtigeren, anderen Ereignissen zu. Ein anderer Beobachter hörte dann auch noch den anderen reden und Jesus bitten, seiner zu gedenken. Diese Unterschiedlichkeit erweist das unvergleichlich wichtigere Faktum, dass mindestens zwei unabhängige Zeugen da waren.

Andere ,Inkonsistenzen': Ein essentiell wichtiges Beispiel ist die ,Auferstehung' und ,Himmelfahrt'. Die gesamte Bevölkerung war und ist in der Vorstellung, was ein Mensch ist, derart stark auf die leibliche Gestalt fixiert, dass die biblische Offenbarung eine Auferstehung nur als eine des fleischlichen Körpers bzw. eine Himmelfahrt nur als Hochhebung einer sichtbaren Gestalt vermitteln konnte: Essenziell ist Auferstehung der Seele, was immer mit dem stofflichen Körper geschieht: Es ist Auferstehung im geistigen Leib, wie es Paulus glasklar ausdrückt. Sogar falls der neue Leib doch irdisch-stofflich wäre, sollte man meinen, dass der Himmel dafür eine eigene Protein-Produktion hätte. Essenziell ist ,Aufnahme in den Himmel' ein verklärter Übergang. ,Während er sie segnete, verließ er sie und wurde zum Himmel emporgehoben' (Lk 24,51). Der Himmel des Herrn ist nicht in oder hinter den Nebelschwaden einer Wolke. Aber Offenbarung als eine nichtstoffliche Auferstehung bzw. ungestaltliche Himmelfahrt hätte nicht in das Bewusstsein der Menschen eingehen können. In seiner Gnade stellt der Herr diese überirdischen Ereignisse deshalb unter Einbezug des uns sicht- und greifbaren irdischen Lebens dar: Auferstehung mit Wegnahme bzw. Himmelfahrt mit Hochhebung wie eines irdischen Körpers ...

Wunderbar verbauen die Evangelien nie ein immer höheres Begreifen. Aufstieg zu höherer Einsicht in das Wort Christi erklärt Paulus als nötig und kommend. Dagegen ist etwa der Bezug auf ,Nichtverwesung' eine schwere Blockierung. Im ganzen Neuen Testament erscheint nie etwas von Verwesung: Nur in einem Brief von Paulus erscheint ein Hinweis: ,Gesät wird ein irdischer Leib, auferweckt ein überirdischer Leib' (1 Kor 15,44). Die Auferstehung mit einer

,Nicht-Verwesung' zusammenzubringen, ist eine spätere theologische Zutat, welche die Glaubwürdigkeit der christlichen Lehre schwer belastet.

Nur die Versuche, solche Zutaten als Glaubensnotwendigkeit zu erzwingen, haben die großen Abspaltungen vom Stamm der katholischen Kirche bewirkt, die auf der Basis des Wortes Christi nicht möglich und nicht geschehen wären. Der Versuch, mit Scheiterhaufen eine Systemtreue durch dick und dünn zu erzwingen, ist eine Verirrung, die der lebendige Gott, der Herr des Gerichts, verwirft.

Es ist generell ein Grundsatz der Kirche, dass die Kirche dem Wort Gottes nichts zufügen darf, dass nur „Entfaltungen" zugelassen sind. Jedoch sind diese Entfaltungen in der Regel nur die unverbindliche „theologische Meinung", dass etwas aus der Heiligen Schrift zwangsläufig bzw notwendig folge und damit für die wahre Glaubensverkündigung nützlich sei. Es sind also doch ,Zutaten'."

Karl Philberth: Die Ausführungen meines Bruders zur leiblichen Aufnahme Mariens in den Himmel und zur so genannten Apostolischen Sukzession möchte ich nachfolgend nur kurz skizzieren.

Auch bezüglich Maria, der Mutter unseres Herrn und Erlösers, möchte er die leibliche Aufnahme in den Himmel nicht identifizieren mit einer Unverweslichkeit ihres irdischen Körpers. Als Chemiker stößt man sonst auf selbst gemachte Probleme und fragt sich, was im Himmel aus einem irdischen Körper werden sollte. Unterläge er dort irgendwelchen Schwerkräften, bräuchte er Nahrung zur Aufrechterhaltung seines Stoffwechsels und wäre er dort der Alterung unterworfen? Dabei ist doch alles ganz einfach: Die Auferstehung und Aufnahme in den Himmel erfolgt im unverweslichen verklärten Leib. Es ist ein Leib, wie ihn Jesus Christus, der Sohn Gottes, nach seiner Auferstehung hatte; ein Leib, der wie ein irdischer Leib in Erscheinung treten kann, aber nicht an die Gesetze und Strukturen der Materie gebunden ist.

Der große Theologe Romano Guardini hat einmal den verklärten Leib als die Struktur der Seele bezeichnet. Mit dieser leibhaftigen Struktur der Seele sind Maria und die anderen Erwählten im Himmel. Das ist eine grundlegend wichtige Einsicht unseres christlichen Glaubens. Sie steht im Gegensatz zu manchen asiatischen Irrlehren, nach denen beim Tod eines Menschen dessen Seele sich zerstreut wie ein ins Meer geschütteter Eimer Wasser. Richtig verstanden hat also das Dogma von der leiblichen Aufnahme Mariens in den Himmel eine weittragende Bedeutung.

Die „Apostolische Sukzession" bezeichnet – wie Bernhard schreibt – die ununterbrochene Weitergabe der von Christus ausgehenden Gewalt zu „konsekrieren", d. h. sakramental Brot und Wein in Leib und Blut Christi zu verwandeln. Gemäß der Lehre der Kirche glaubt er an die bleibende substanzielle Verwandlung. Er hält die Apostolische Sukzession für wichtig; denn das Evangelium ist die Basis des Lehramtes, die Sukzession die Basis des Hirtenamtes. Diese seine These ist einleuchtend. Vermutlich wäre folgende Formulierung in seinem Sinn: Wir Menschen müssen alles tun, um den heiligen Dienst vollmächtig zu vollziehen – dürfen aber auf die Barmherzigkeit Gottes vertrauen, wenn wir in unserer Armseligkeit nicht alle Voraussetzungen erfüllen können.

Physikalische Konzepte von Bernhard Philberth

(Beitrag von Karl Philberth)

Die Herausgeberin dieses Buches, Frau Waltraud Uhlenbruch, hat mich eingeladen, ein Kapitel über die physikalischen Konzepte meines Bruders zu schreiben. Das ist nicht leicht; denn einerseits ist die Fülle seiner Gedanken fast unübersehbar und andererseits soll auch dieses Kapitel allgemein verständlich sein. Zudem sind oft gerade die fruchtbaren Gedanken meines Bruders so originell und abgehoben, dass sie sich schwer in nüchterne physikalische Schemen fassen lassen.

Der gestellten Aufgabe unterziehe ich mich gern; umso lieber, als mein Bruder im letzten Lebensjahr vorgeschlagen hatte, er wolle seine physikalischen Konzepte zusammenfassend darstellen – jeweils mit einer Stellungnahme von mir. So werde ich nachfolgend mehrere seiner Konzepte kurz darlegen – jeweils gefolgt von meinem Kommentar. Ich bin mir durchaus klar über die Unzulänglichkeit eines solchen Unterfangens. Es könnte auch sein, dass das, was ich als seine Konzepte skizziere, unbewusst von meinen eigenen Vorstellungen unterwandert ist. Vor allem aber vermeide ich, den Rahmen dieses Buches durch Nennung zu vieler und zu ausführlich dargelegter Konzepte zu sprengen. So beschränke ich mich auf 12 Stichpunkte. Diese behandle ich einheitlich kurz, obwohl es fast schon absurd ist, etwa die Existenz-Physik derart knapp charakterisieren zu wollen.

In dieser 12-Punkte-Darstellung nenne ich folgende 3 Bücher meines Bruders Bernhard Philberth:

<u>1991</u>: Christliche Prophetie und Nuklearenergie. 12. Auflage.
(1. Aufl. 1961) CH-Christiana-Verlag, per Fe-Medienverlag GmbH, D-88353 Kisslegg. ISBN 3-7171-0182-X.

243

<u>1987</u>: Der Dreieine. 7. Auflage (1. Auflage 1970). CH-Christiana-Verlag, per Fe-Medienverlag GmbH, D-88353 Kisslegg. ISBN 3-7171-0183-8.

<u>1994</u>: Offenbarung. BAC Australia P/L, ISBN 0-646-20838-1. Bezug durch CH-Christiana-Verlag, per Fe-Medienverlag GmbH, D-88353 Kisslegg.

Neuere Darstellungen einiger Konzepte von meinem Bruder und mir finden sich – zusammen mit Literatur-Hinweisen – als Beiträge in folgenden drei Büchern:

<u>2005</u>: Karl Philberth in: Linden, W. & Fleissner, A. – Herg.: Geist, Seele und Gehirn. 3.Auf., Kapitel 14: *Geschaffen zur Freiheit*. Münster: LIT Verlag. ISBN 3-8258-7973-9.

<u>2009</u>: Karl Philberth in: Möllenbeck, Th. – Herg.: Geist – Natur. Kapitel: *Komplementaritäten der Physik – Körper, Seele, Geist des Menschen*. Münster: Aschendorf. ISBN 978-3-402-12807-7.

<u>2009</u>: Karl Philberth in: Linden W.: Naturwissenschaft gegen Religion? Kap. 5, 6 und 7. CH-Christiana-Verlag, per Fe-Medienverlag GmbH, D-88353 Kisslegg. ISBN 978-3-7171-1170-2.

Eine Auflistung unserer Arbeiten hat Dr. Jens Müller unter www.philberth.de (deutsch) und www.philberth.com (englisch) ins Internet gestellt. Mein Bruder Bernhard und ich waren und sind ihm sehr dankbar für dieses selbstlose, mit großer Sorgfalt durchgeführte Werk, zu dessen Erstellung er keine Mühe gescheut hat. Möge dieses Werk vielen Menschen helfen, Gott zu suchen und zu finden.

Vier in den folgenden zwölf Punkten nicht genannte Thesen möchte ich nur kurz erwähnen:

Mein Bruder glaubte nicht an Schwarze Löcher im Sinne der Fachmeinung, sondern deutete sie in Zusammenhang mit dem Massen-Adfekt (Punkt 4) auf andere Weise. Die Schwarzschild-Metrik ließ er als mathe-

matische Formel gelten, hielt aber ihre übliche Interpretation für fragwür-
dig. Gestützt auf die kosmische Energie-Null-Bilanz, interpretierte er die
unbegrenzte Rotverschiebung des kosmischen Ursprungs als Expansion des
Kosmos mit Lichtgeschwindigkeit c. Wie er durch ungewohnte Instabili-
täts-Berechnungen zeigte, kann ein statischer Stern im Zentrum das halbe
Grenzpotenzial $-c^2/2$ nicht unterschreiten, was ich später durch andere Berechnungen untermauern konnte.

Außerordentlich weittragend und meinem Bruder viel wichtiger als
die Physik als solche, sind die spirituellen Ausblicke, die sich aus seinen
physikalischen Konzepten eröffnen. Er hat sie in seinen Büchern eindrucks-
voll dargelegt. Leider kann ich in diesem Kapitel nicht darauf eingehen.

1. Zeitgradient. Der Zeitgradient ist ein relativistisches Phänomen. Er be-
schreibt, wie Vorgänge, die in einem bewegten System überall gleichzeitig
sind, im unbewegten eigenen System nicht gleichzeitig sind, sondern eine
Zeitdifferenz pro Abstand haben. Er hat eine triviale und eine tiefgründige
Seite. Wer nur die triviale Seite sieht – wie anfangs auch ich –, der hält den
Zeitgradienten für nichts anderes als die Umformulierung eines schon von
A. Einstein entdeckten Phänomens. Tatsächlich aber ist er ein den Mik-
rokosmos beherrschendes Urphänomen, welches die Wellenlänge und die
„Phasengeschwindigkeit" der Materiewelle ebenso grundlegend beschreibt
wie die Elektronenbahnen im Bohr'schen Atommodell.

Mein Kommentar: Der von meinem Bruder aufgezeigte Zeitgradient öffnete den Weg zu seinen weiteren physikalischen Entdeckungen. Seine diesbezügliche Publikation wurde 1963 von Louis de Broglie in der Pariser
Akademie der Wissenschaften präsentiert. Der Zeitgradient verhilft zu
einer vertieften, die relativistischen Phänomene einbeziehenden Wesens-
schau mikrophysikalischer Vorgänge. Das ist wichtig, wenn man Physik

nicht nur als „Zahlen-Schlosserei" ansieht. Ob man sich bei konkreten Berechnungen des Zeitgradienten bedient, ist eine Frage der Zweckmäßigkeit.

2. Zeitkontraktion. In der Speziellen Relativitätstheorie pflegt man der Längen-Kontraktion die Zeit-Dilatation gegenüberzustellen. Wie Bernhard Philberth zeigt, ist das erkenntnistheoretisch falsch. Tatsächlich erscheint – von unserem Ruhesystem aus – sowohl die Länge als auch die Zeit des bewegten Systems verkürzt. Man erkennt das durch folgende Überlegung: Die Längen-Intervalle im bewegten System misst man, von uns aus gesehen, gleich-„zeitig"; also muss man analog dazu die Zeit-Intervalle im bewegten System, von uns aus gesehen, gleich-„ortig" messen. Das führt zur Zeit-Kontraktion. Die verkürzte Schwingungsdauer der Materiewelle eines bewegten Teilchens ist ein unausweichliches und bedeutsames Beispiel für die Zeitkontraktion.

<u>Mein Kommentar:</u> Es ist hilfreich, dem kontrahierten Zeitablauf eines Systems die dilatierte Alterung eines Objekts gegenüberzustellen. Wie schon A. Einstein zeigt, altert ein rasch bewegter Astronaut langsamer als sein hier gebliebener Zwillingsbruder. Relativistisch ist also die Länge der Objekte verkürzt, deren Alterung aber verlängert. Diese Gegenläufigkeit ist nicht verwunderlich, denn jedes Objekt verändert seinen Ort in Bezug auf andere, altert aber in sich selbst. In gewissem Sinn ist die Alterungs-Dilatation der Umkehraspekt zur Zeit-Kontraktion.

3. Gesamtenergie gleich Null. Die gesamte elektrische Ladung des Kosmos ist gleich null, weil die Gesamtheit der negativen Ladungen die Gesamtheit der positiven Ladungen kompensiert. Schwieriger ist die Frage nach der gesamten Energie des Kosmos. Die so genannte Anti-Materie hat auch positive Energie, kann also die Energie der normalen Materie nicht kompensieren. Dagegen hat die gesamtkosmische Gravitations-Energie als Bindungs-Energie einen negativen Wert. Nach der These meines Bruders kompensiert diese negative Gravitations-Energie die positive Substanz-Energie genau zu null. Gesamt-Energie und Gesamt-Masse des Kosmos sind null. Es ist aber nicht nur die Gesamtenergie des Kosmos gleich null, sondern auch die Energie jedes einzelnen Objektes.

<u>Mein Kommentar:</u> Die Energie-Nullbilanz realisiert sich aber nur für einen fiktiven Außenbeobachter; denn ein innerhalb des Kosmos stehender Beobachter ist ja durch die Gravitation auch mit eingebunden, sodass sich für ihn die negative Gravitations-Energie nicht verwirklicht und deshalb nur die positive Substanz-Energie in Erscheinung tritt. Die Energie-Null-Bilanz jedes einzelnen Objekts ist insofern bedeutsam, als sich aus ihr die berühmte Einstein-Gleichung der Energie-Masse-Äquivalenz ohne relativistische Berechnungen ganz elementar herleiten lässt.

4. Adfekt von Energie und Masse. Energie-Defekt ensteht dann, wenn Objekte unter Energie-Abgabe sich aneinanderbinden. Der Energie-Defekt des Systems ist nach Einstein zugleich ein Massen-Defekt. Ein in der Nähe eines Sterns stehendes Objekt hat einen gravitatorischen Defekt. Das gilt aber nur für einen entfernten Beobachter. Wenn ein Beobachter näher am Stern steht als das Objekt, also auf tieferem Gravitationspotenzial, dann hat das Objekt für diesen Beobachter eine erhöhte Energie; es hat Energie-Adfekt und damit auch Massen-Adfekt. Das ist wie bei einem leeren Brunnenschacht, in dem drei Männer übereinander auf einer Leiter stehen. Der „Mittel-Mann" steht für den „Ober-Mann" auf erniedrigtem, für den „Unter-Mann" auf erhöhtem Niveau.

<u>Mein Kommentar:</u> Ähnlich wie beim Zeitgradienten, hat dieser von Bern-

hard Philberth postulierte Energie- bzw. Massen-Adfekt eine triviale und eine tiefgründige Seite. Wie ich zeigen konnte, stehen sich der Defekt und der Adfekt anschaulich und mathematisch analog gegenüber wie im Bewegungsfall die Alterungs-Dilatation und die Zeit-Kontraktion. Was mich aber störte: Anfangs konnte ich keinen Fall finden, in dem ein solcher tiefer stehender „Unter-Mann-Beobachter" vorkommt. Ich hielt das für blutleer. Inzwischen weiß ich, wie wichtig der Adfekt für die Kosmogenese ist.

5. Kosmogenese. Die Entstehung eines neuen Kosmos stellt sich mein Bruder in etwa so vor: Eine Teilmasse des Kernbereichs einer Riesen-Kugelgalaxie kontrahiert und defektiert durch Energie-Abstrahlung immer mehr, bis schließlich nur noch extrem wenig Masse übrig bleibt, die sich plötzlich durch Verstrahlung ganz verflüchtigt. Dieser extremen Defektierung für einen Ober-Mann-Beobachter steht eine entsprechende Adfektierung gegenüber, die für einen im Gravitations-Potenzial unter dem Objekt stehenden Unter-Mann-Beobachter auftritt. Die Kosmogenese ist vollzogen, wenn in unserem Mutter-Kosmos die lokale Masse defektiv zu null verflüchtigt ist und die für den Unter-Mann-Beobachter extrem große Adfektmasse die Masse des Tochterkosmos bildet.

Mein Kommentar: Am Anfang ist also nur der Beobachter in unserem Kosmos als Ober-Mann-Beobachter real, nach der Geburt des neuen Kosmos dagegen ist nur noch der Beobachter des neuen Kosmos als Unter-Mann-Beobachter real. Der Tochter-Kosmos hat auch Energie-Null-Bilanz. Für den neuen Kosmos ist der Mutterkosmos zum unzugänglichen und damit physikalisch irrealen Außenaspekt geworden. Beide Kosmen existieren, und doch liegt nach der Abnabelung des Tochter-Kosmos jeder der beiden Kosmen für den anderen außerhalb der physikalischen Realität.

6. Das existenzielle Absolutpotenzial. Das Wort „Potenzial" kommt von „posse", das heißt „können". Das Wasser in einem hohen Speichersee liegt auf hohem Potenzial, es kann elektrische Energie gewinnen. Negative Gravitations-Potenziale treten in der Nähe von Sternen auf. Innerkosmische Potenziale können das Grenz-Potenzial $-c^2$ nur punkthaft erreichen. Dagegen liegen alle kosmischen Objekte und der Kosmos als Ganzes, auf dem von meinem Bruder eingeführten „existenziellen Absolutpotenzial" $-c^2$ unter dem Nichts. Der Kosmos ist eingebettet ins Nichts und ist – von diesem Nichts aus gesehen – selbst nichtig. Jede Masse m hat vom außerkosmischen Standpunkt aus die Einsteinsche Substanz-Energie mc^2 und die sie kompensierende Potenzial-Energie $-mc^2$.

Mein Kommentar: Der innerkosmische Massendefekt eines Sterns ist in erster Näherung nur halb so groß wie der Massendefekt seiner einzelnen Teilchen, also stehen diese tiefer im Potenzial als der gesamte Stern. Beim genannten existenziellen Potenzial ist es anders: Der gesamte Kosmos hat dasselbe Potenzial wie jedes seiner Objekte, nämlich $-c^2$. Damit entpuppt sich die Einstein-Gleichung $E = mc^2$ als existenzphysikalische Gleichung: Vom außerkosmischen Standpunkt aus hat das Objekt die potenzielle Energie $-mc^2$ und die Gesamt-Energie 0, also muss die Substanz-Energie $+mc^2$ sein.

7. Das Potenzial-Grenztheorem. Die Frage nach den Grenzen und Singulariäten hat meinen Bruder immer zutiefst bewegt. Ausdruck seines Ringens hierum ist sein „Potenzial-Grenztheorem". Es lautet: „Ein vom Grenzpotenzial abgehendes Photon defektiert zu jeder Stelle zu total 0, die in einem endlichen Abstand von der Stelle mit Grenzpotenzial … ist; wie klein … der Abstand auch immer sei und wie hoch … die Abgangsenergie auch immer sei" („Offenbarung" – Singularität). Er zieht aus dieser These verschiedene Schlussfolgerungen. So folgert er als Erstes, dass am Grenzpotenzial das Schwerefeld unendlich ist und die Feldstärke bzw. der Potenzial-Gradient „unendlich in 2. Potenz" sind; ferner, dass die das Grenzpotenzial umgebende Fläche punktförmig ist.

Mein Kommentar: Dieses Grenztheorem ist hochinteressant und verdient gründliches Studium. Von einem „Theorem" kann man sprechen, weil es fraglich ist, ob solch ein Grenzpotenzial überhaupt existiert. Wenn ja, dann ist es zweifellos richtig. Dagegen bezweifle ich manche Schlussfolgerung meines Bruders. Denn erstens werden bei diesem Theorem die Emission und die Absorption von verschiedenen Beobachtungsstandpunkten aus beschrieben und zweitens ist auch der Horizont eines Schwarzen Loches solch ein Grenzpotenzial – hat aber einen anderen Verlauf des Potenzial-Gradienten.

8. Absolut und relativ. Die Bezeichnung „Relativitäts-Theorie" erweckt leicht den falschen Eindruck, alles sei relativ. Wie mein Bruder betont, ist das physikalisch falsch und zugleich verhängnisvoll, wenn daraus der Analogie-schluss gezogen wird, es gebe auch im geistigen Bereich nichts Absolutes. Tatsächlich hat die Relativitätstheorie eine Umwertung von relativ und abso-lut gebracht. Beispielsweise weiß man heute, dass Raum und Zeit im lokalen Bereich keine absoluten, sondern relative Größen sind. Umgekehrt hat sich die früher für relativ gehaltene Vakuum-Lichtgeschwindigkeit c als absolute Invariante entpuppt. Translatorische Bewegungen sind in engen Grenzen relativ, rotatorische Bewegungen dagegen sind absolute, durch den Gesamt-kosmos bestimmte Größen.

Mein Kommentar: Die Frage nach dem absoluten Raum hat schon Isaak Newton mithilfe seines berühmten Eimerexperimentes zu klären versucht. Ernst Mach hat dagegen eingewendet, man solle in der Physik nur mit po-

sitiv objektivierbaren Größen arbeiten. Daher kommt der Begriff „Positiv-
ismus". Dieser ist als physikalische Methode zu bejahen, als Weltanschau-
ung jedoch abzulehnen. Relativ und absolut sind keine kontradiktorischen
Gegensätze. Der von Newton gesuchte absolute Raum ist gegeben durch
die Gesamtheit der Relationen zu allen kosmischen Massen.

9. Vorausschau in die Zukunft. Wie mein Bruder in seinem Buch „Christliche Prophetie und Nuklearenergie" konkret zeigt, ist es aufgrund der relativistischen Folgen-Umkehr möglich, in die Zukunft zu schauen. Das gilt
aber nur unter einer Voraussetzung, die zwar in der relativistischen Physik
keinen Platz hat, ihr aber auch nicht widerspricht. Diese Voraussetzung
besteht darin, dass Information mit Über-Lichtgeschwindigkeit übertragbar
ist. Über-Lichtgeschwindigkeiten sind nach der modernen Physik möglich.
Beispielsweise kann sich ein an die Zimmerdecke projizierter Lichtfleck
beliebig schnell bewegen. Dagegen kann sich Energie niemals schneller als
Licht bewegen.

Mein Kommentar. Man hat einmal eingewendet, es sei inkonsequent, die
relativistische Physik hinsichtlich der maximalen Informationsgeschwin-
digkeit nicht gelten zu lassen. Dieser Einwand wäre nur dann anwendbar,
wenn man axiomatisch unterstellt, dass Information ausschließlich durch
physikalische Energie übertragbar ist. Das wäre Materialismus. Viel nahe-
liegender ist die Annahme, dass es geistige Bereiche gibt, die den Gesetzen
der materiellen Ebene nicht unterworfen sind. Gott selbst ist − wie mein
Bruder betont − nicht gebunden an die von Ihm selbst geschaffenen Gesetze
der Materie. Vor Gott liegen Vergangenheit und Zukunft offen ausgebreitet, Er ist allwisssend.

10. Dreiheitliche Komplementarität. In seinem Werk „Der Dreieine" stellt mein Bruder schon in den ersten Kapiteln heraus: „Gott Ist in Dreiheit Einer. … Die ganze Schöpfung ist der dreifaltige Abglanz des Dreieinen." Unter der Fülle der von ihm gezeigten Beispiele sind auch solche aus der Physik; etwa die strukturelle Dreiheit von Länge, Breite und Höhe, die makrokosmische Dreiheit von Raum, Zeit und Materie (heute würde er vielleicht lieber sagen: Raumzeit, Materie und Gravitation) und die mikrokosmische Dreiheit von Proton, Pion und Elektron. Oft handelt es sich bei einer wesenhaften Dreiheit um echte Komplementarität, d. h. um drei sich verdrängende und doch ergänzende Aspekte, die miteinander eine Ganzheit bilden.

<u>Mein Kommentar</u>: Der Begriff der Komplementarität stammt von Niels Bohr und wurde von ihm auf das Licht angewandt, das sowohl als Welle als auch als Teilchen auftritt, was sich nach klassischer Logik widerspricht. Nach meiner Überzeugung muss diese duale Komplementarität angesichts der modernen Wechselwirkungstheorien um einen dritten Aspekt ergänzt werden: das Austauschquant. Die vollständige Komplementarität ist also: *Welle – Teilchen – Austauschquant,* zu denen beziehentlich die Vorgänge gehören: *Ausbreitung – Reaktion – Wechselwirkung.*

11. Elementarteilchen, Elementarlänge und Feldkonstante. Mein Bruder widmet dem Mikrokosmos fast 60 Seiten seines Buches „Der Dreieine". Vor allem befasst er sich mit dem Tripel Proton, Pion und Elektron: dem leichtesten Baryon bzw. Meson bzw. Lepton. Im Unterkapitel „Energien und Massen" setzt er diese in erstaunlich einfache und genaue Beziehungen zur Elementarlänge und zur „Feldkonstante" φ. Erstere ist wesentlich durch die Protonmasse gegeben, Letztere ist eine von ihm gefundene Größe, die er aus einer postulierten Schalenstruktur herleitet. Sie ist die von 1 bis ∞ erstreckte Summe über das reziproke Quadrat von $n+\frac{1}{2}$ und hat den Wert

0,934 802 200. Wird die Summe von der 0.ten Schale an erstreckt, also von n = 0, ergibt sich 4,934 802 200 = $\pi^2/2$.

Mein Kommentar: Die genannten Fragen haben meinen Bruder und mich in den Siebziger- und Achtzigerjahren derart beschäftigt, dass ich ein Heftchen mit dem Titel „Elektron, Pion, Proton und Elementarlänge" (Christiana/Fe-Medien-Verlag 1974) publiziert habe. Die durch unsere Formeln gegebenen Werte stimmen mit den Messwerten in Größenordnung von Millionstel überein. Das überzeugt mich, dass sie einen zum Teil noch nicht erkannten Wahrheitsgehalt haben. Es wäre reizvoll für junge Wissenschaftler, die Bedeutung der Feldkonstante φ zu ergründen.

12. Existenz-Physik.

Bernhard Philberth fügt der Relativitäts- und der Quanten-Physik die Existenz-Physik hinzu. Diesen 3 Zweigen ordnet er die 3 Grundaspekte des Seins zu: essenziell, aktuell, existenziell. „Existenzphysik ist Grenzphysik; sowohl oben wie unten. Ob ihre Formen, ihre Begriffe, ihre Ausdrucksweisen – wie ‚Expansion, Ursprung, Rand, Nullpotenzial' usw. – mehr sind als Gleichnisse, als ein moderner Mythos, um Überweltliches in der Welt doch fassbar werden zu lassen, ist selbst der Fassbarkeit entzogen. Wie soll denn auch das Existierende selbst das Mittel liefern können, den Grund des Existierenden zu erfassen." („Der Dreieine", S. 138). Sie ist Wechselspiel von sein, nichts, außen.

Mein Kommentar: Existenzphysik führt von der Physik zur Metaphysik. Die Zusammenschau der drei Zweige der Physik lässt die physikalische Wirklichkeit plastisch verstehen. Dazu ein kurzer Überblick.

Relativitäts-Physik: Relation   – Struktur – Invarianz.

Quanten-Physik: Ausbreitung – Reaktion – Wechselwirkung.

Existenz-Physik: Sein – Nichts – Jenseits.

Bernhard Philberth

Unabhängiger Physiker, Techniker und katholischer Priester
geb. 1927 in Traunstein, Deutschland

Mitglied: der Akademie der Wissenschaften von Chieti/Italien (älteste Akademie der Erde); der Akademie der Wissenschaften von Besançon/Frankreich (als erster Deutscher seit 1870); der physikalischen Gesellschaft Japans in Tokio; der internationalen glaciologischen Gesellschaft in London.

Atomenergie: Urheber des Projekts der Beseitigung der radioaktiven Reaktorabfälle in den Eiskappen der Erde (Publ.: <Atomkernenergie> H.11/1956, H. 3/1959; Akademie der Wissenschaften in Paris, C.R. 14/1959, präsentiert vom französischen Hochkommissar für Atomkernenergie; IAEO, Monaco-Konferenz 1959; ETH-Referat Zürich 1960)

Moderne Physik: Entdecker des <Zeitgradient> und der <Zeitkontraktion> (Publ.: Akademie der Wissenschaften in Paris, C.R.4/1963, präsentiert von Louis de Broglie; Kgl. Akademie der Wissenschaften in Brüssel, Bulletin 1964-5). Außerdem: kosmische Nullbilanz, Kosmogenese, dreiheitliche Komplementaritäten, Existenz-Physik. Entdecker des Zusammenhanges der elektromagnetischen Grundgrößen (Publ. Akademie der Wissenschaften in Genua, Atti 1966)

Technik: Mehr als 100 Erfindungs-Patente in verschiedenen Bereichen, vor allem in der Elektrophysik (z.B <Philberth-Transformator>); Fachveröffentlichungen zu Atomkernenergie, Energiewirtschaft, Patentrecht.

Umweltschutz: Initiator des Grundsatzes der Steuerung des Umweltschutzes durch Steuergesetzgebung (<Städtehygiene> Aug. 1967 / H.8 <Antrag an den Deutschen Bundestag>: als Folge Änderung des Ölsteuergesetzes); Konzeptor der Bleisteuer für Kraftstoff (<Städtehygiene April 1972 / H.4: Annahme des Gesetzes 1984 vom Deutschen Bundestag.

Beiträge in Sammelwerken: XXIV. Weltkongress für Philosophie in Wien (1968, Akte Band IV); <Prominenten-Interviews>, G. Klempenauer (Brockhaus); <Auf Hoffnung hin>, J. Neumann (Kyrios); <Information>, P. Hübner (rororo).

Bücher in deutsch: Christliche Prophetie und Nuklearenergie; Der Dreieine; Das All; Überleben ohne Erfindungen?; Offenbarung; Der Souverän

Bücher in englisch: Christian Prophecy and Nuclear Power; Revelation; The Sovereign

Internet: deutsch www.philberth.de   englisch www.philberth.com

Stimmen zum englischen Buch Bernhard Philberth
Recollections and Thoughts

Viel habe ich über Bernhard Philberths spirituellen Werdegang, der nun so treffend zusammengestellt ist und worüber es mir nicht zusteht, eine Meinung zu formulieren, schon erfahren. Was von allgemein verständlicher Wichtigkeit ist, ist die Dokumentation über viele normale Ereignisse aus dem außergewöhnlichen Leben von Bernhard, über die wir aus Erzählungen schon etliches wussten, die aber nun so gut verewigt sind. Dazu sind die Beispiele mit der Begegnung der Spitzen der Orthodoxie in Kiev und den Diskussionen dort genauso interessant, wie die Schilderung all der üblichen Schwierigkeiten, die zum Durchbruch des Philberth-Transformators führten. Auch das letzte Gespräch mit Heisenberg ist so wichtig mit dem Hinweis auf den Zeitgradienten, der in Heisenbergs Weltformel noch einzubauen war …
Professor Dr. Dr. Heinrich Hora, Sydney

Die Biografie von Bernhard Philberth habe ich ganz gelesen. Es ist inhaltlich ein außerordentlich dichter Text. – Wie ich schon vermutete: durch den aphoristischen Aufbau hat der Text eine nie aussetzende Spannung. Besser hätte man es nicht machen können.
Heinrich Rautenhaus, Physiker

I have known Fr. Bernhard Philberth for about 20 years and I had my reservations about him. I was utterly amazed to find a mystic, a very humble person, a man used by Providence to play an important role in world history. Thank you for making him known to me and the world.
Father Wim Valckx, SVD

Congratulations! You have succeeded brilliantly in bringing Fr. Bernhard Philberth back to life. By letting him speak for himself, you allow the readers to hear him, just as we remember him, full of enthusiasm and optimism, larger than life as he always was. My late husband, Dr. Eduard von Perger, lecturer in Philosophie, was greatly impressed by Bernhard Philberth's thoughts and writings.
Margaret von Perger, Bachelor of Arts Hons

Thank you so much for the copy of the book *Bernhard Philberth – Recollections and Thoughts*. As I read it, I experienced joy as if once again being present at one of Fr. Bernhard's interesting enlightening conversations (which always held the gift of his wisdom and humour)! It is as if he were speaking to us and teaching us once again …
Christine Reynolds, Bachelor of Arts

I knew from my brief dealings with Fr. Bernhard Philberth that he was a man of knowledge but I had no idea of the depth and breadth of his scholarship. A truly amazing person and society was blessed by his presence.
Brian Rigney

Bücher von Bernhard Philberth

In Deutsch:

Der Dreieine 7. Aufl. (1. Aufl. 1970) CH-Christiana-Verlag, per Fe-Medienverlag GmbH, Hauptstraße 22, D-88353 Kisslegg-Immenried, Deutschland ISBN 3-7171-0183-8 www.fe-medien.de

Das All CH-Christiana-Verlag, per Fe-Medien-Verlag ISBN 3-7171-0821-2

Christliche Prophetie und Nuklearenergie 12. Aufl. (1. Aufl. 1961). CH-Christiana-Verlag, per Fe-Medienverlag. ISBN 3-7171-0182-X.

Überleben ohne Erfindungen CH-Christiana-Verlag, per Fe-Medienverlag ISBN 3-7171-0846-8

Offenbarung BAC Australia, ISBN 0-646-20838-1 www.bacsystems.com.au

Der Souverän BAC Australia, ISBN 0-646-33833-1

In Englisch:
Christian Prophecy & Nuclear Power
(Herausgeber: Christian Catholic Book Shop, Melbourne, Austr.) erhaltbar durch T. Murnane, 11 Hunt St. Donvale 3111, Australien. ISBN 0-646-20425-4

Revelation BAC Australia ISBN 0-646-20837-3

The Sovereign BAC Australia ISBN –646-33834-X

Buch von Karl Philberth

Geschaffen zur Freiheit BAC Australia ISBN 09585578 5 3
Created for Freedom BAC Australia ISBN 09585578 3 7

In Europa sind alle oben genannten Bücher erhältlich bei Fe-Medienverlag, Hauptstr. 22, D-88353, Kisslegg-Immenried, Germany, www.fe-medien.de

Internet-Information in deutsch: www.philberth.de, in englisch:www.philberth.com